DISTANZ

Paul Hutchinson

Stadt für Alle

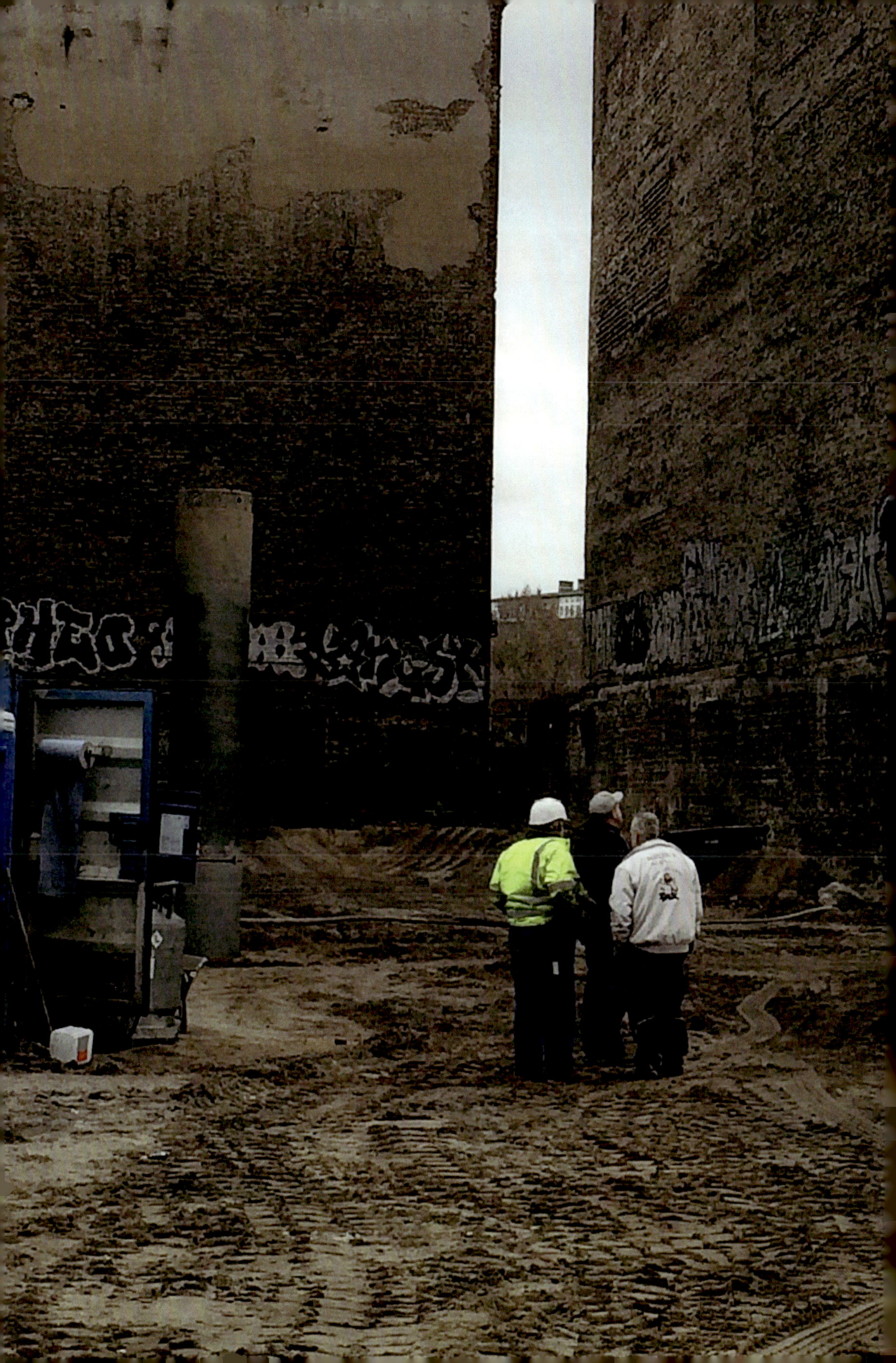

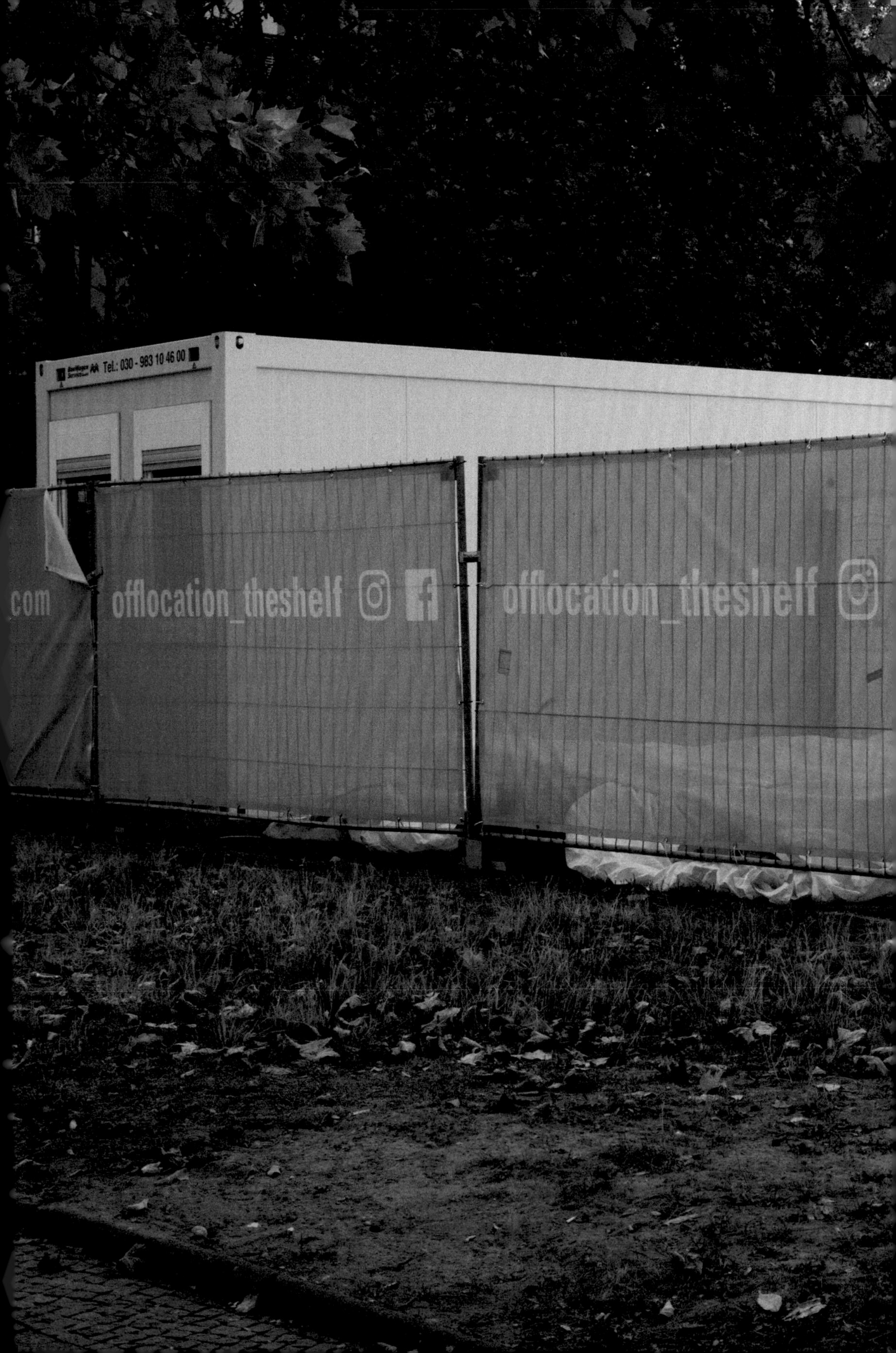
Tel.: 030 - 983 10 46 00
com
offlocation_theshelf
offlocation_theshelf

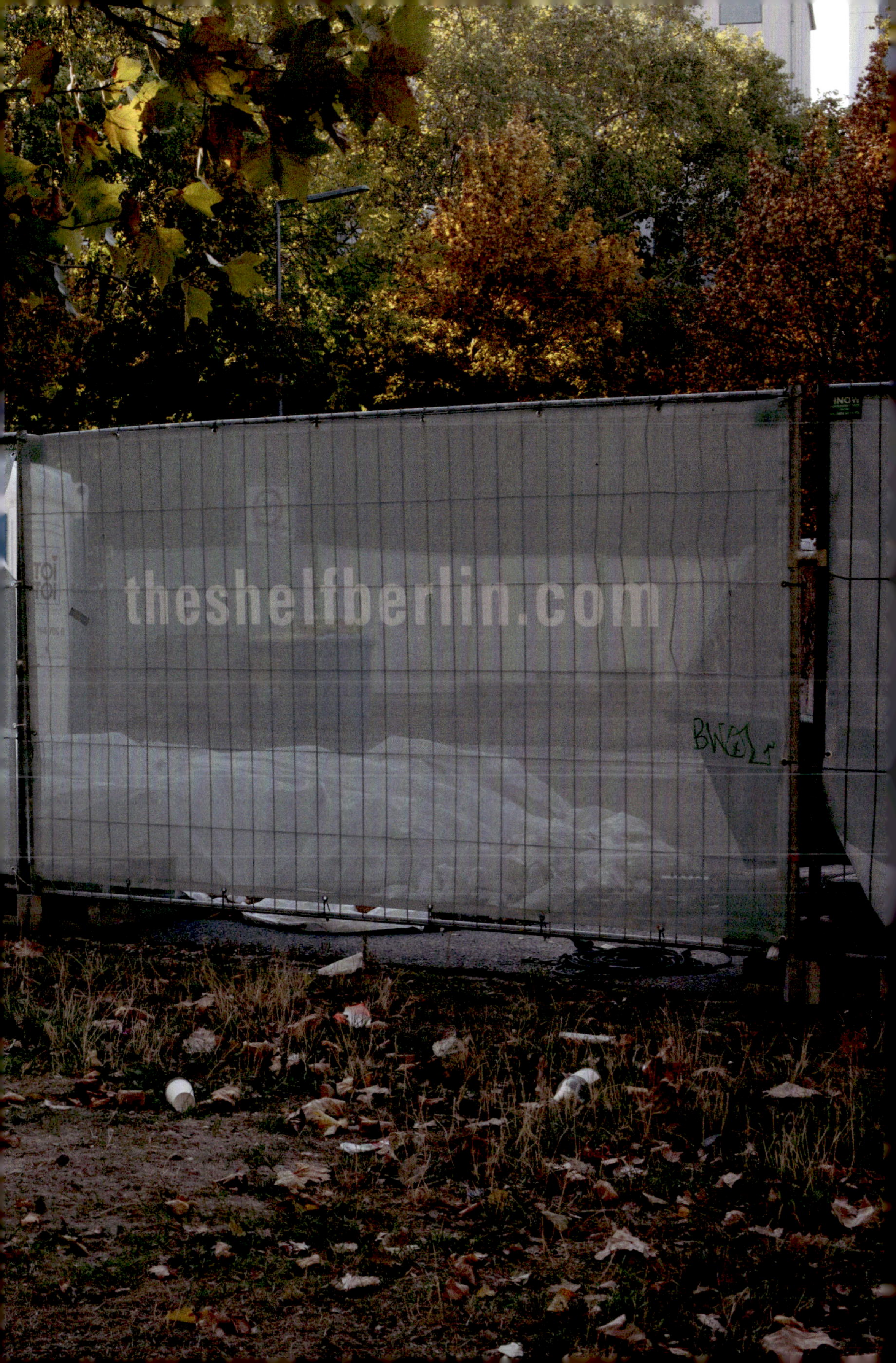
theshelfberlin.com

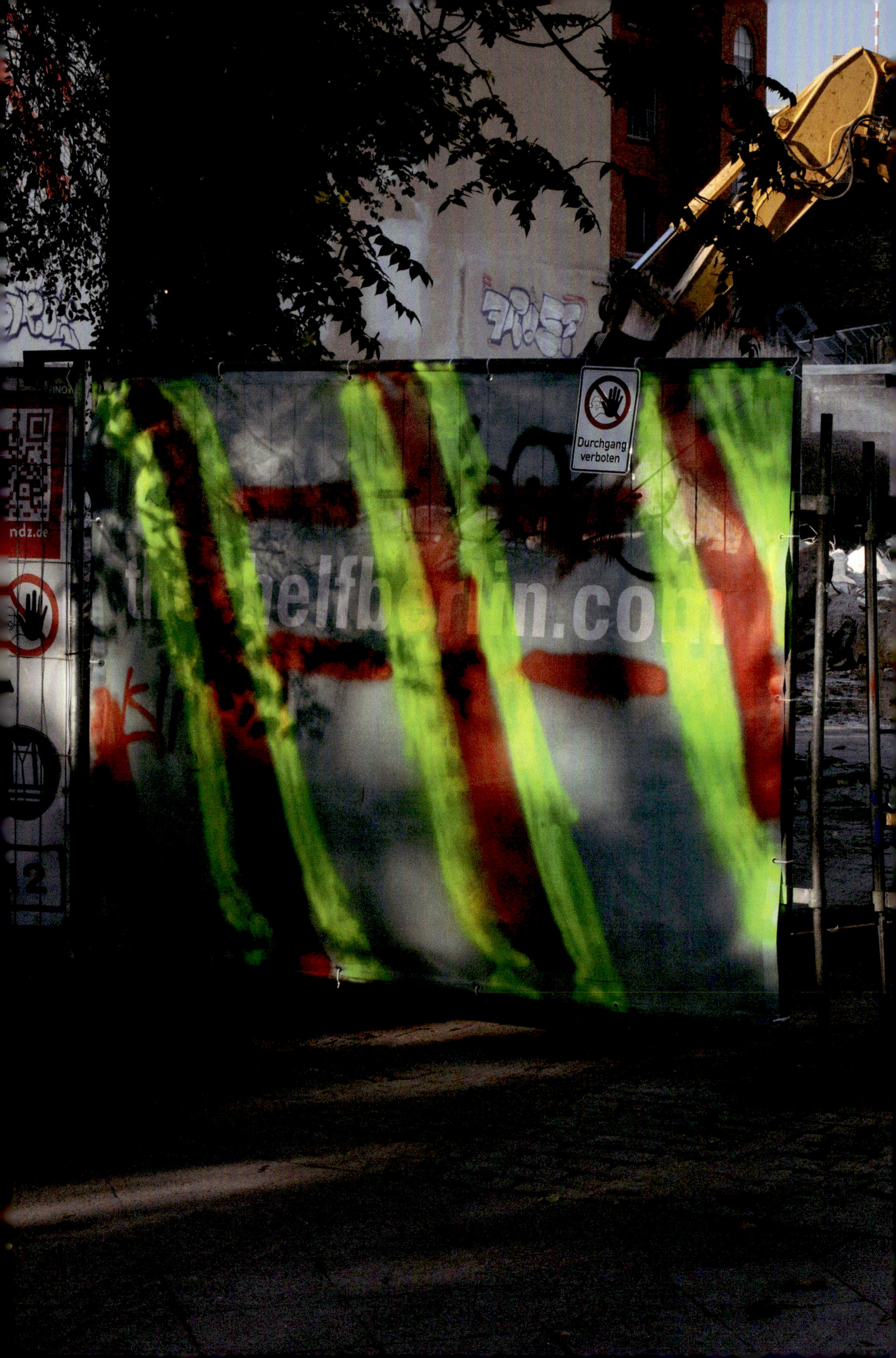
Durchgang
verboten

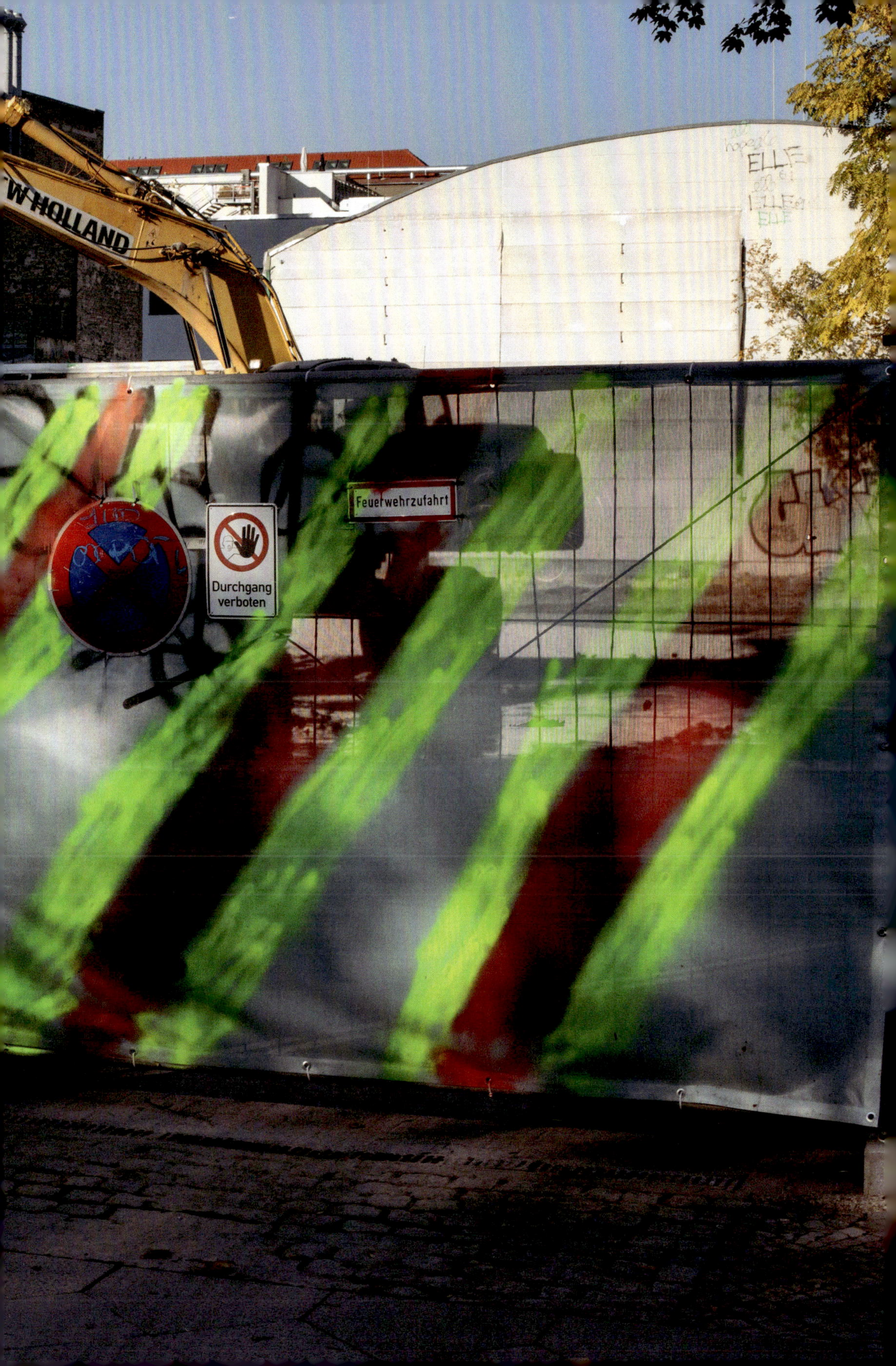
W HOLLAND
Feuerwehrzufahrt
Durchgang
verboten

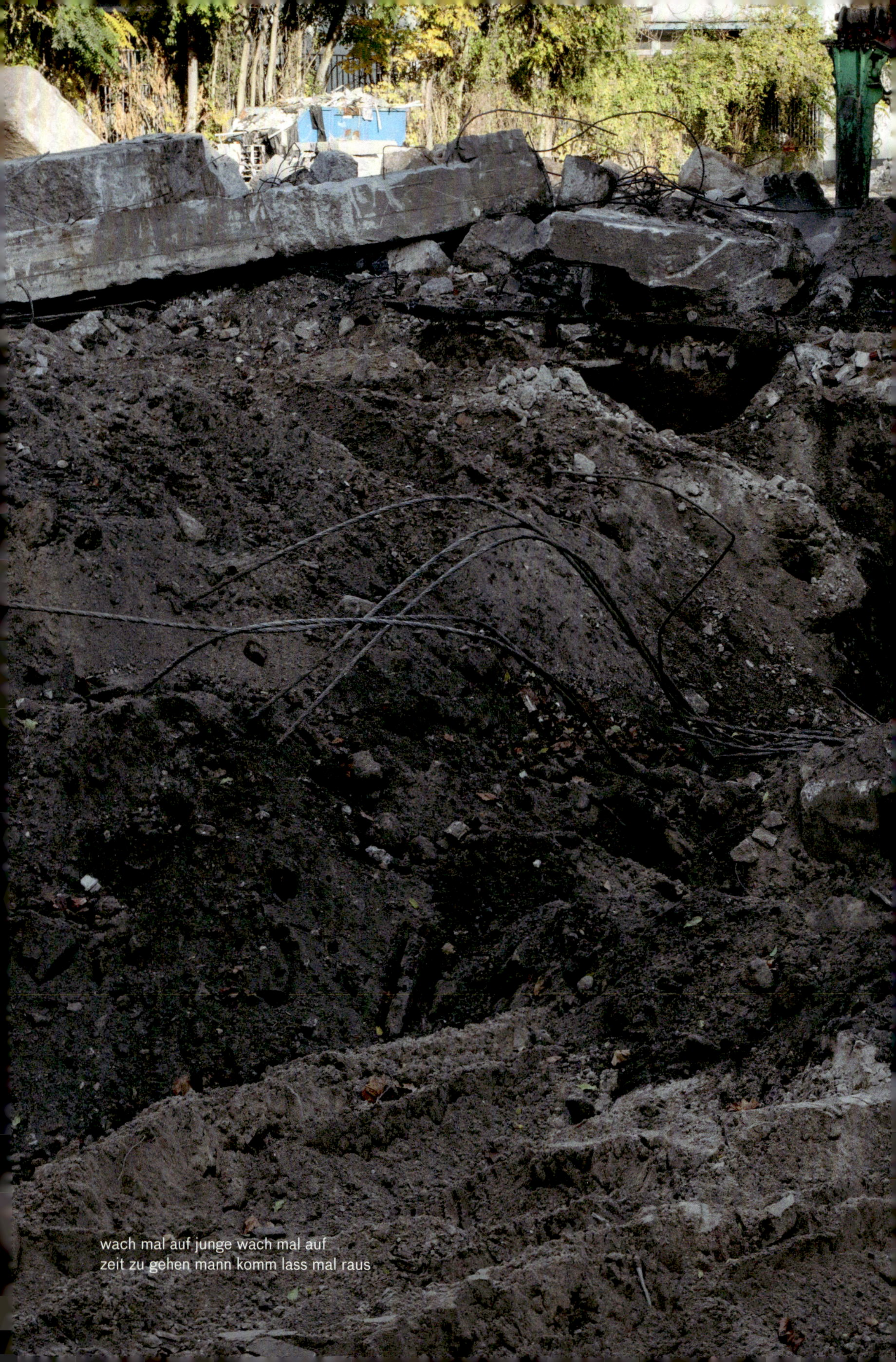

wach mal auf junge wach mal auf
zeit zu gehen mann komm lass mal raus

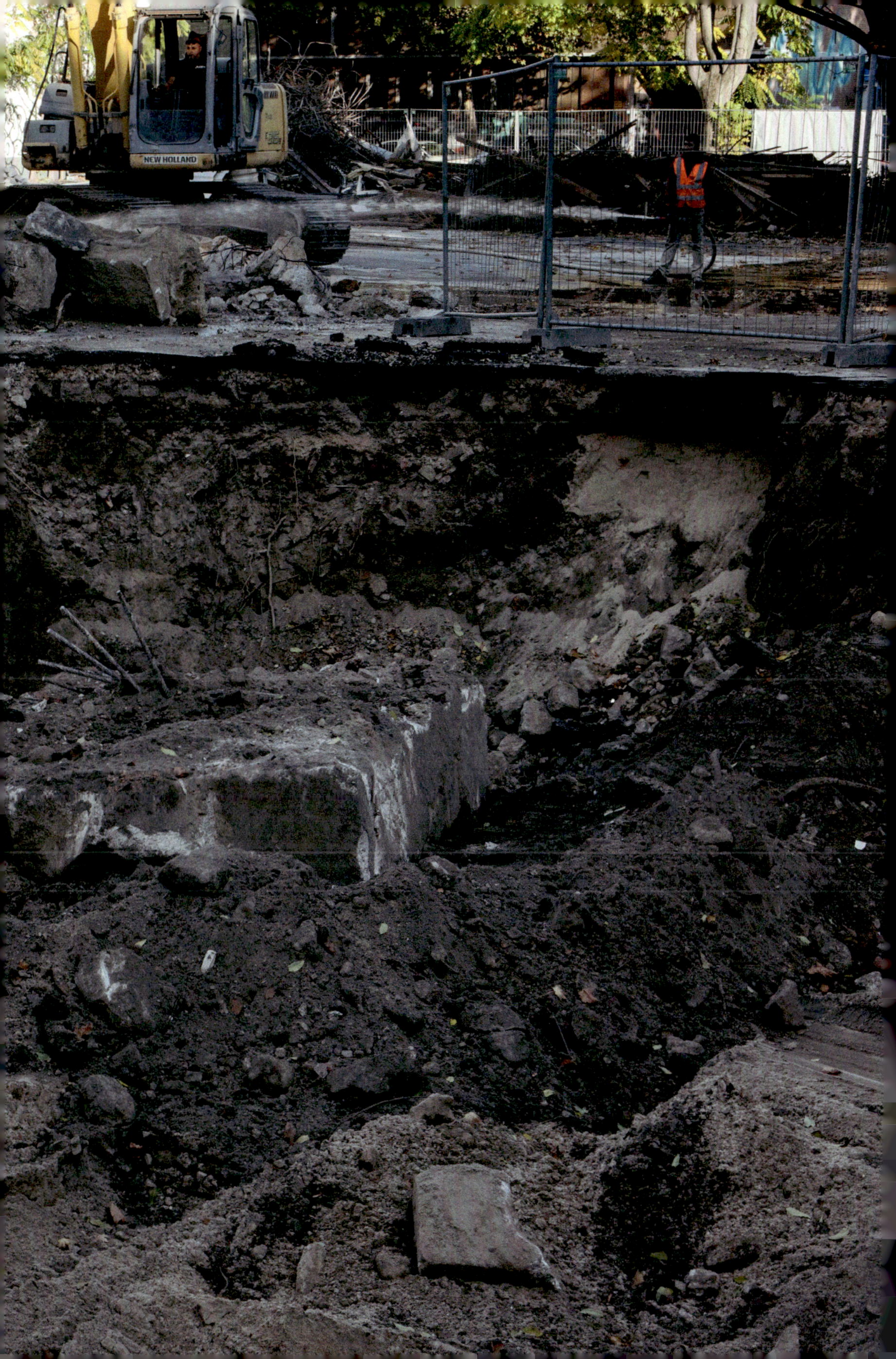
NEW HOLLAND

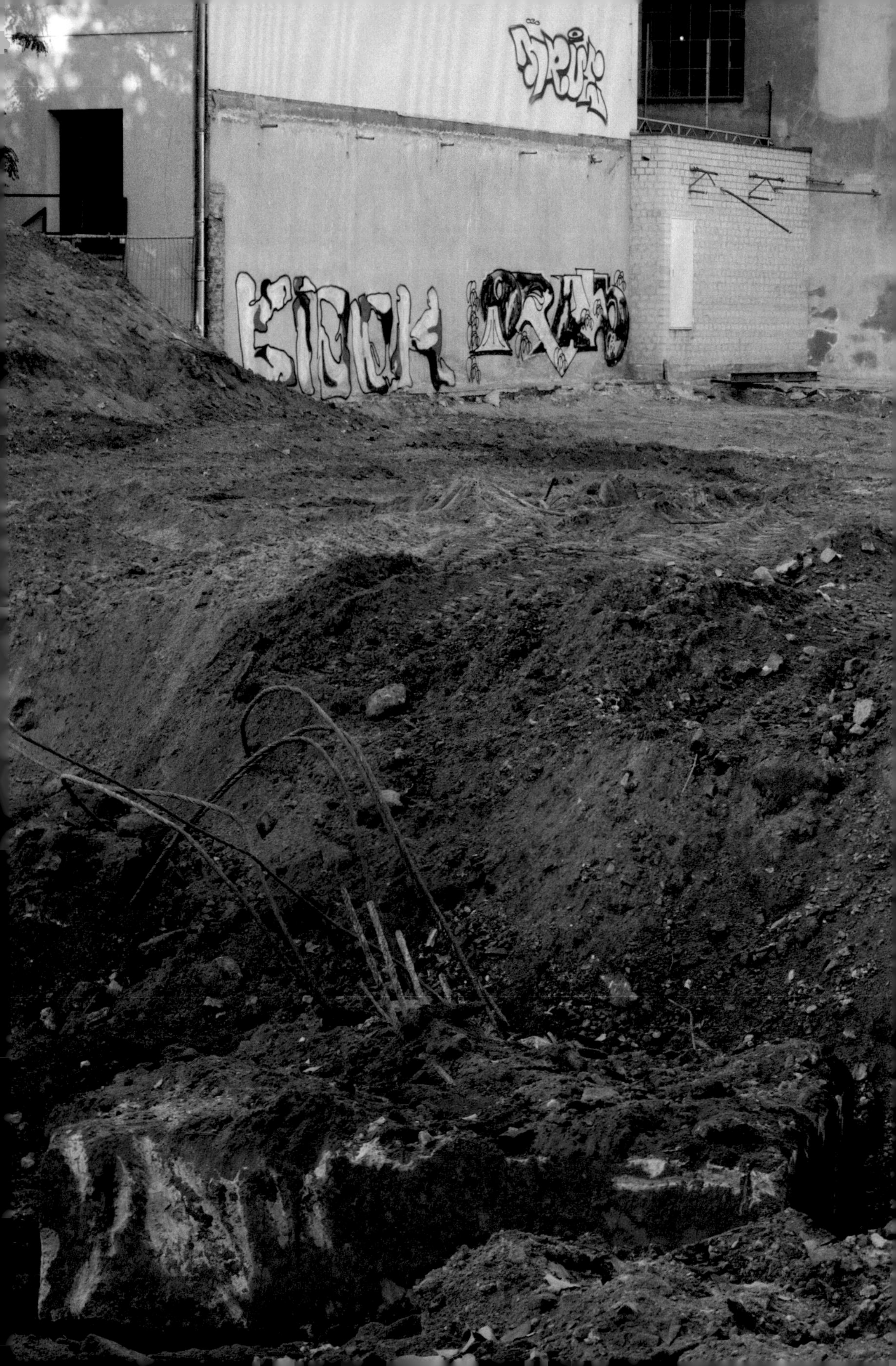

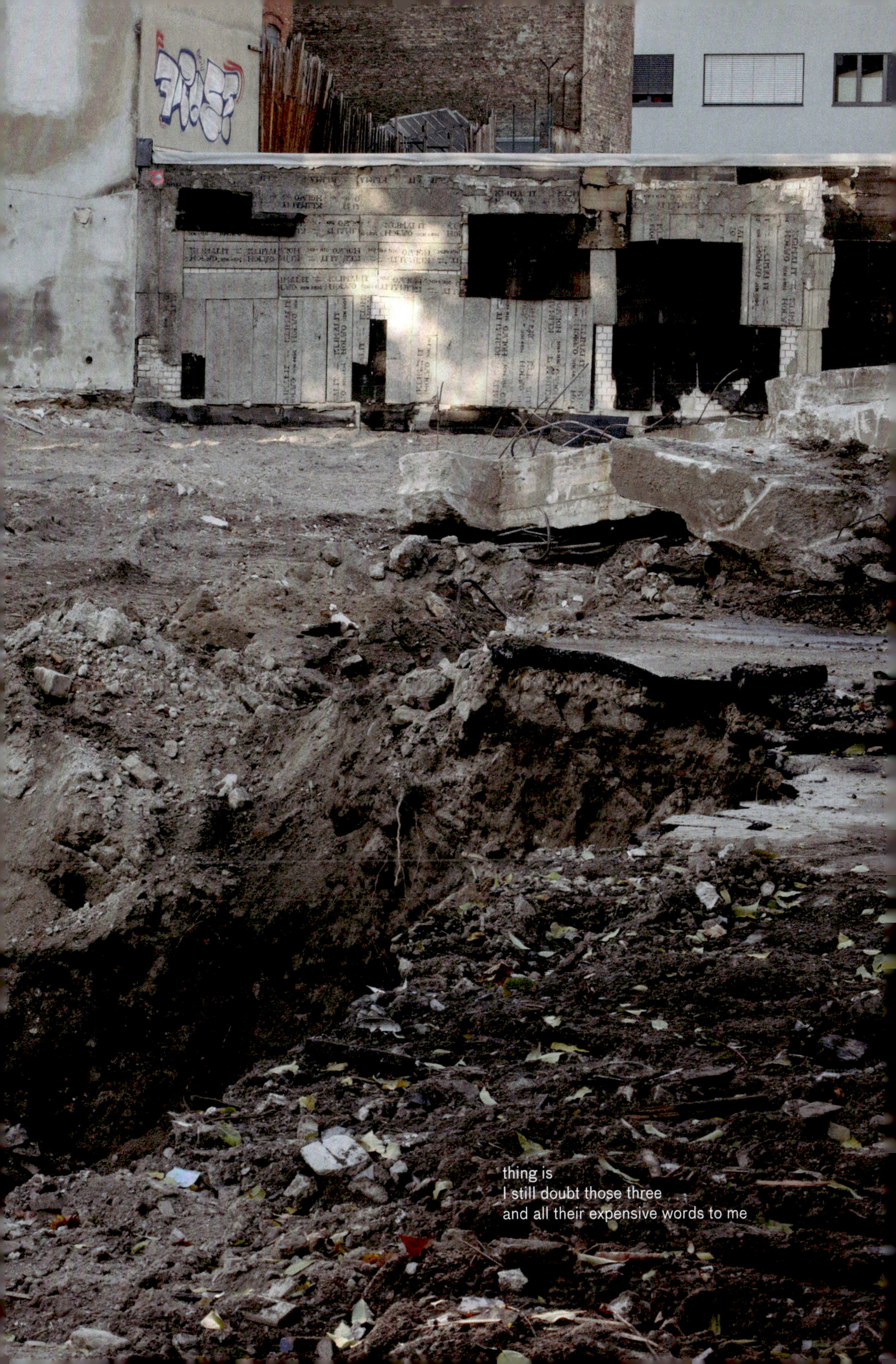

thing is
I still doubt those three
and all their expensive words to me

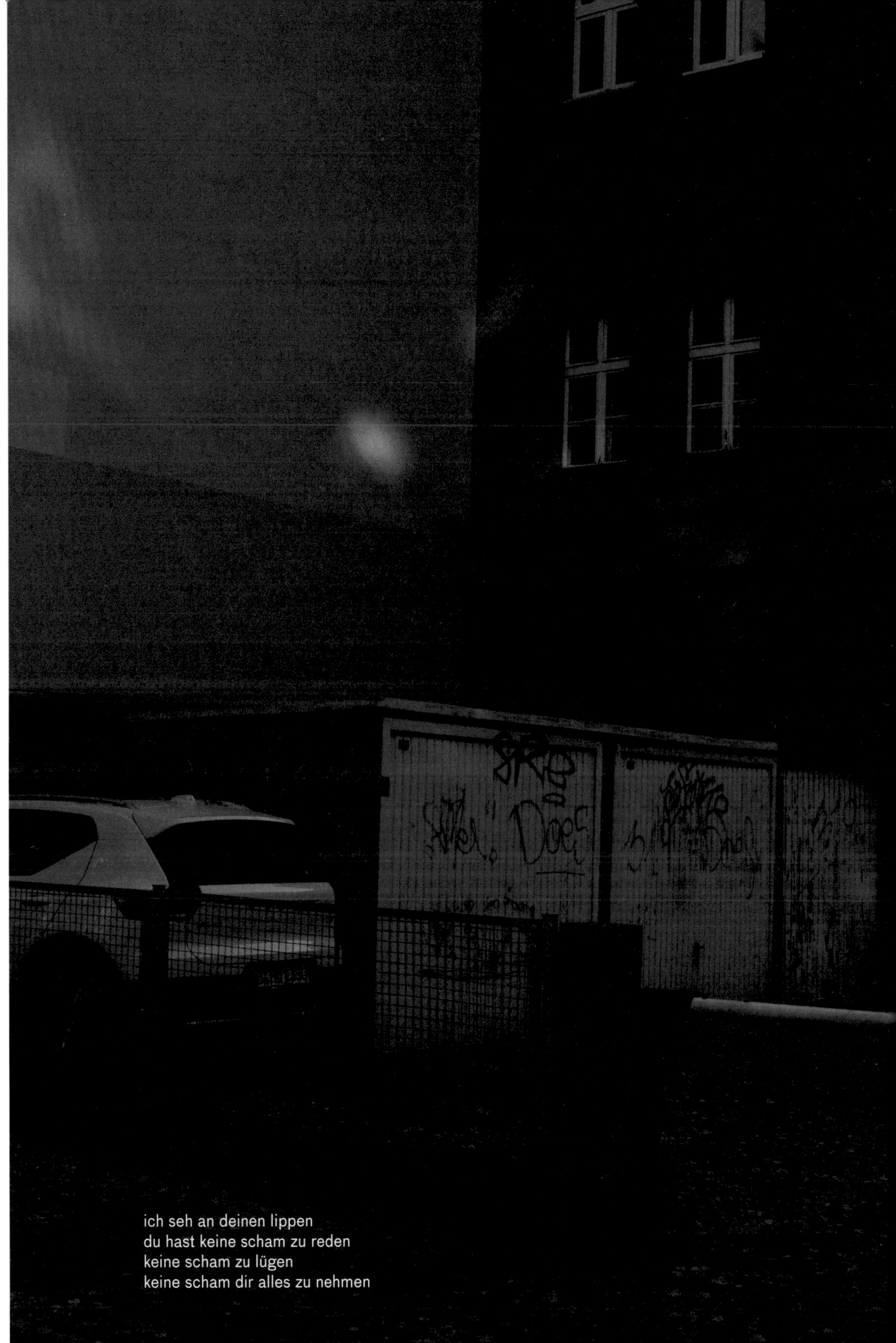

ich seh an deinen lippen
du hast keine scham zu reden
keine scham zu lügen
keine scham dir alles zu nehmen

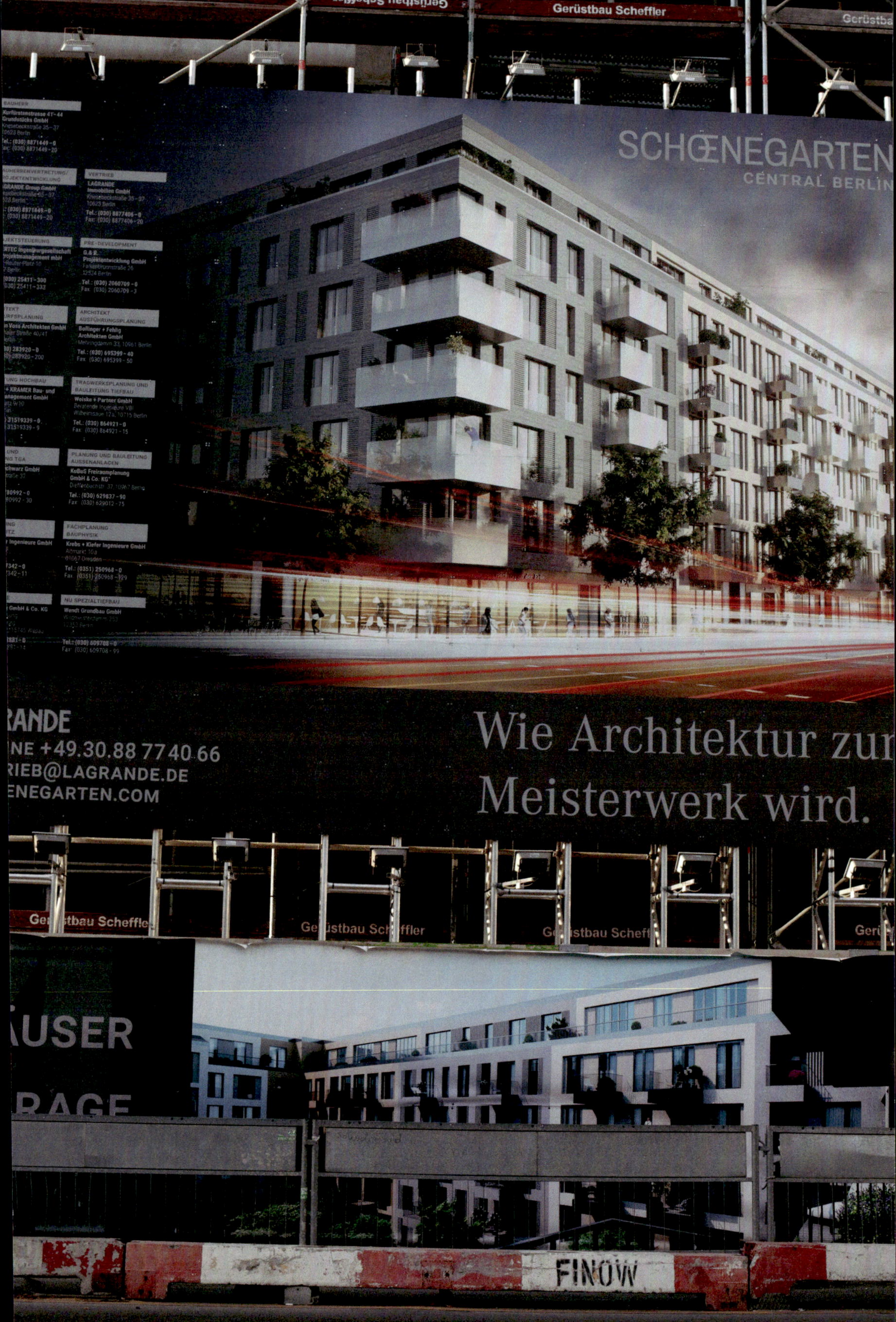
Gerüstbau Scheffler
SCHOENEGARTEN
CENTRAL BERLIN
RANDE
NE +49.30.88 7740 66
RIEB@LAGRANDE.DE
ENEGARTEN.COM
Wie Architektur zur
Meisterwerk wird.
Gerüstbau Scheffler
ÄUSER
FINOW

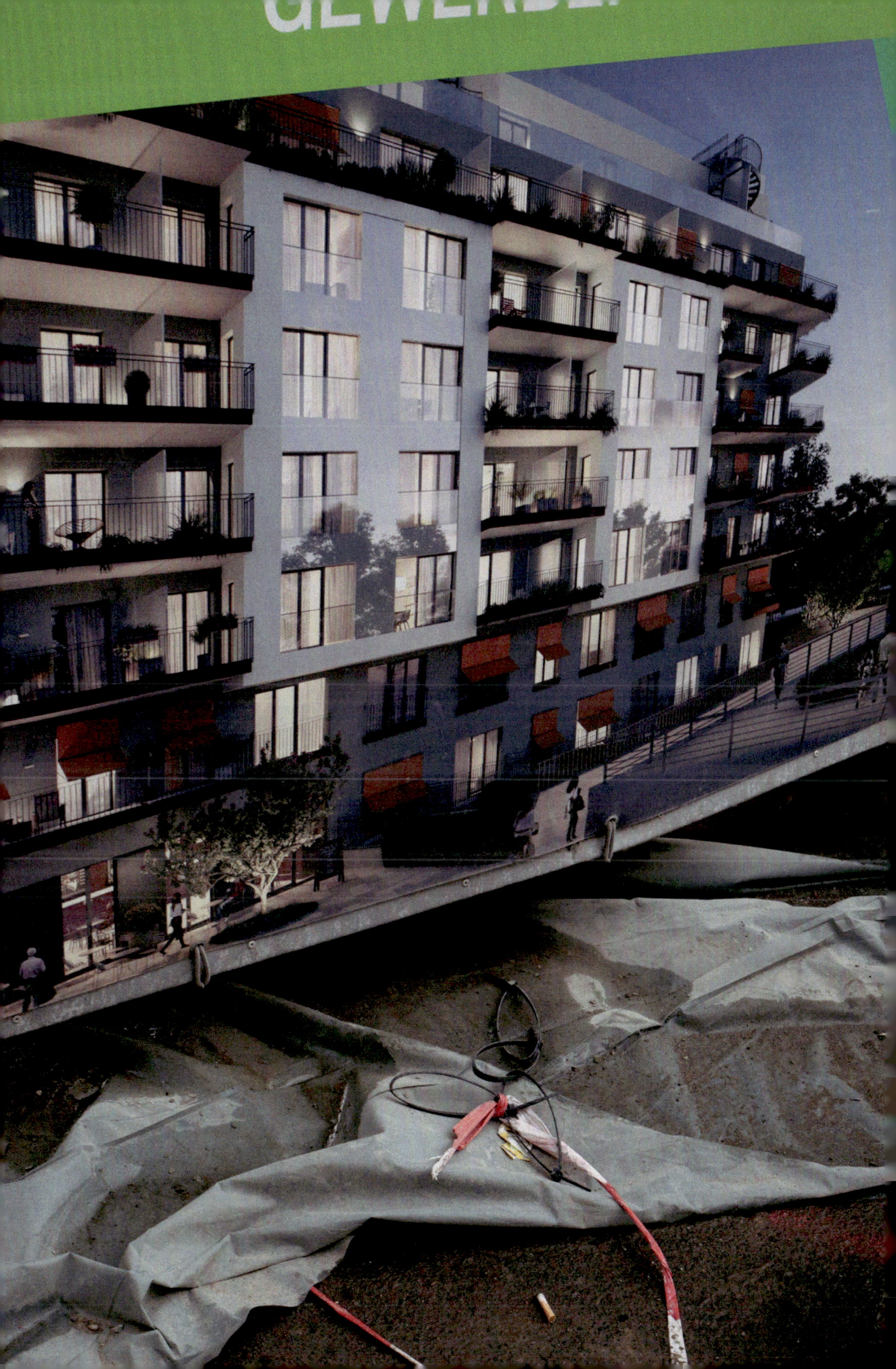

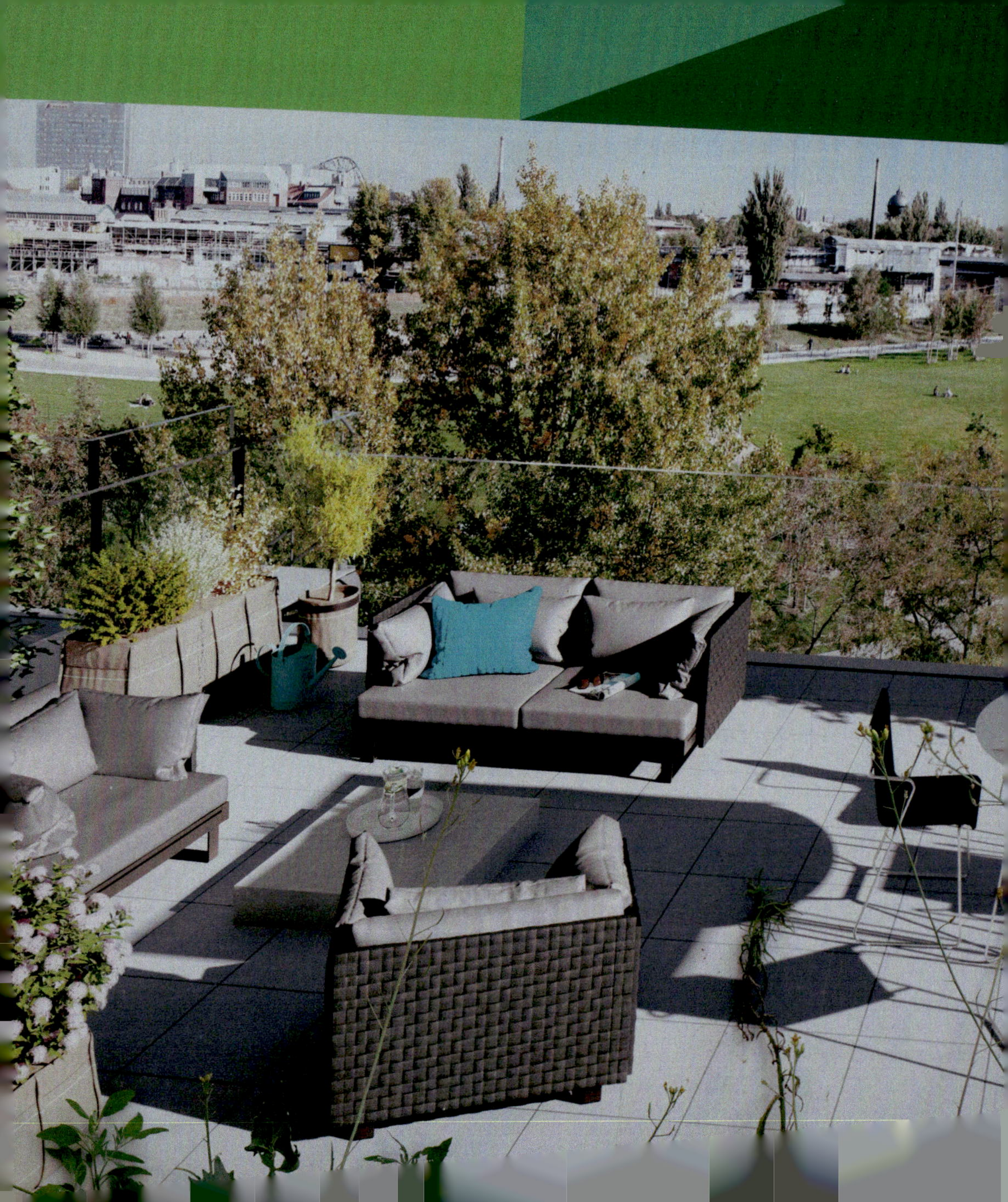

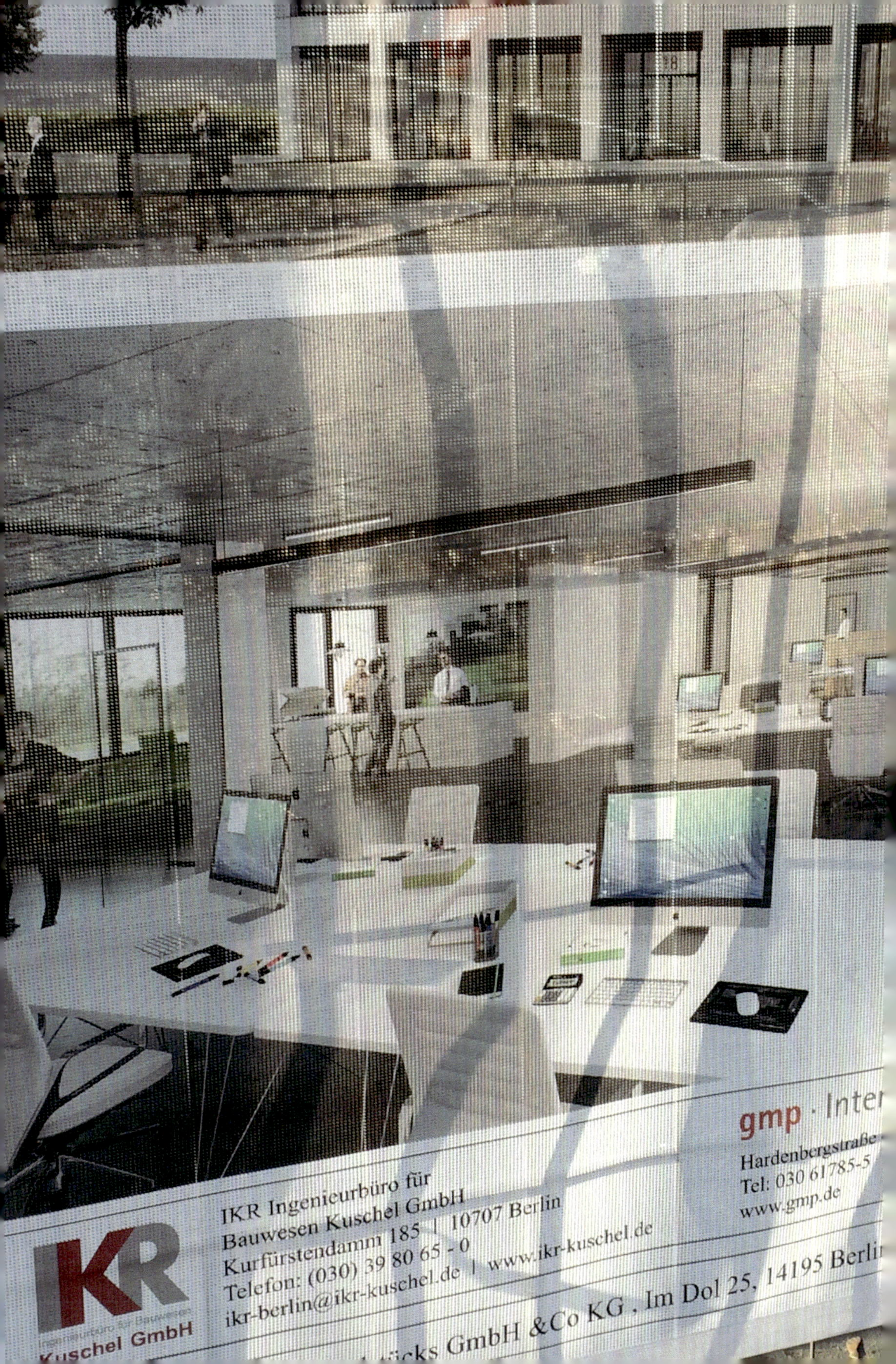
gmp · Inter
Hardenbergstraße
Tel: 030 61785-5
www.gmp.de
IKR Ingenieurbüro für
Bauwesen Kuschel GmbH
Kurfürstendamm 185 | 10707 Berlin
Telefon: (030) 39 80 65 - 0
ikr-berlin@ikr-kuschel.de | www.ikr-kuschel.de
IKR
Ingenieurbüro für Bauwesen
Kuschel GmbH
GmbH &Co KG . Im Dol 25, 14195 Berlin

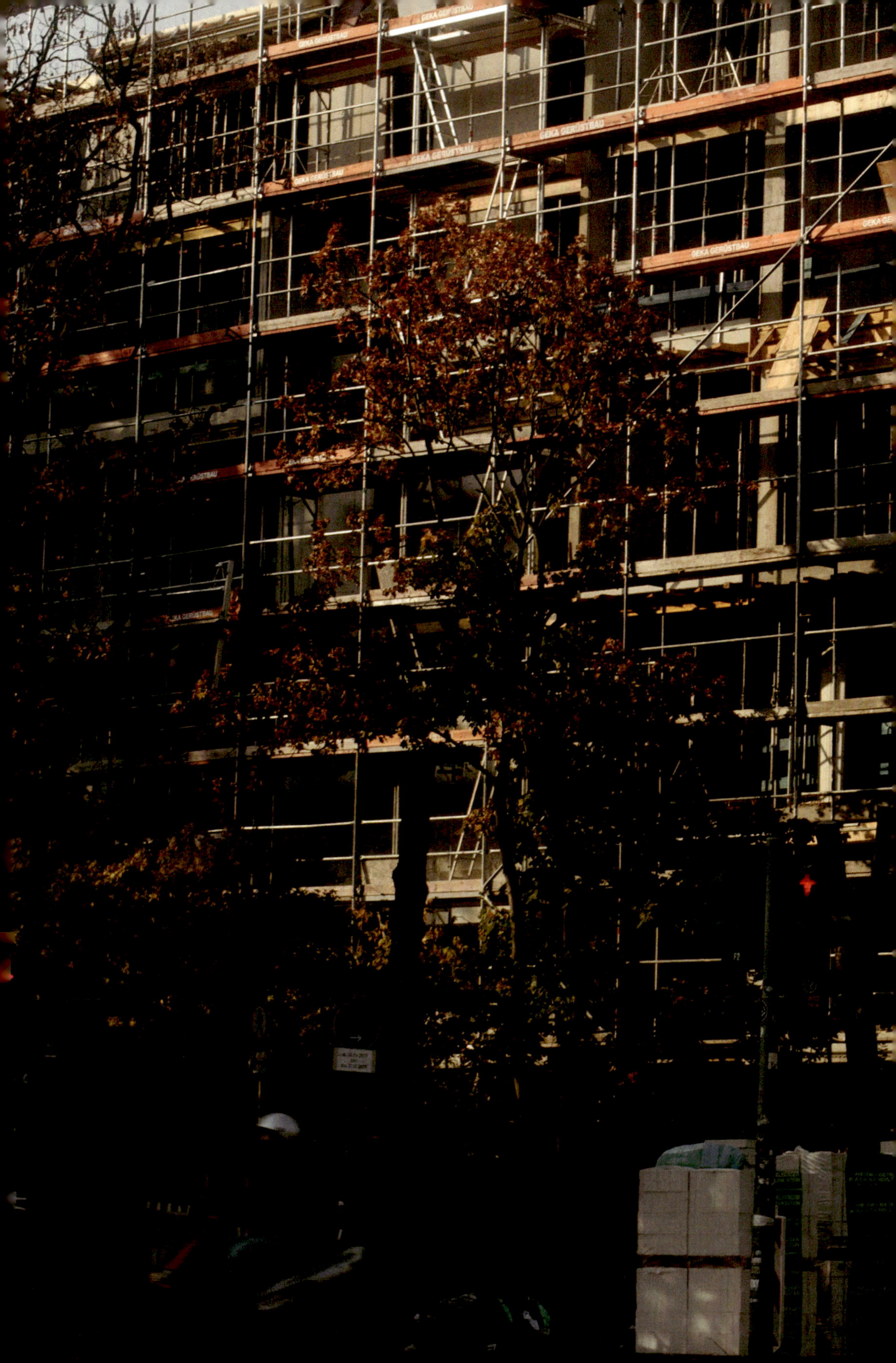
GEKA GERÜSTBAU

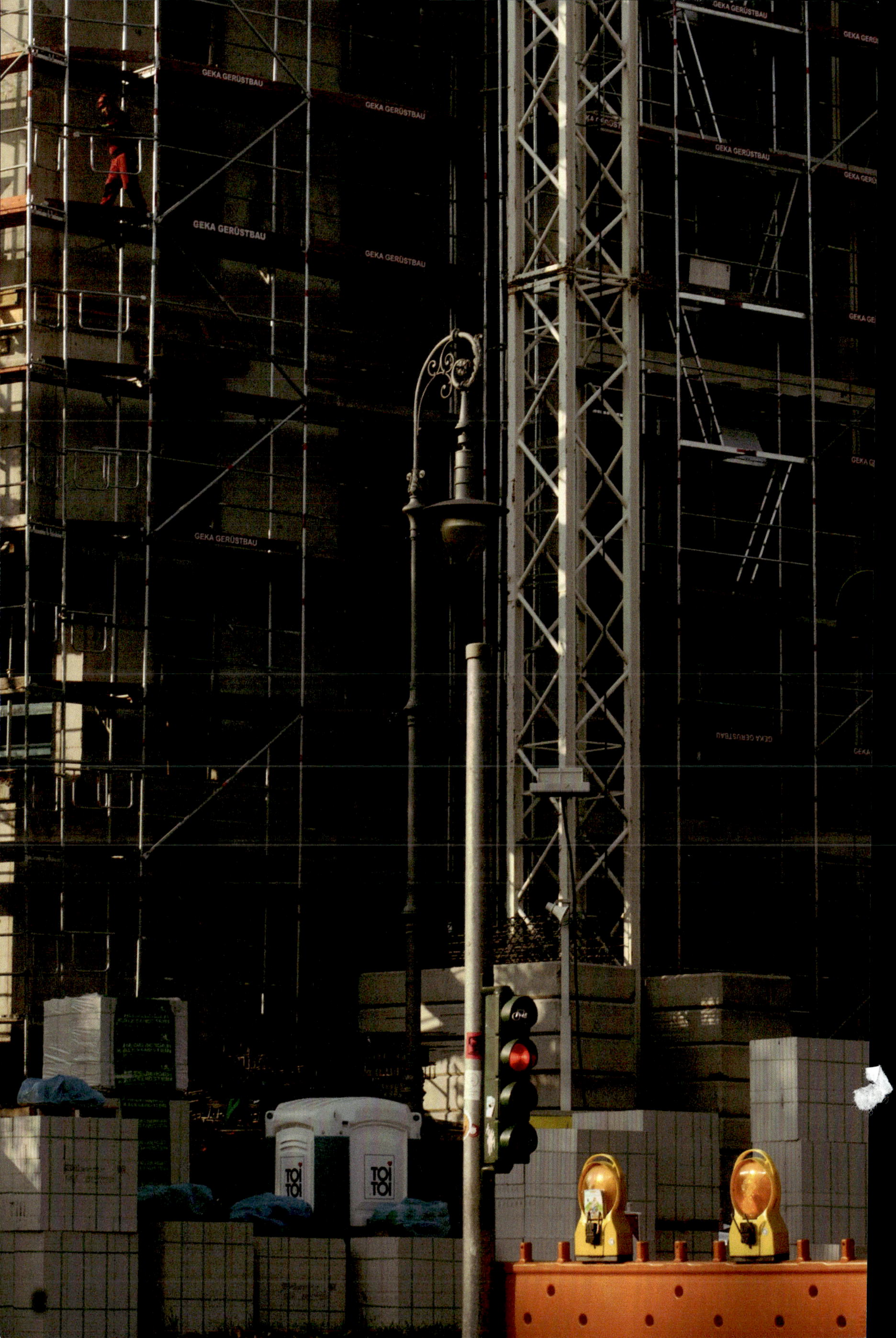
GEKA GERÜSTBAU
GEKA GERÜSTBAU
GEKA GERÜSTBAU
GEKA GERÜSTBAU
GEKA GERÜSTBAU
GEKA GERÜSTBAU
GEKA GERÜSTBAU
TOI TOI
TOI TOI

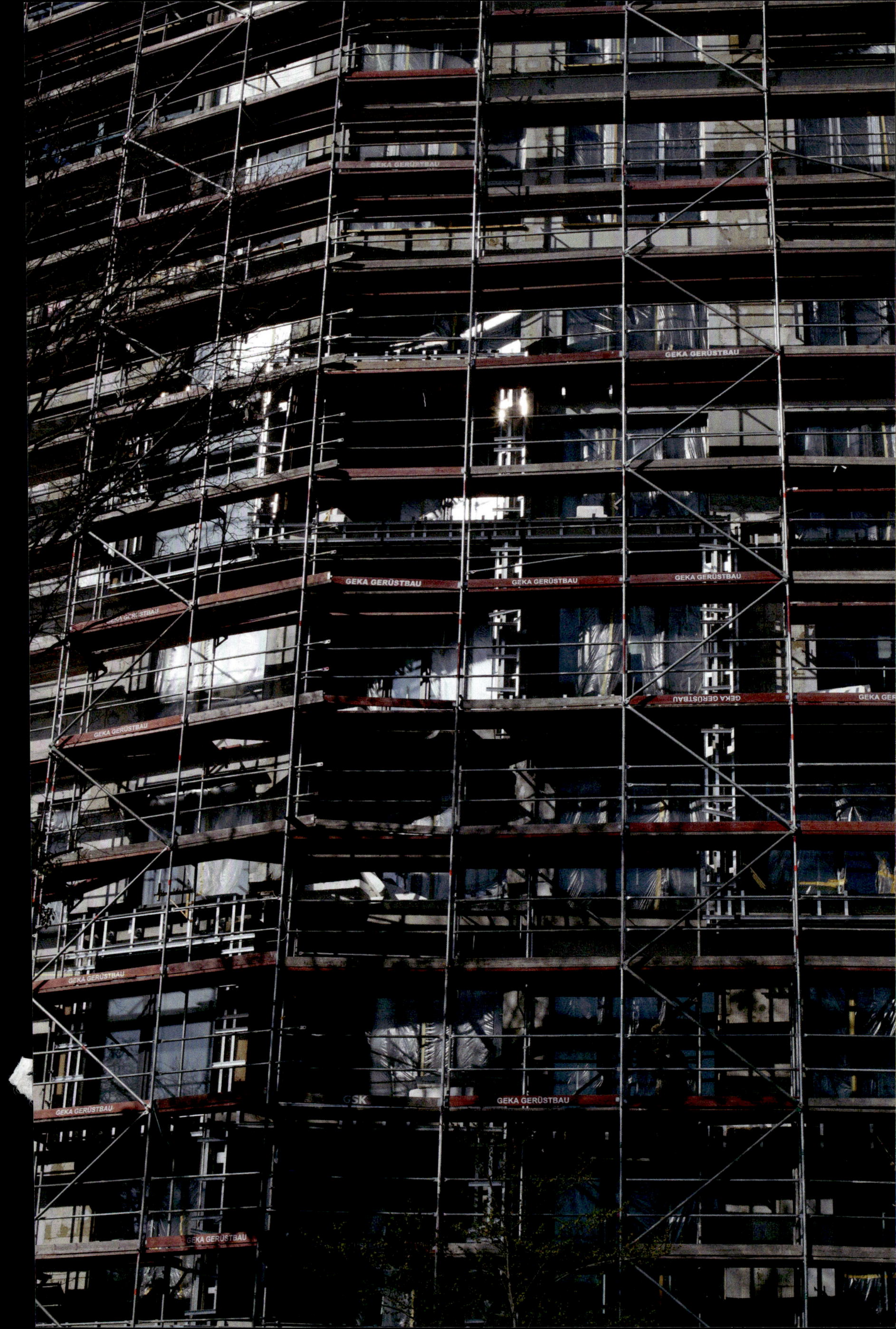
GEKA GERÜSTBAU
GEKA GERÜSTBAU
GEKA GERÜSTBAU
GEKA GERÜSTBAU
GEKA GERÜSTBAU
GEKA GERÜSTBAU
GEKA GERÜSTBAU
GEKA GERÜSTBAU
GEKA GERÜSTBAU
GEKA GERÜSTBAU
GSK
GEKA GERÜSTBAU
GEKA GERÜSTBAU

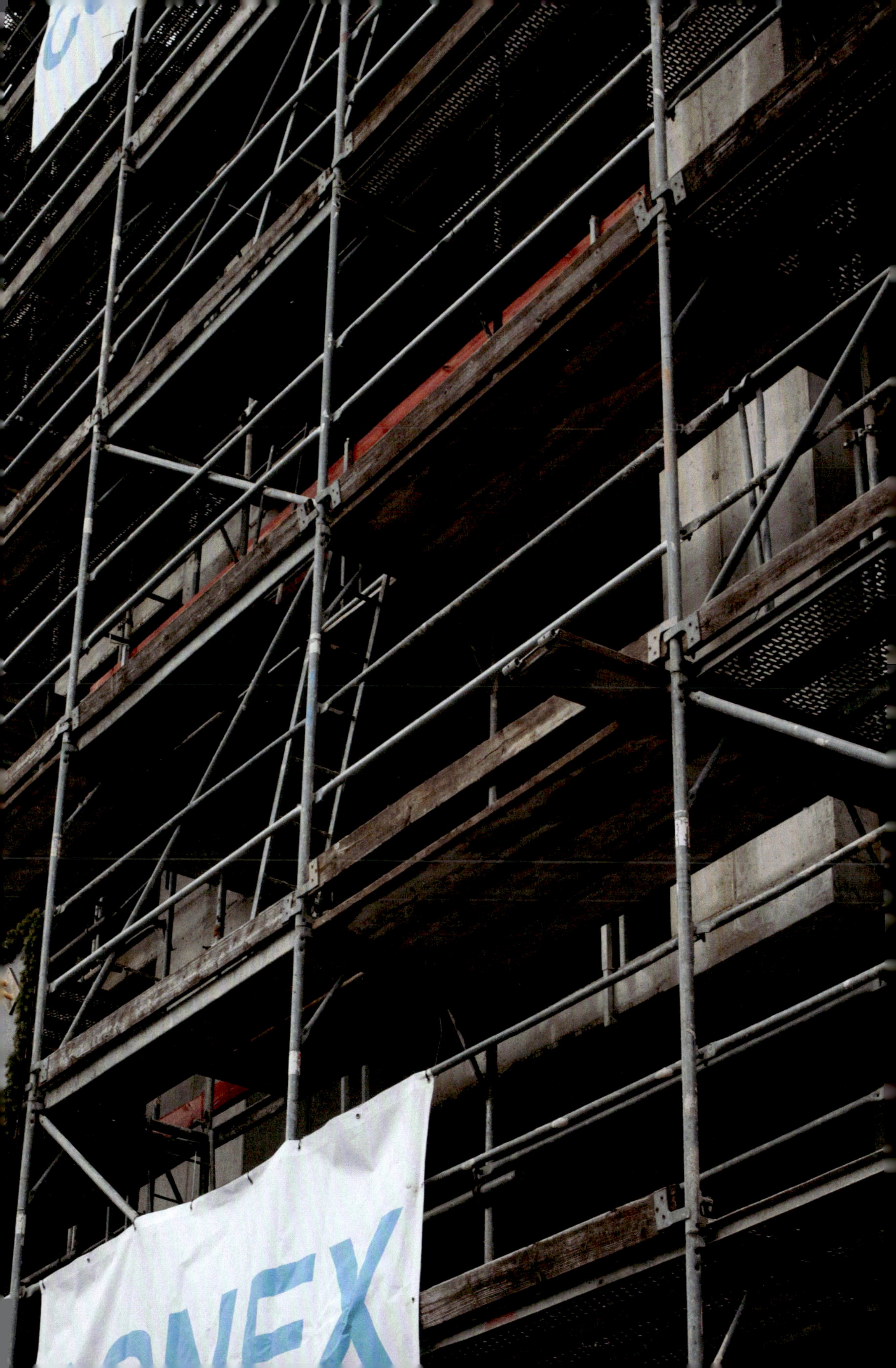

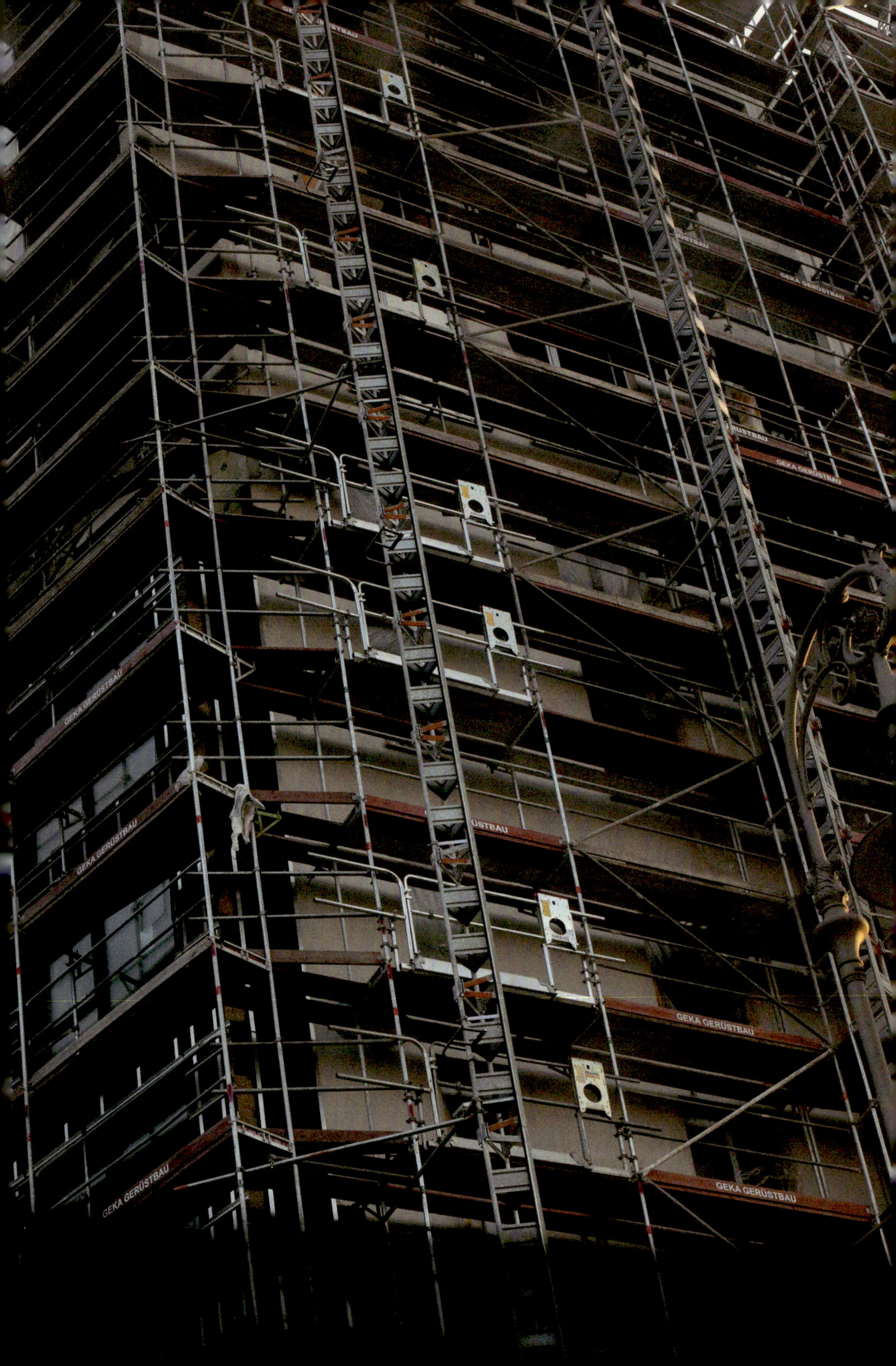
GEKA GERÜSTBAU
GEKA GERÜSTBAU
GEKA GERÜSTBAU
GEKA GERÜSTBAU
GEKA GERÜSTBAU
GEKA GERÜSTBAU

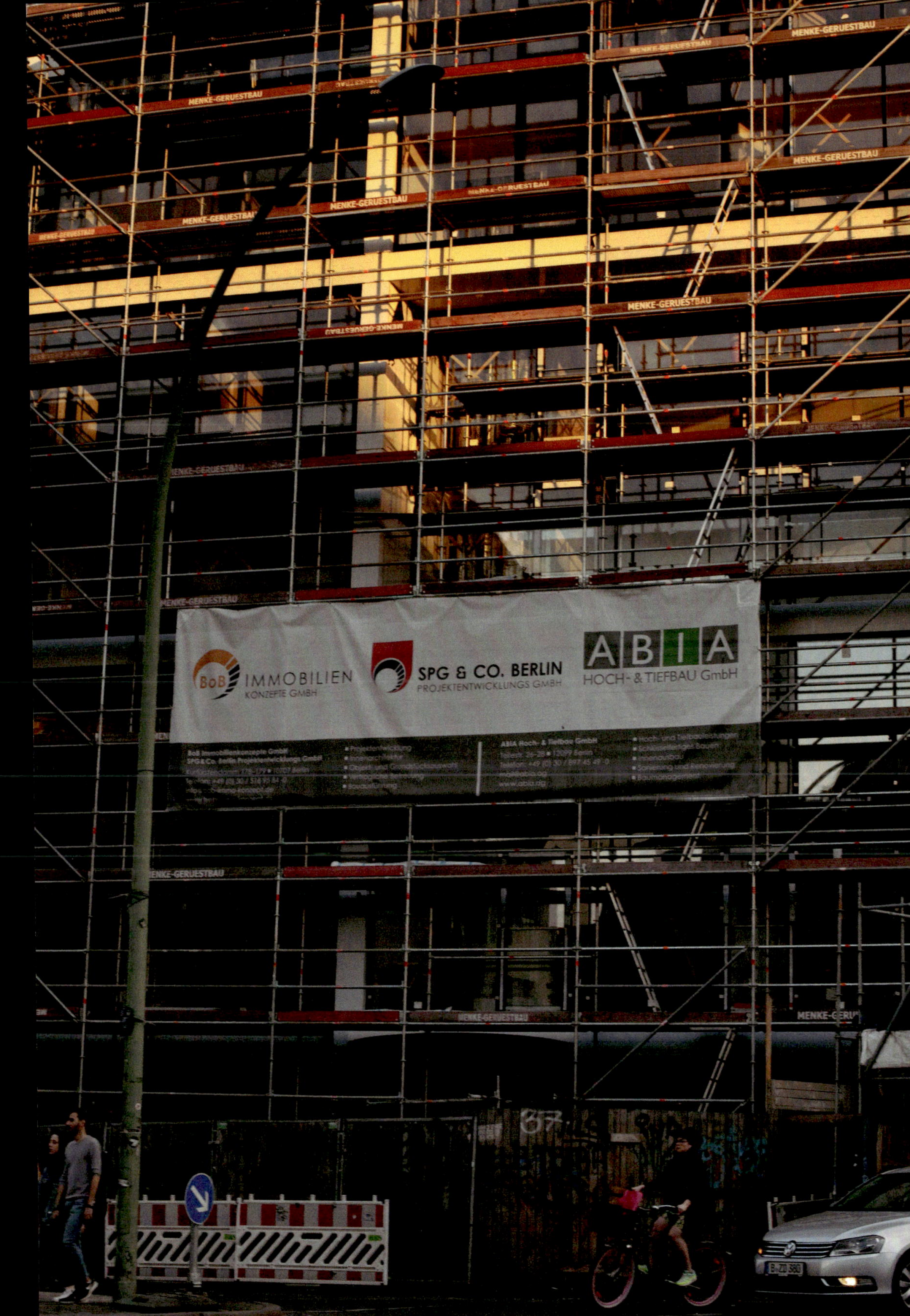
MENKE-GERUESTBAU
BoB IMMOBILIEN
KONZEPTE GMBH
SPG & CO. BERLIN
PROJEKTENTWICKLUNGS GMBH
ABIA
HOCH- & TIEFBAU GmbH

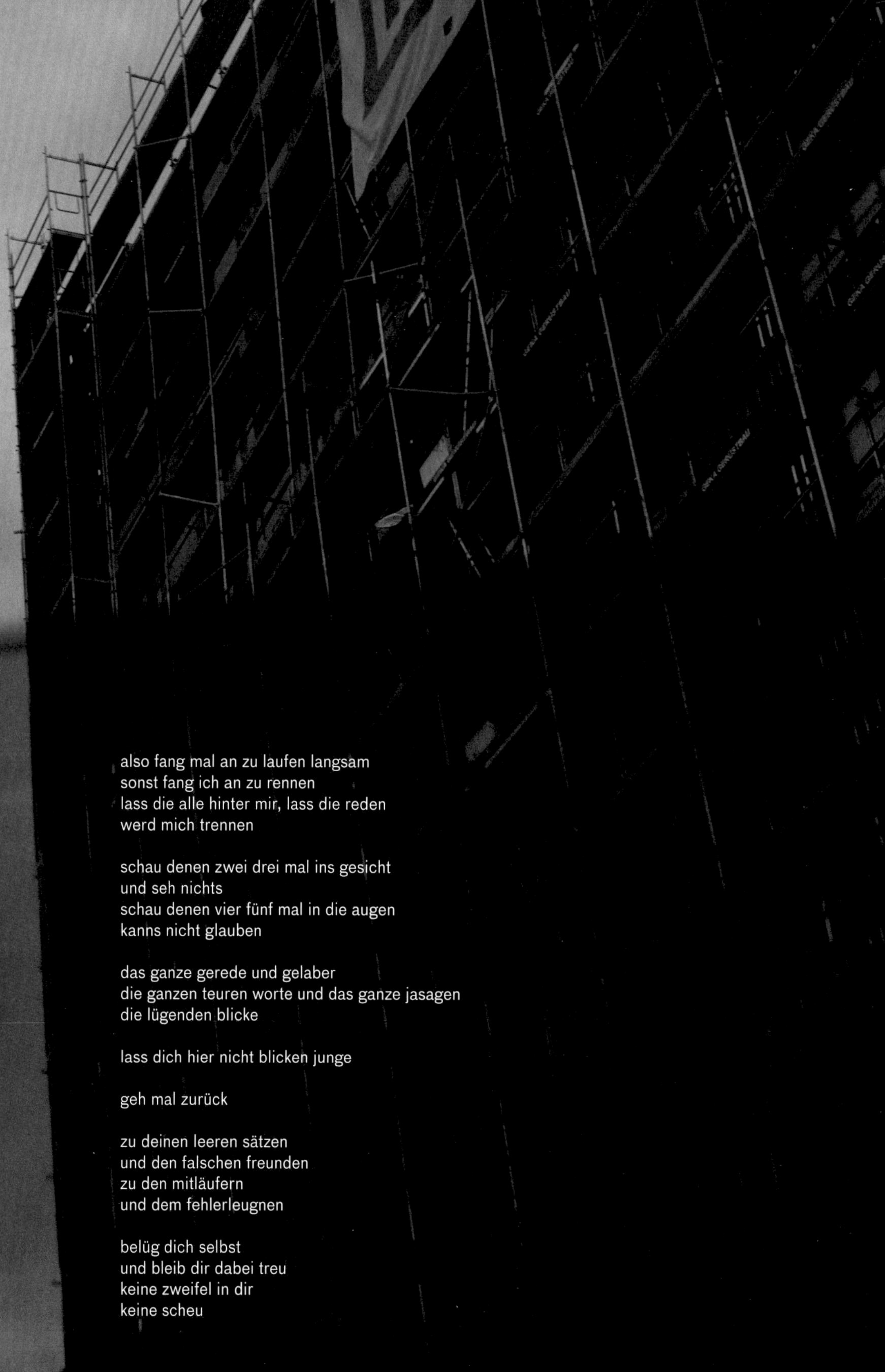

also fang mal an zu laufen langsam
sonst fang ich an zu rennen
lass die alle hinter mir, lass die reden
werd mich trennen

schau denen zwei drei mal ins gesicht
und seh nichts
schau denen vier fünf mal in die augen
kanns nicht glauben

das ganze gerede und gelaber
die ganzen teuren worte und das ganze jasagen
die lügenden blicke

lass dich hier nicht blicken junge

geh mal zurück

zu deinen leeren sätzen
und den falschen freunden
zu den mitläufern
und dem fehlerleugnen

belüg dich selbst
und bleib dir dabei treu
keine zweifel in dir
keine scheu

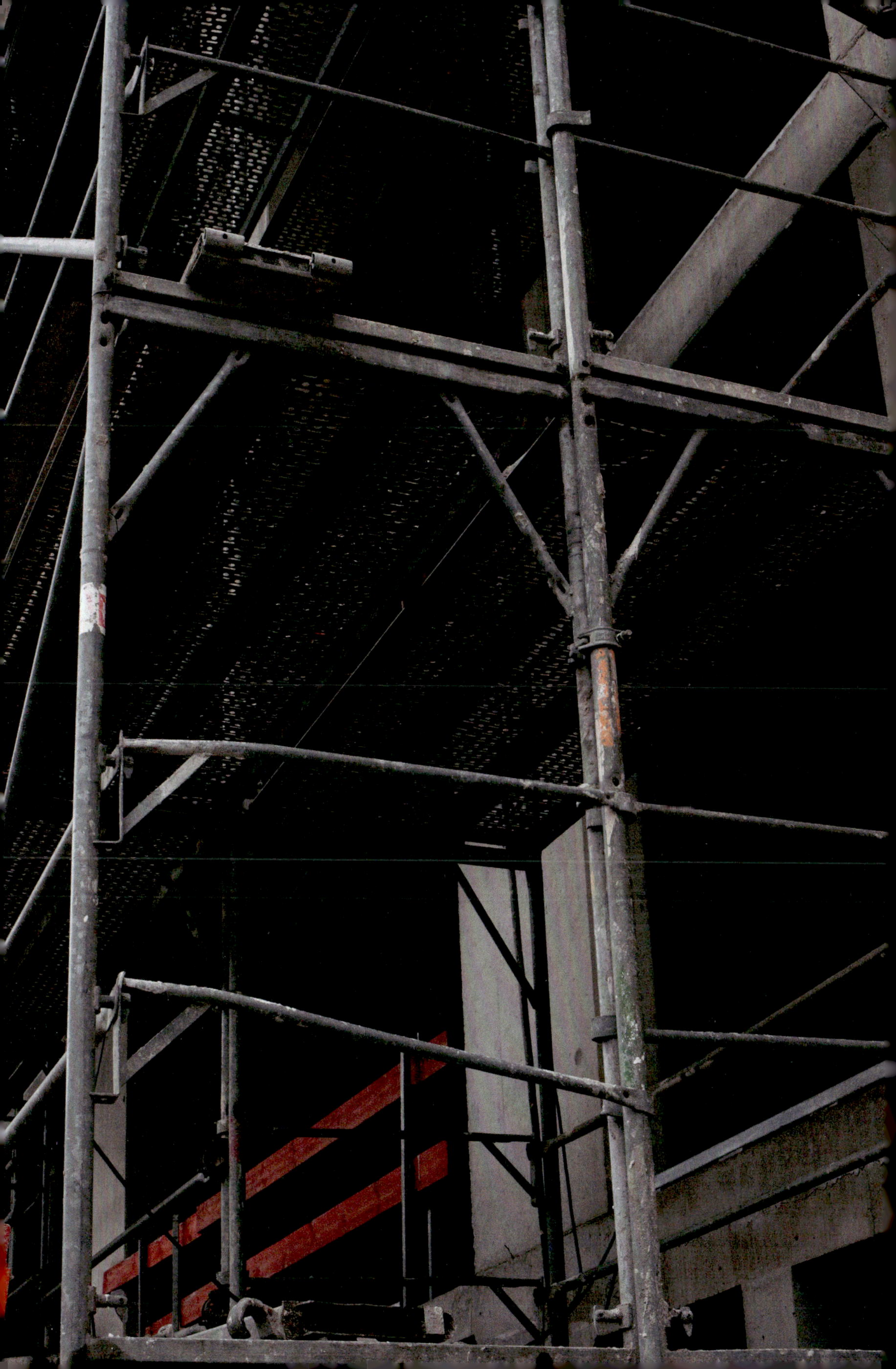

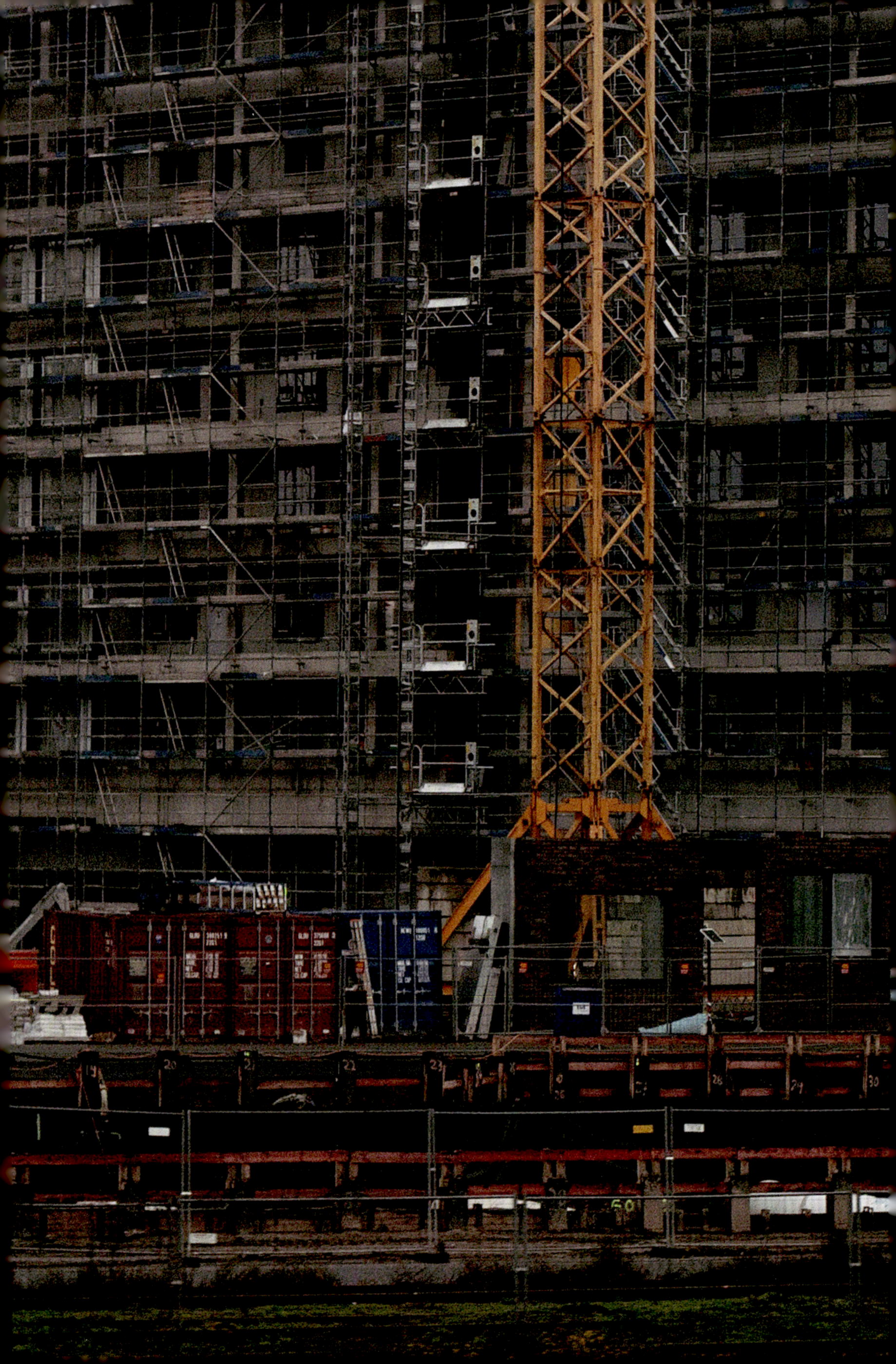

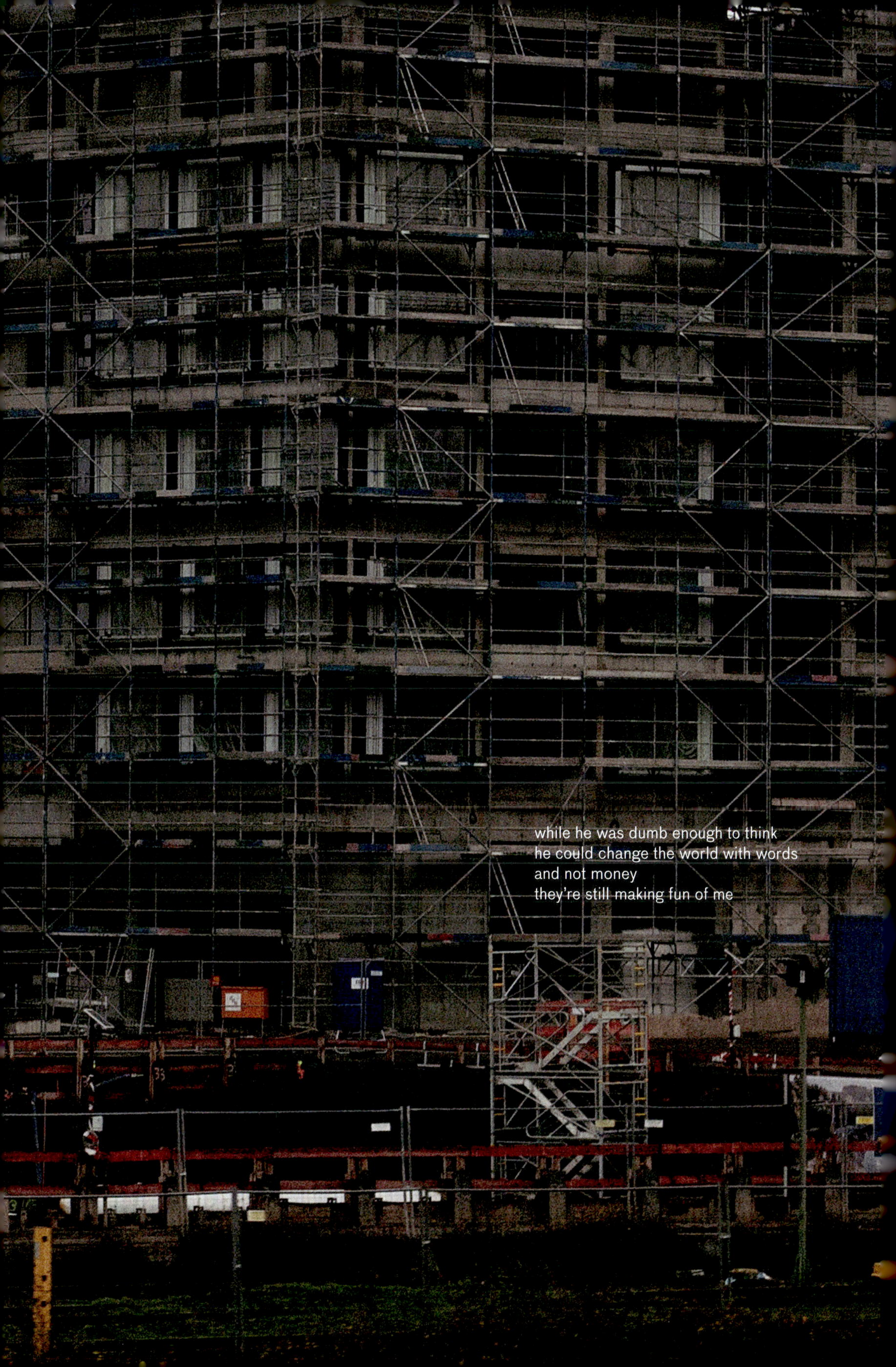

while he was dumb enough to think
he could change the world with words
and not money
they're still making fun of me

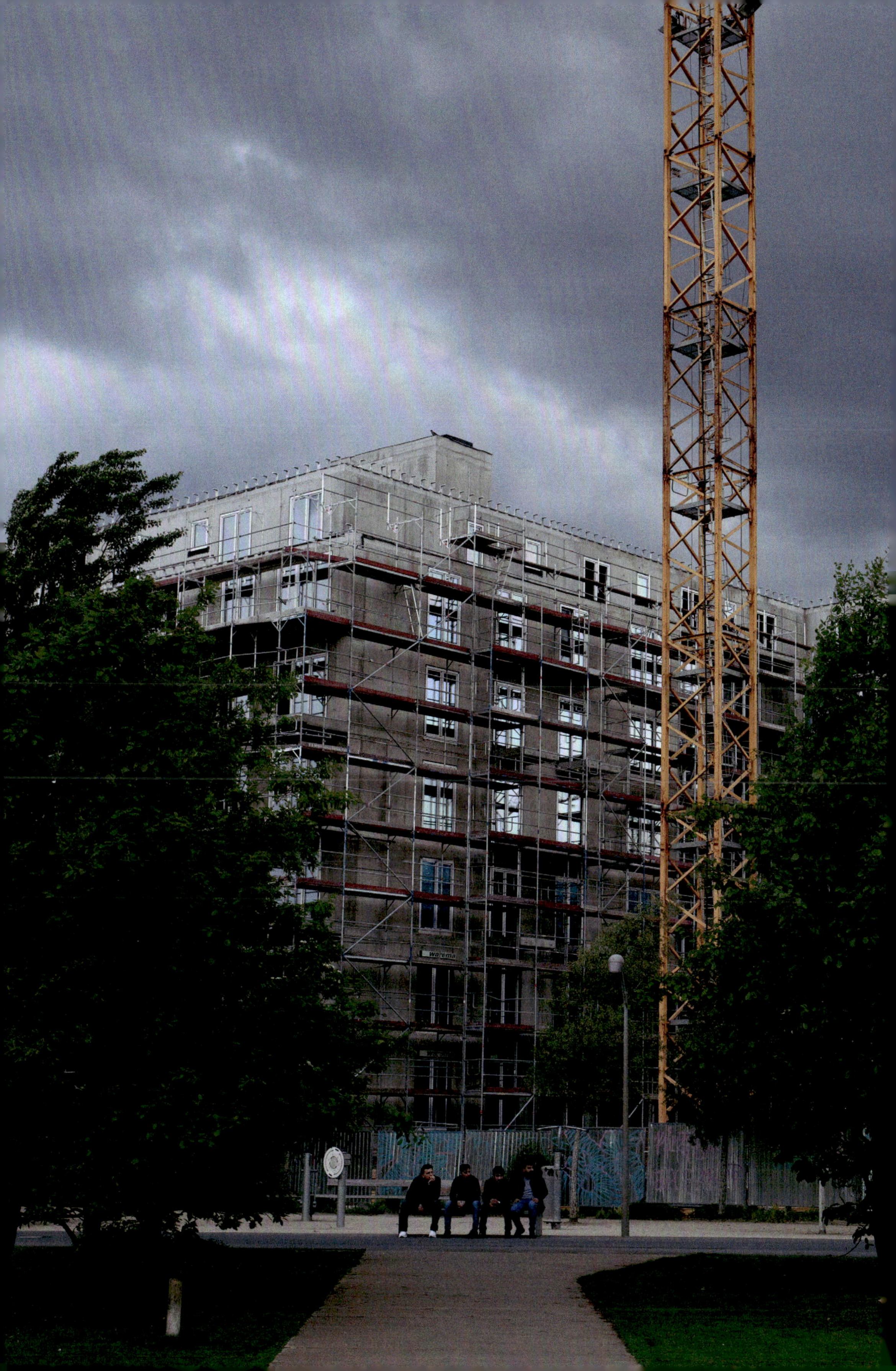
warema

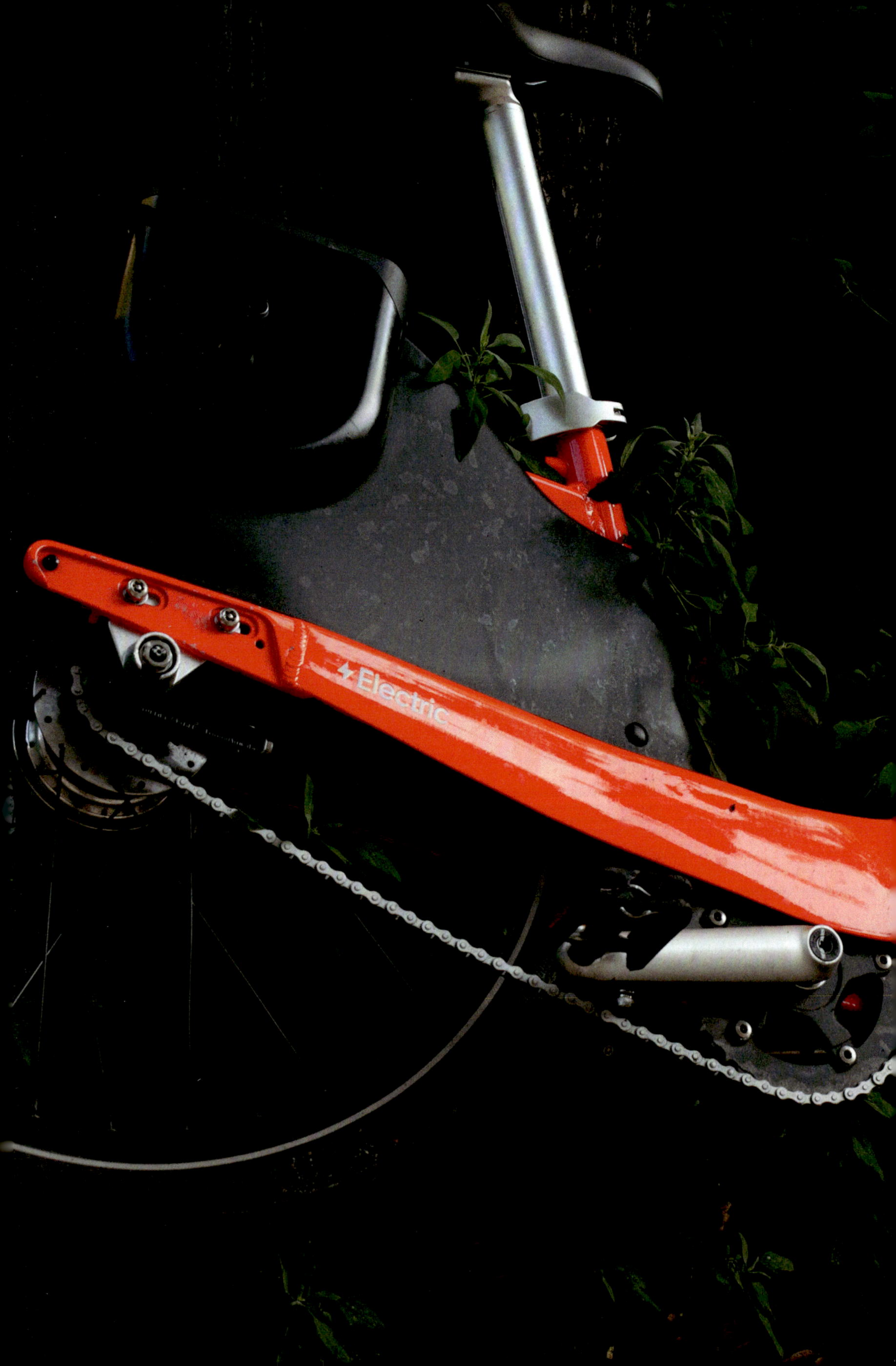
Electric

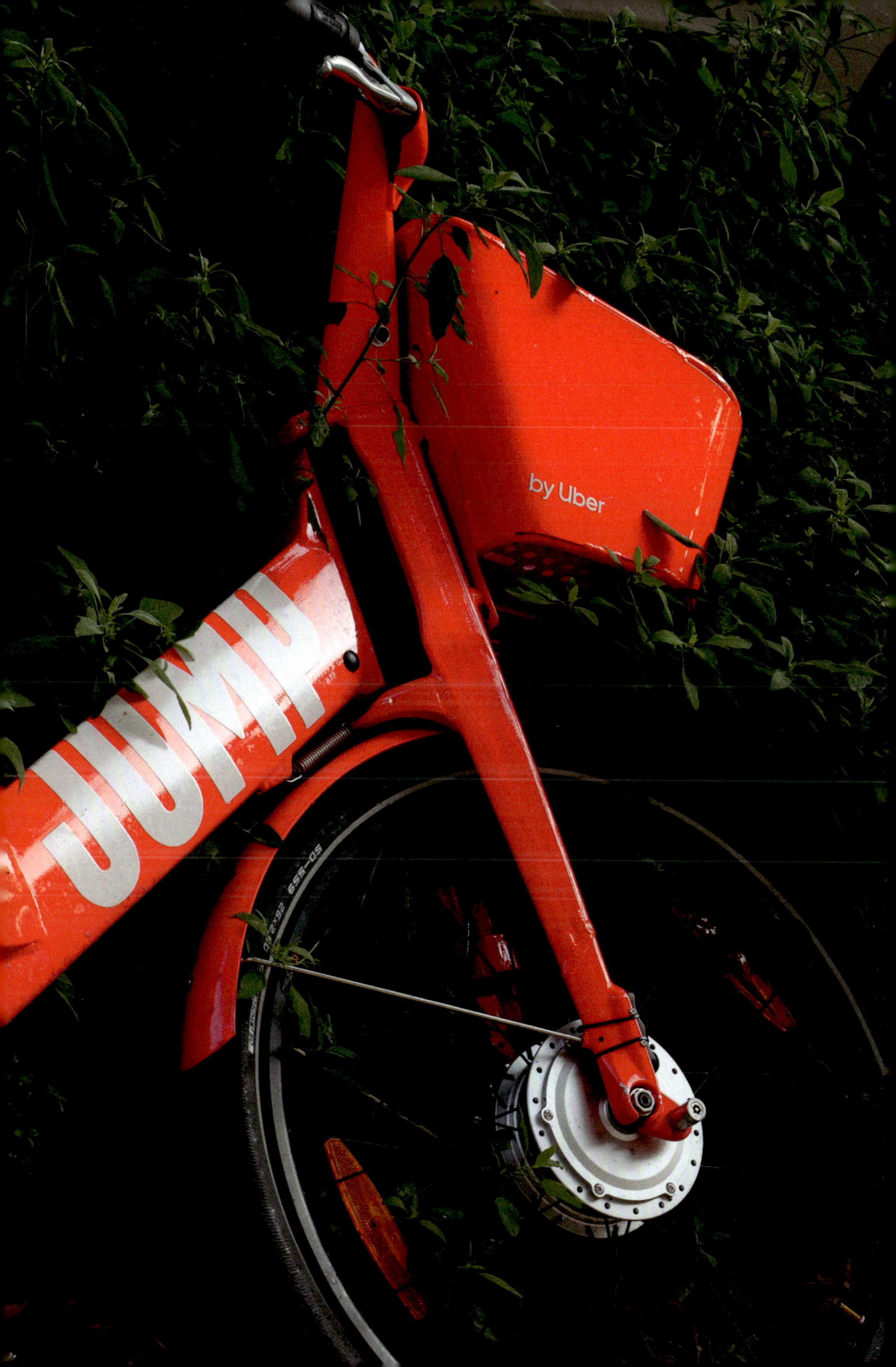
JUMP
by Uber

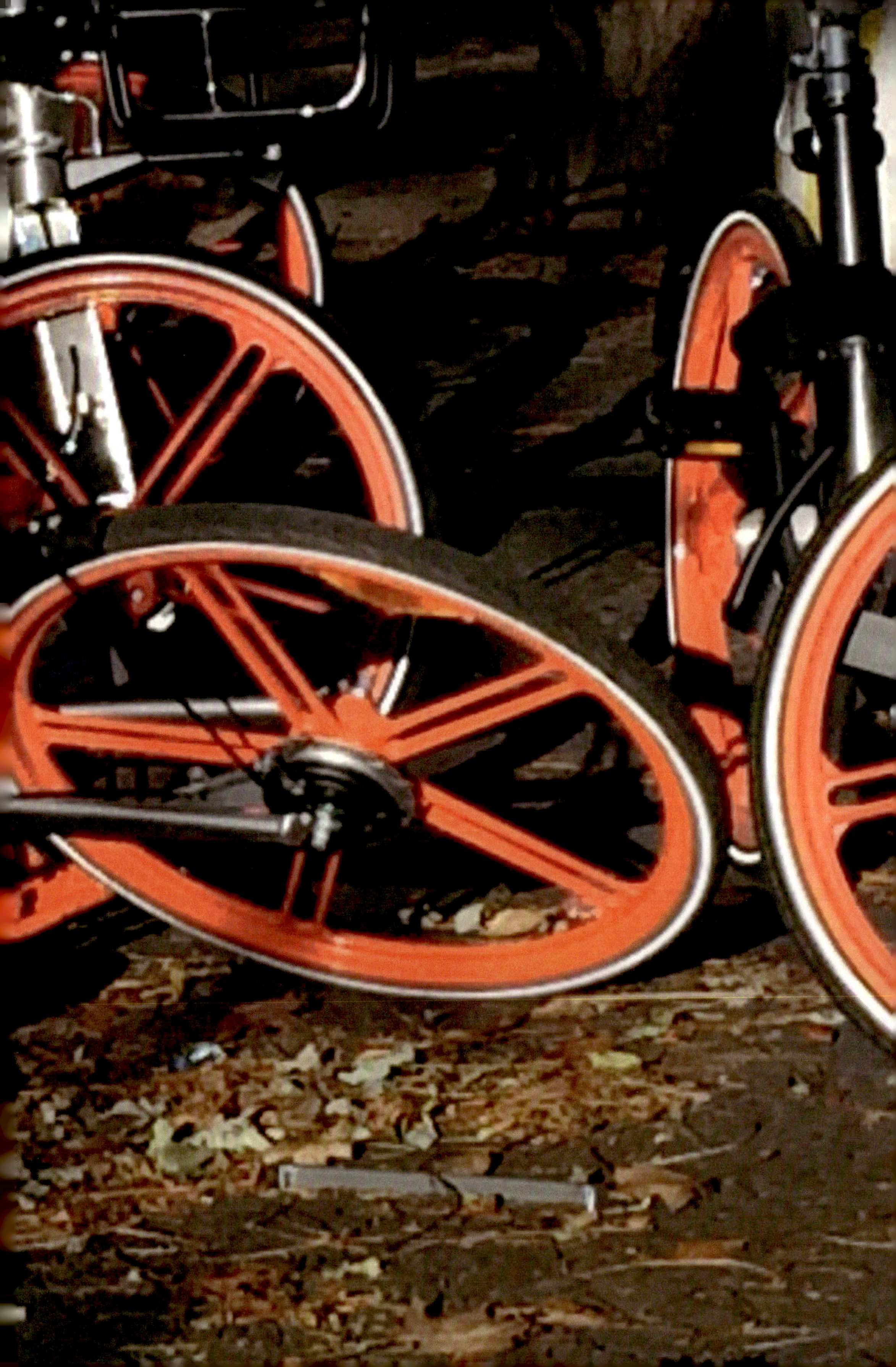

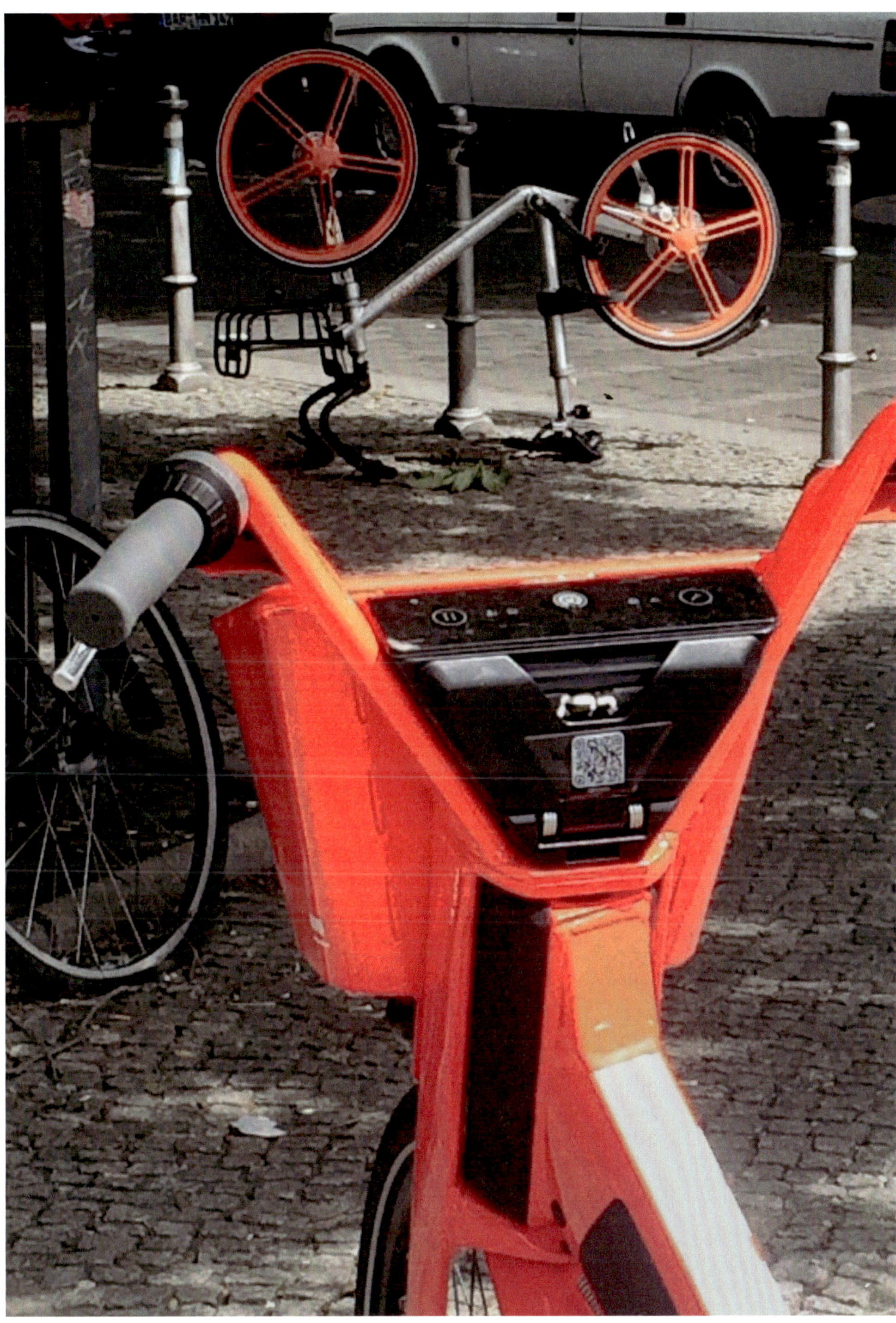

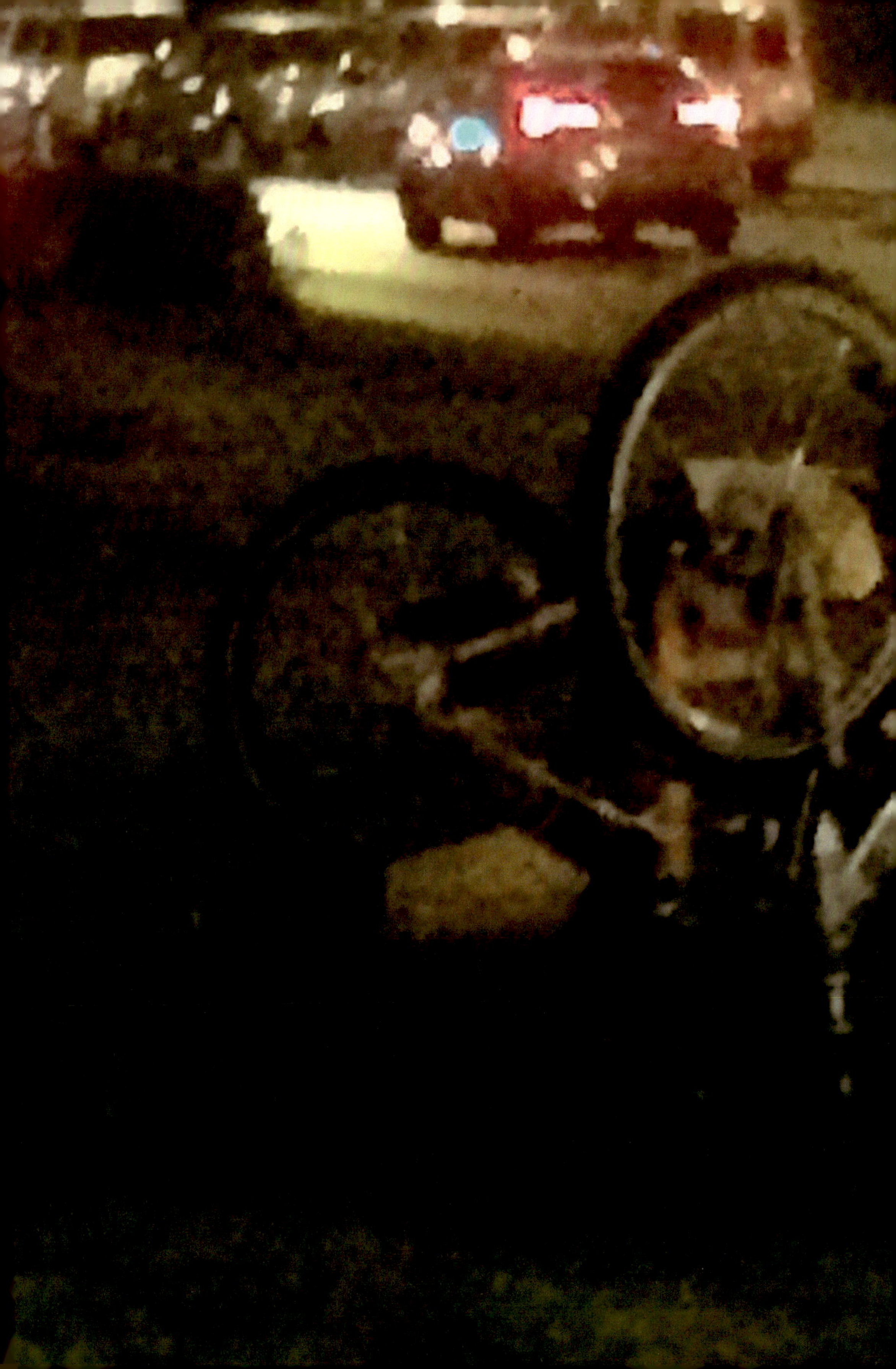

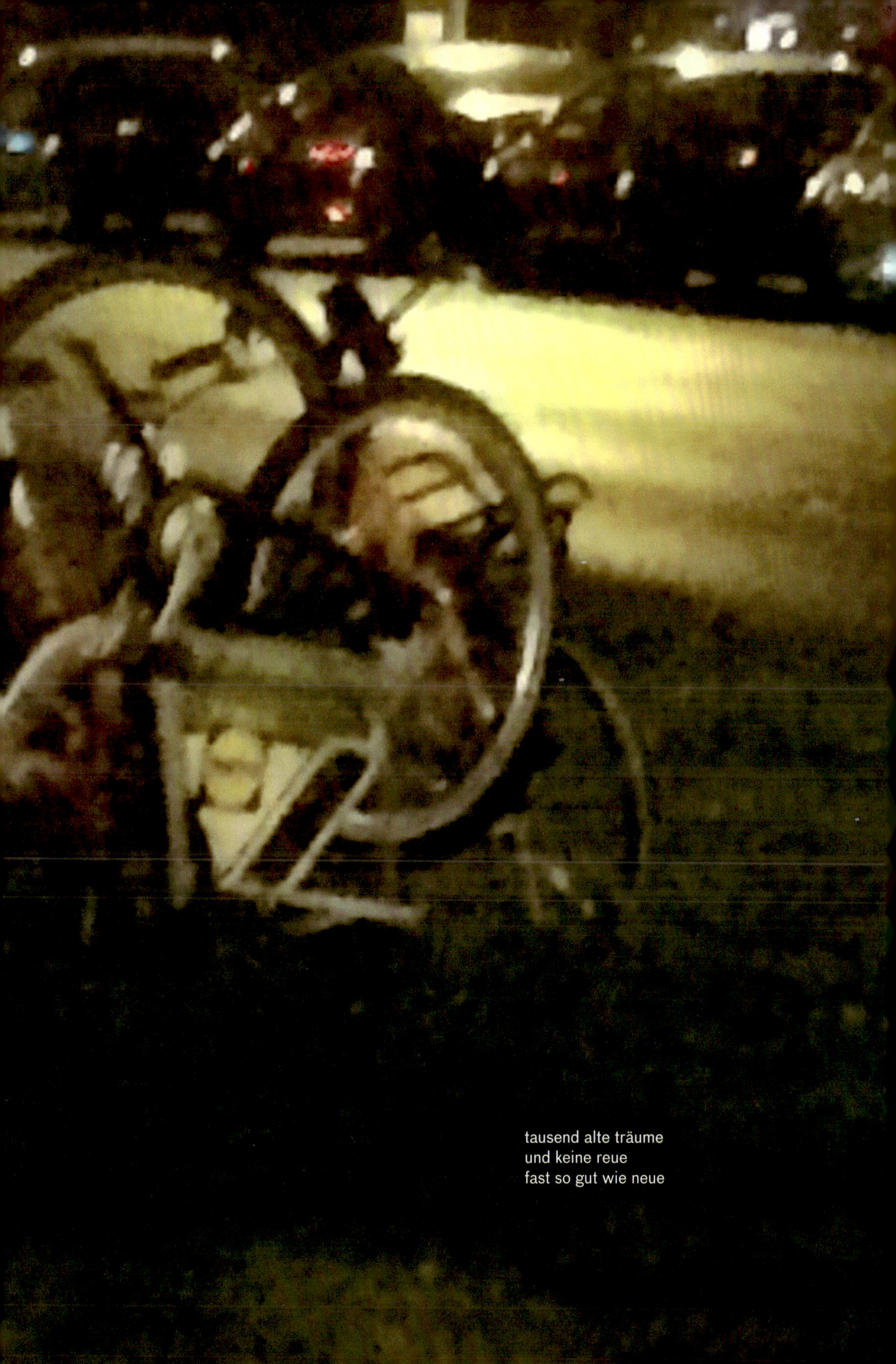

tausend alte träume
und keine reue
fast so gut wie neue

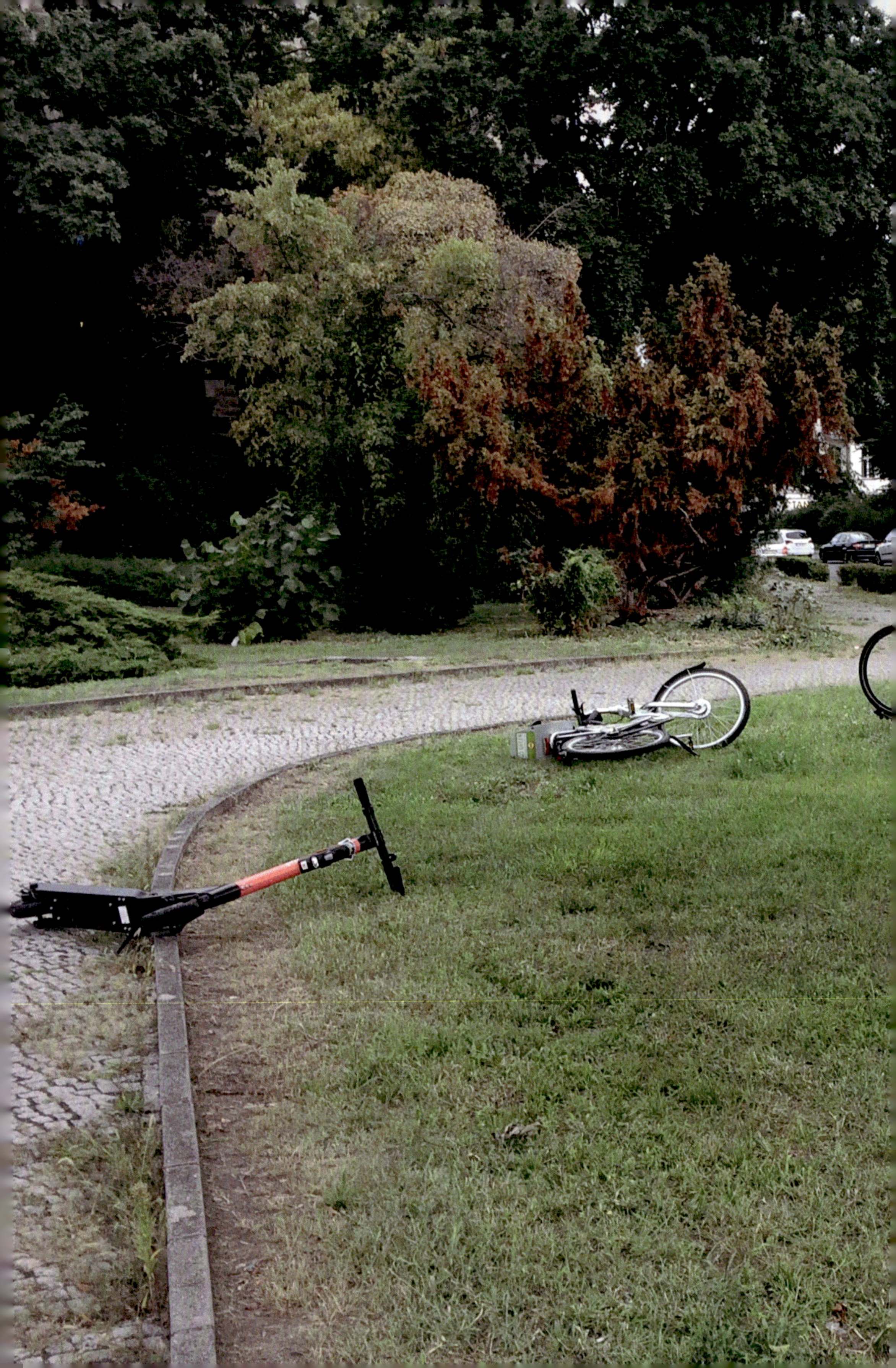

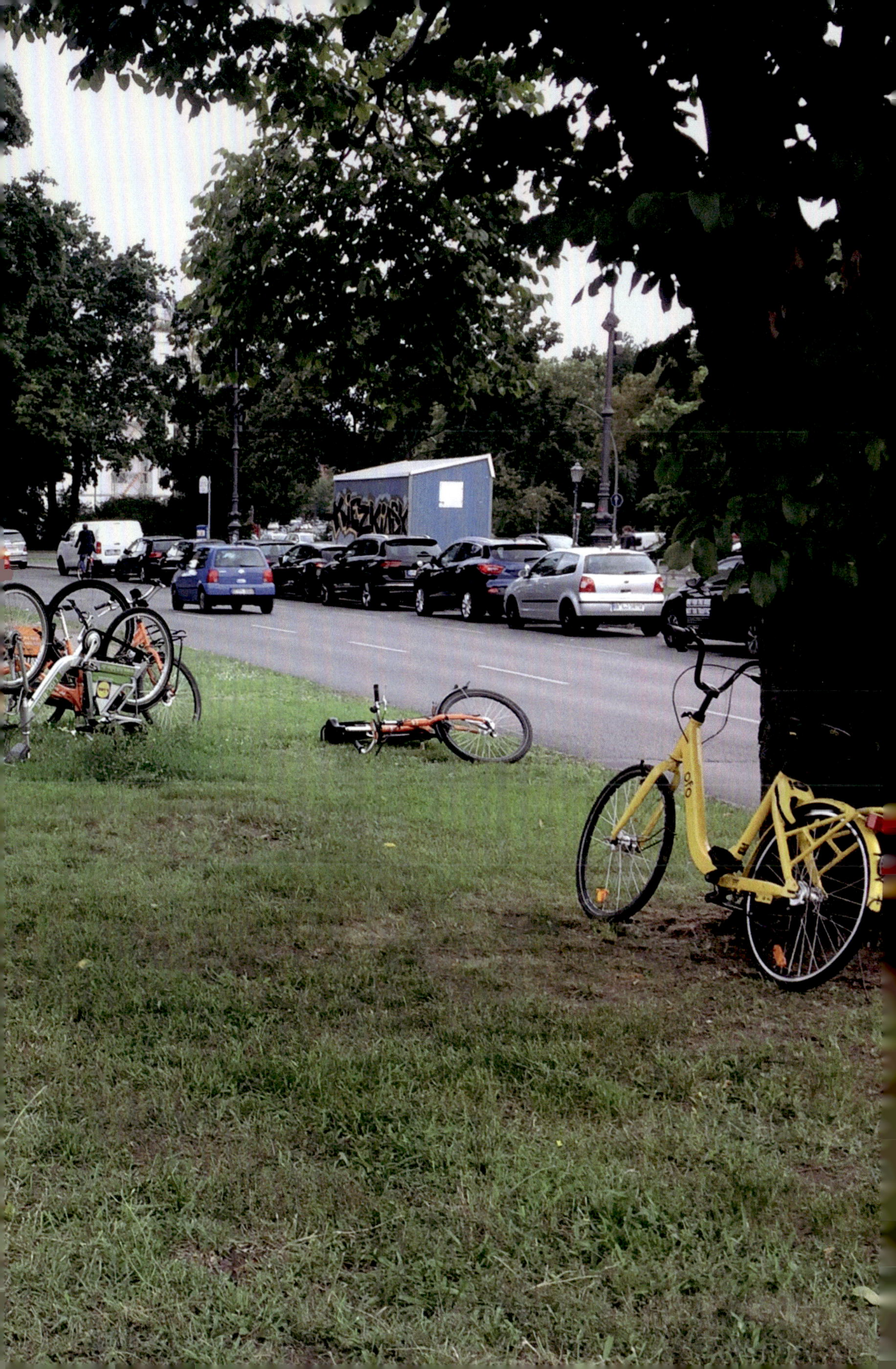

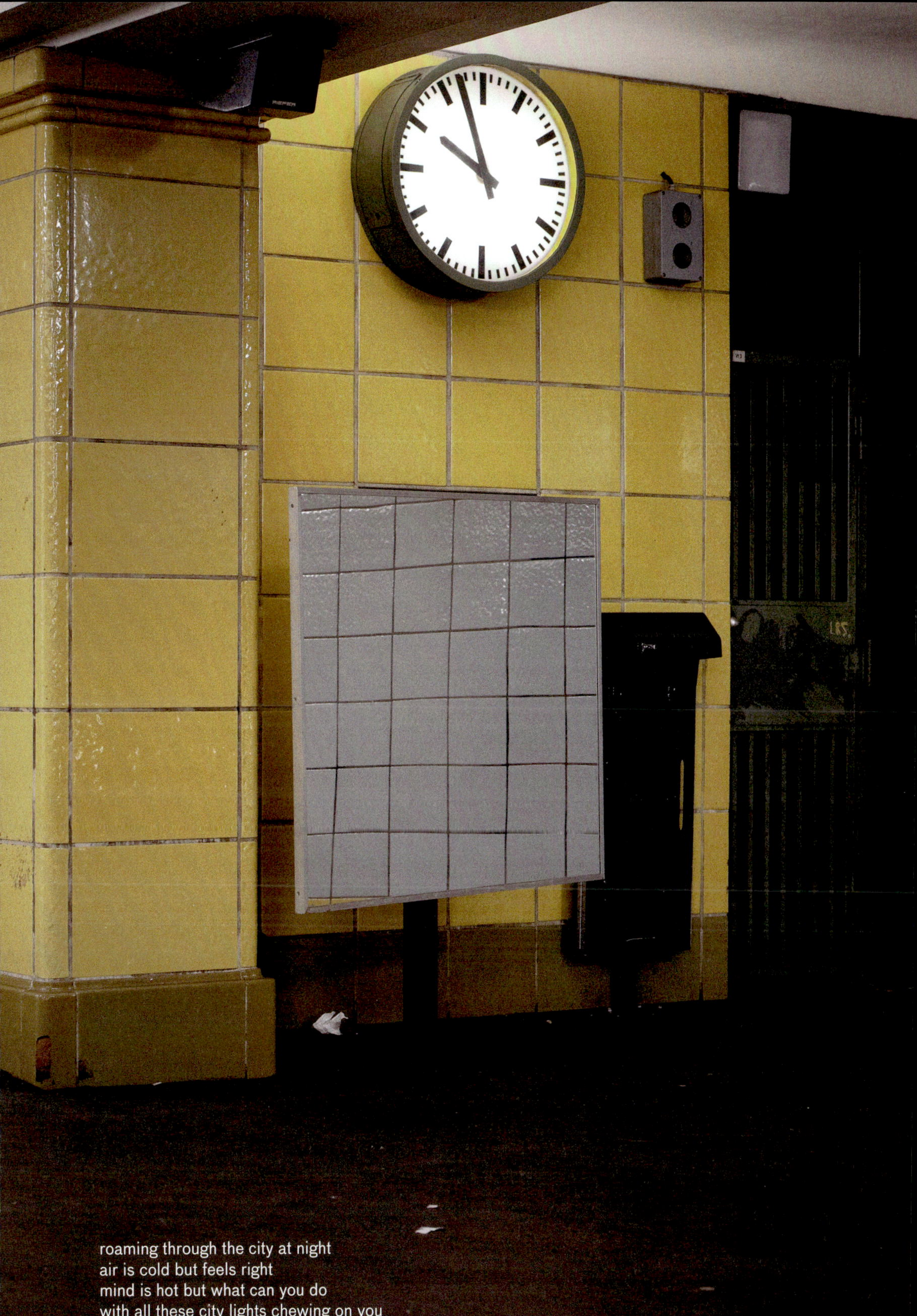

roaming through the city at night
air is cold but feels right
mind is hot but what can you do
with all these city lights chewing on you

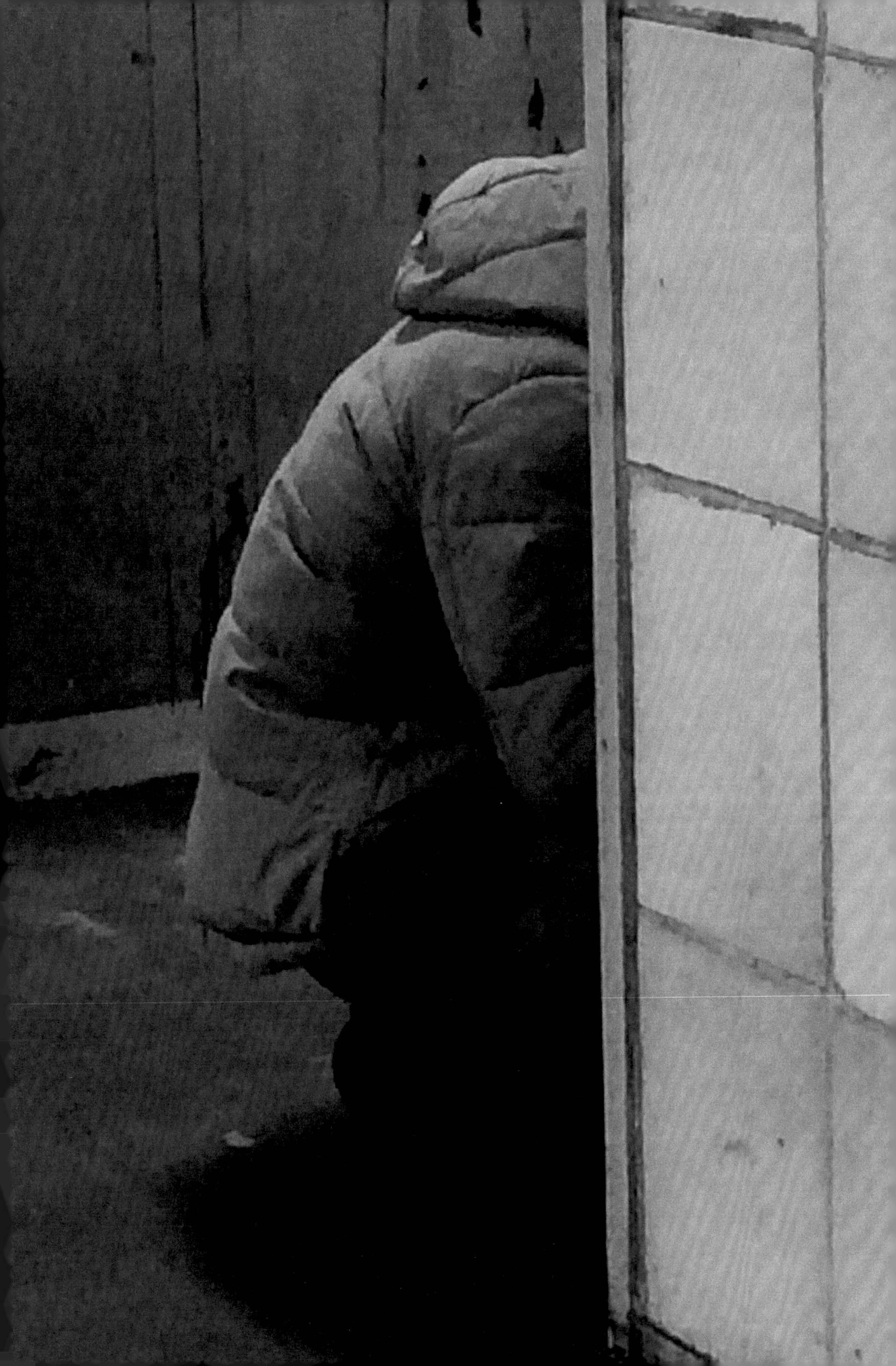

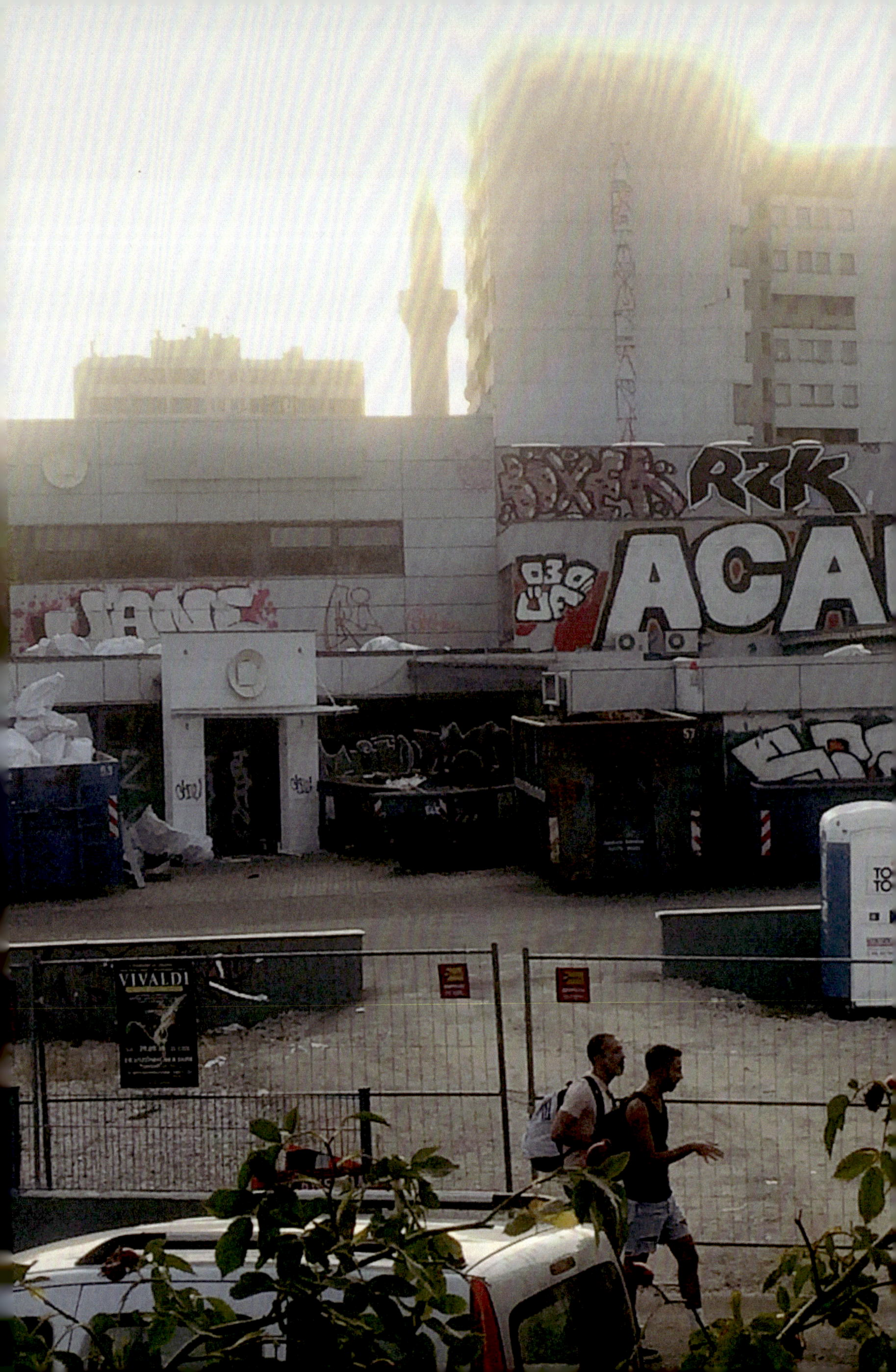
RZK
VIVALDI

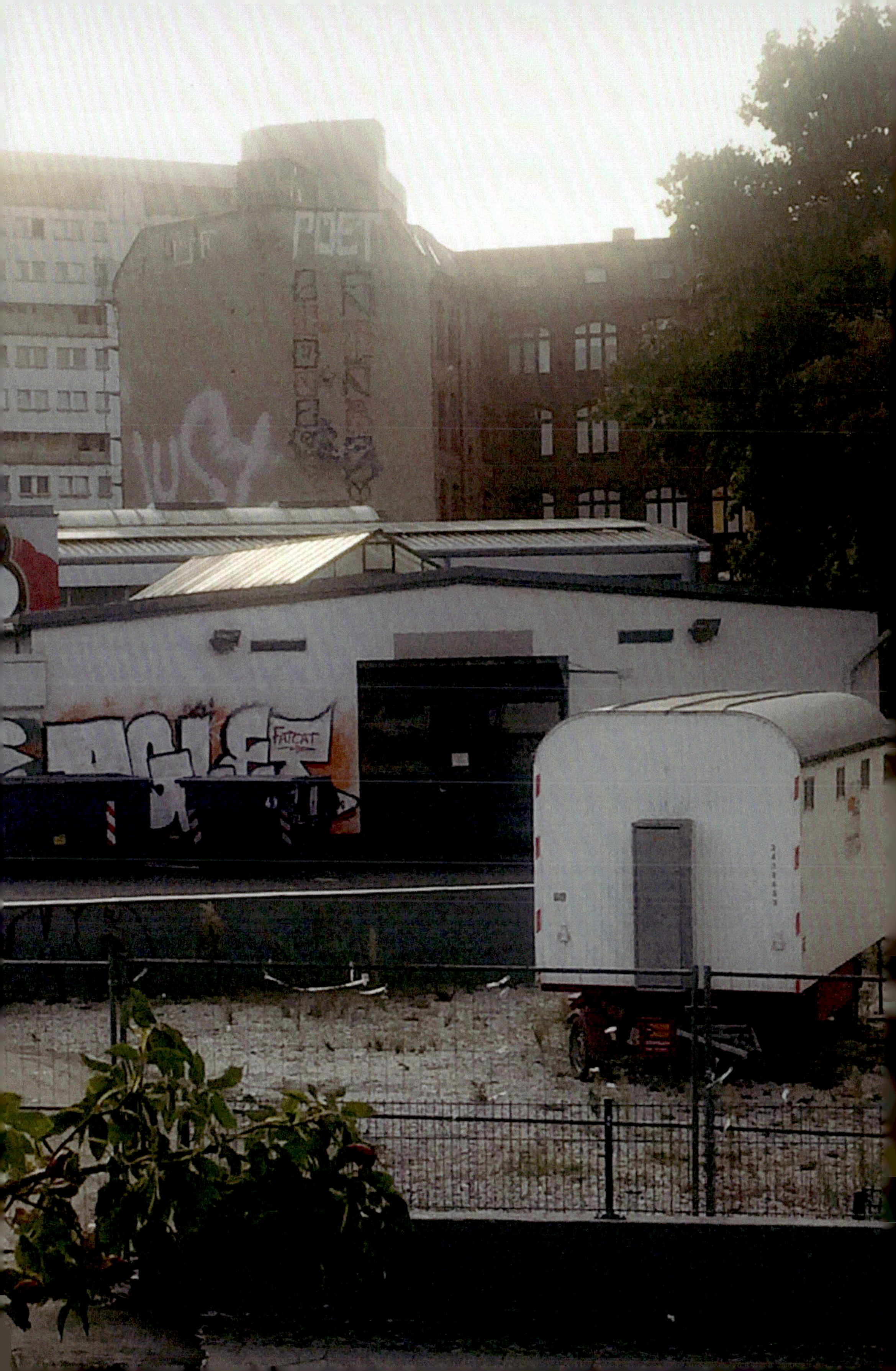
POET
FATCAT

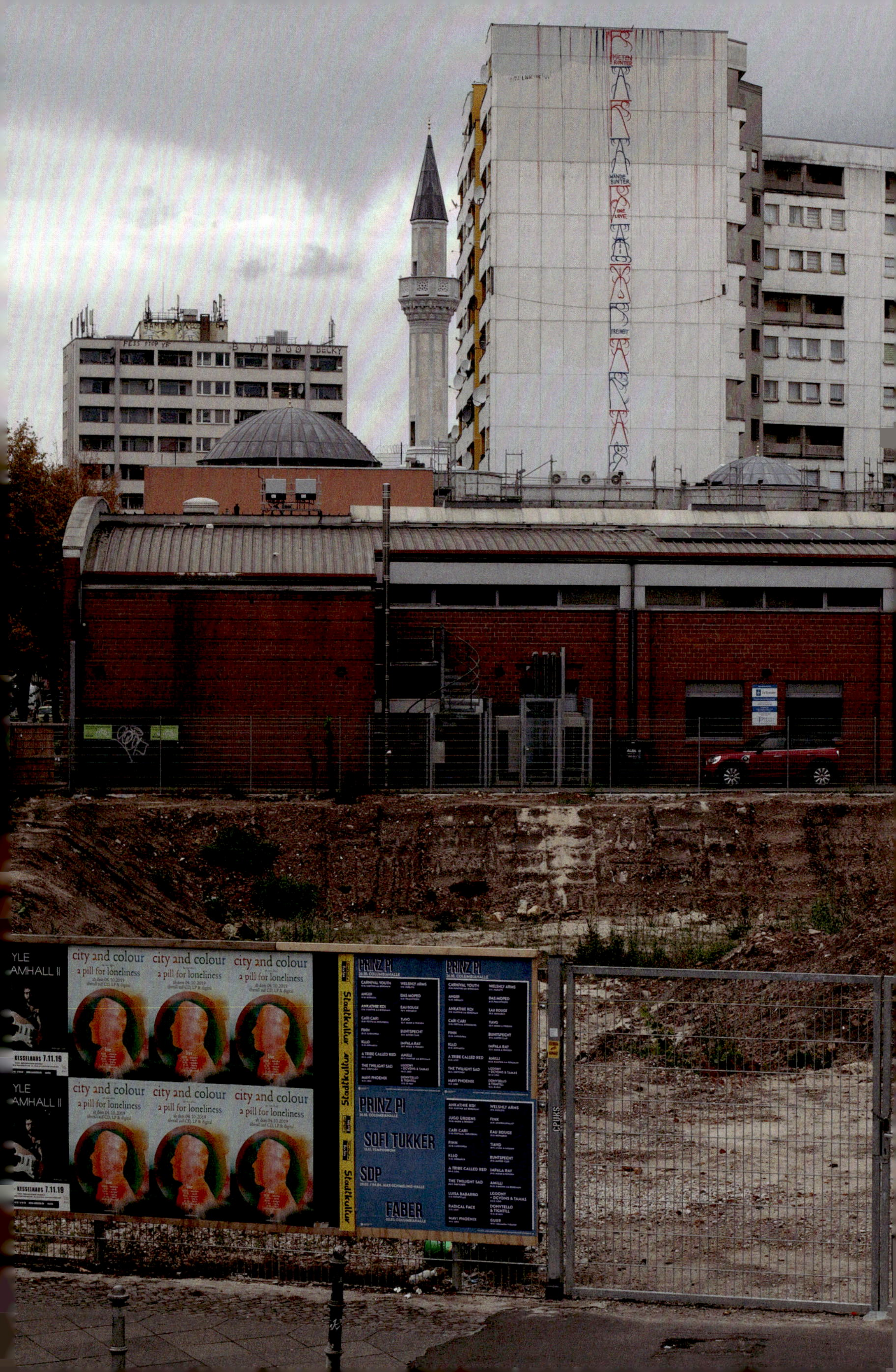
YLE
AMHALL II
KESSELHAUS 7.11.19
city and colour
a pill for loneliness
ab dem 04.10.2019
überall auf CD, LP & digital
Stadtkultur
PRINZ PI
26.10. COLUMBIAHALLE
CARNIVAL YOUTH
WELSHLY ARMS
ANGER
DAS MOPED
ANKATHIE KOI
EAU ROUGE
CARI CARI
TIAVO
FINN
BUNTSPECHT
KLLO
IMPALA RAY
A TRIBE CALLED RED
AMILLI
THE TWILIGHT SAD
MAVI PHOENIX
SOFI TUKKER
SDP
FABER
JUGO ÜRDENS
FINK
LUISA BABARRO
RADICAL FACE
GURR
CPUKS

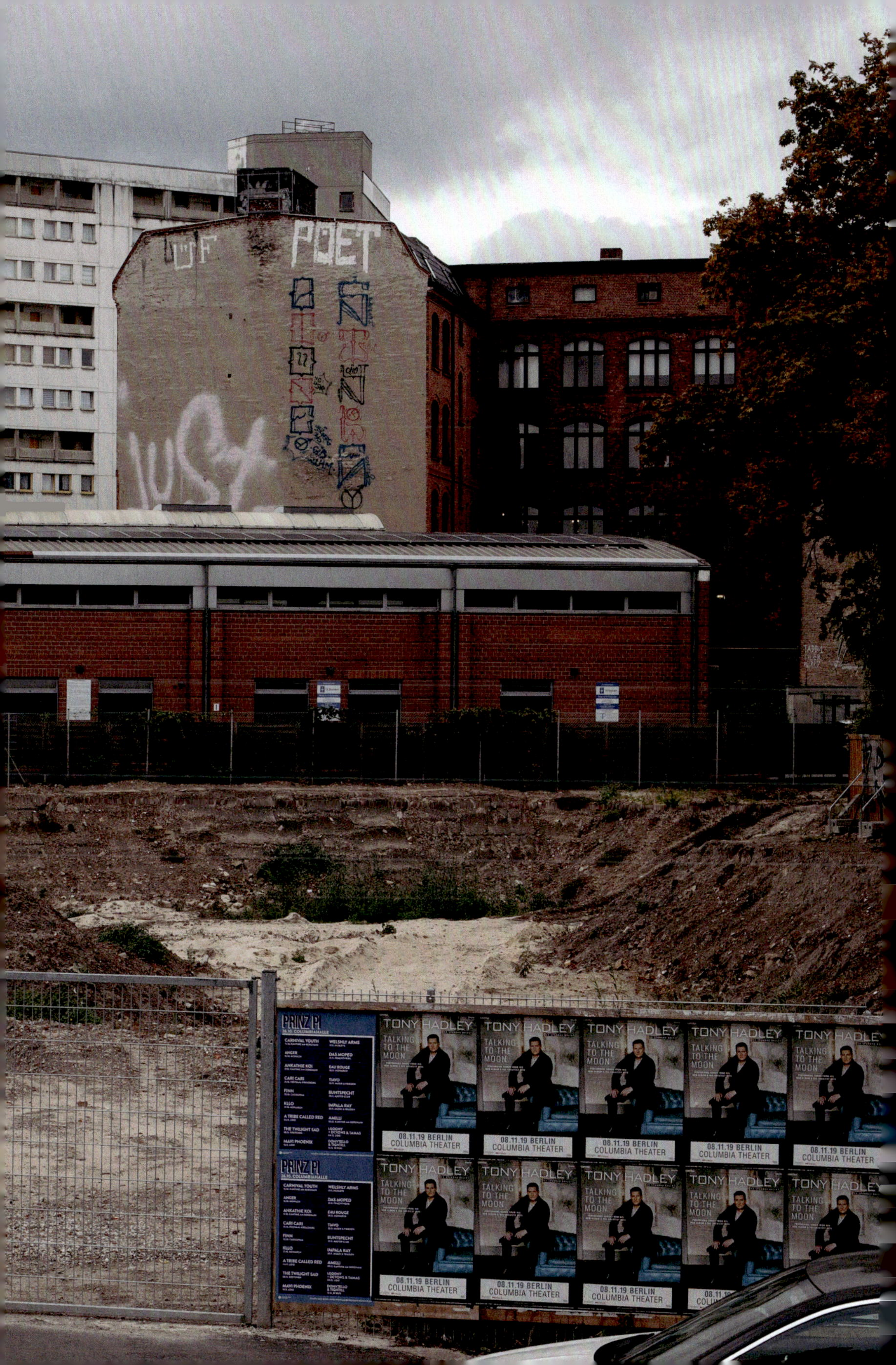
POET
PRINZ PI
TONY HADLEY
TALKING TO THE MOON
08.11.19 BERLIN
COLUMBIA THEATER

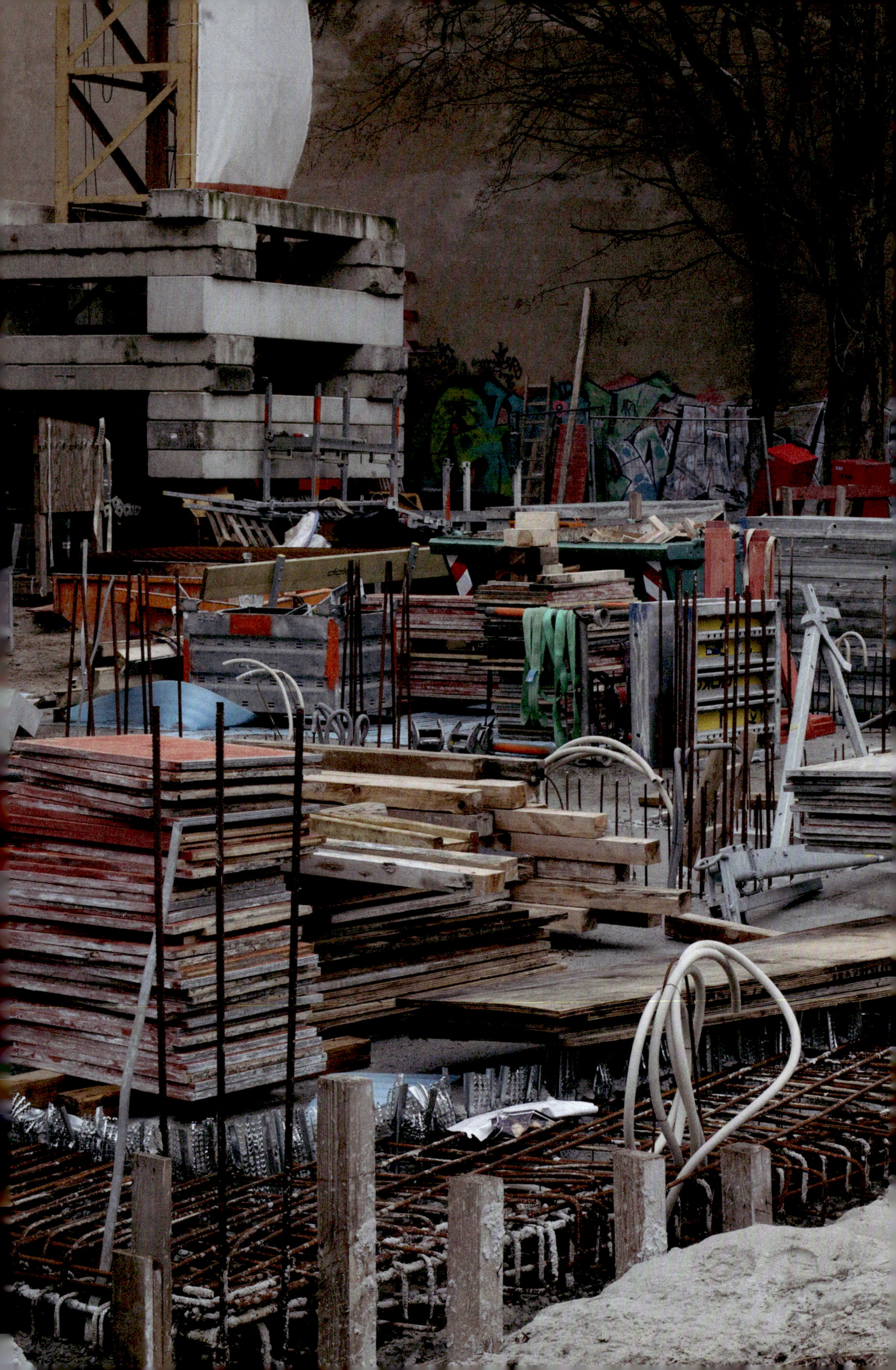

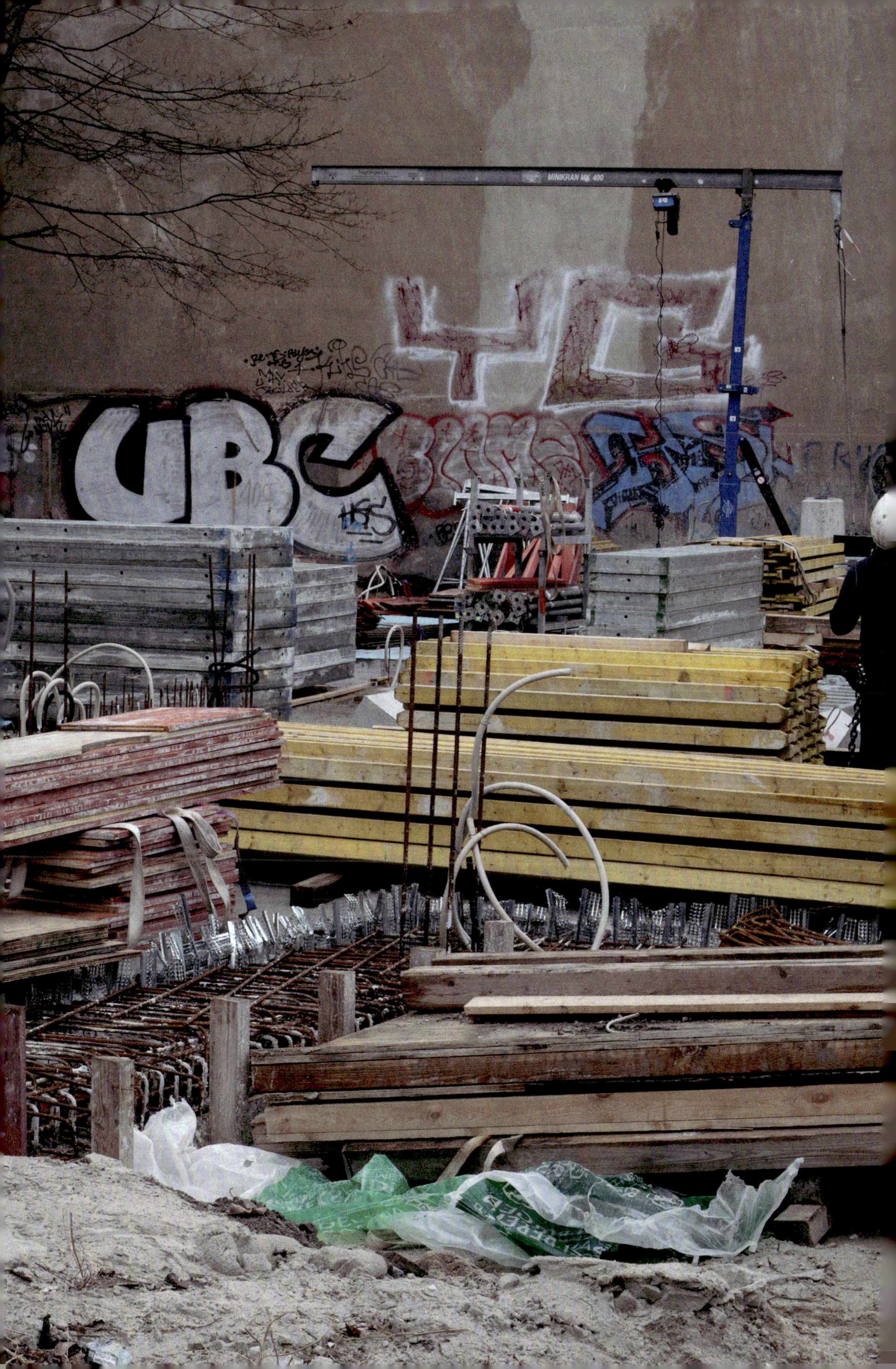
MINIKRAN MK 400
UBC

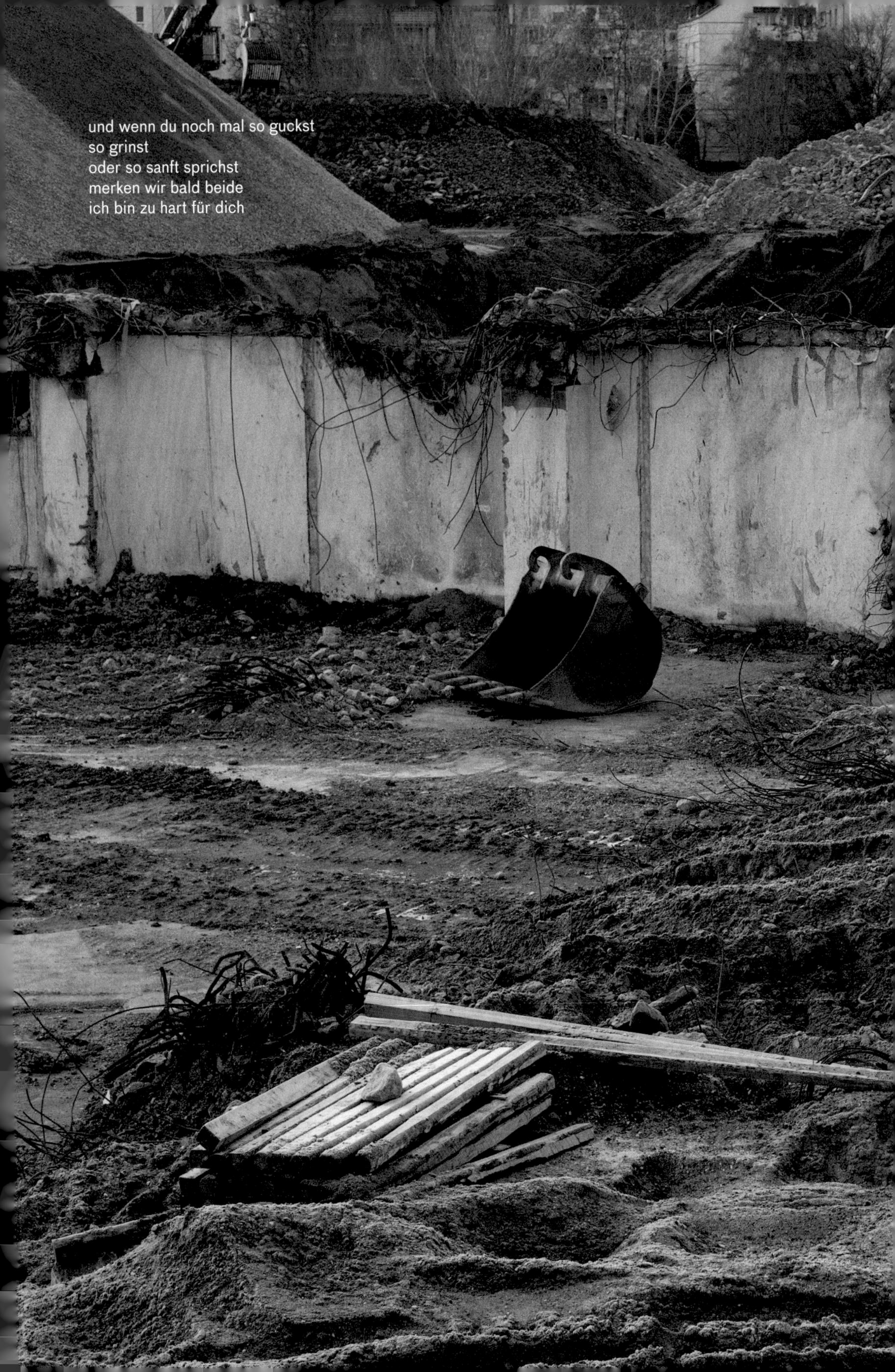

und wenn du noch mal so guckst
so grinst
oder so sanft sprichst
merken wir bald beide
ich bin zu hart für dich

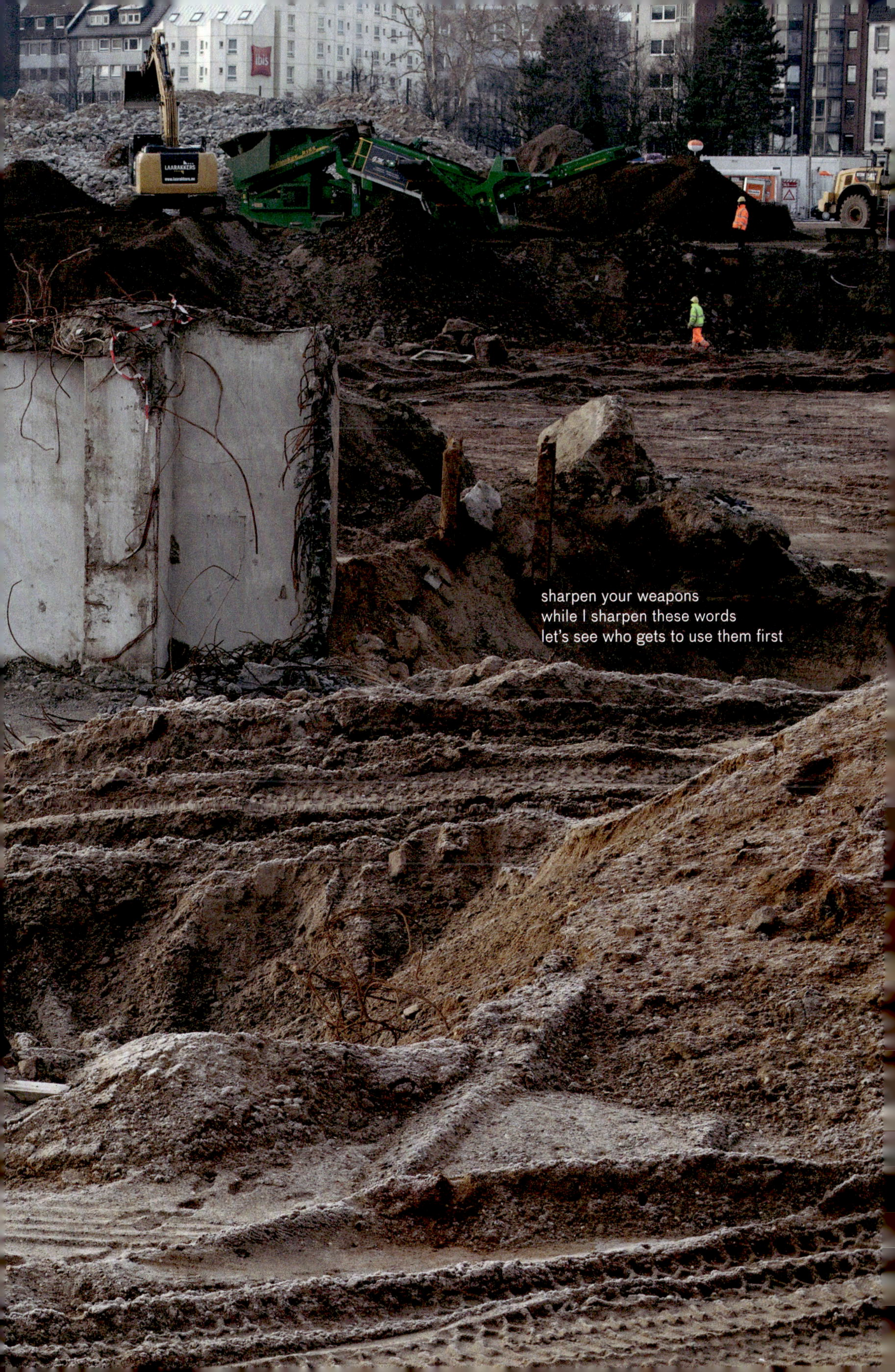

sharpen your weapons
while I sharpen these words
let's see who gets to use them first

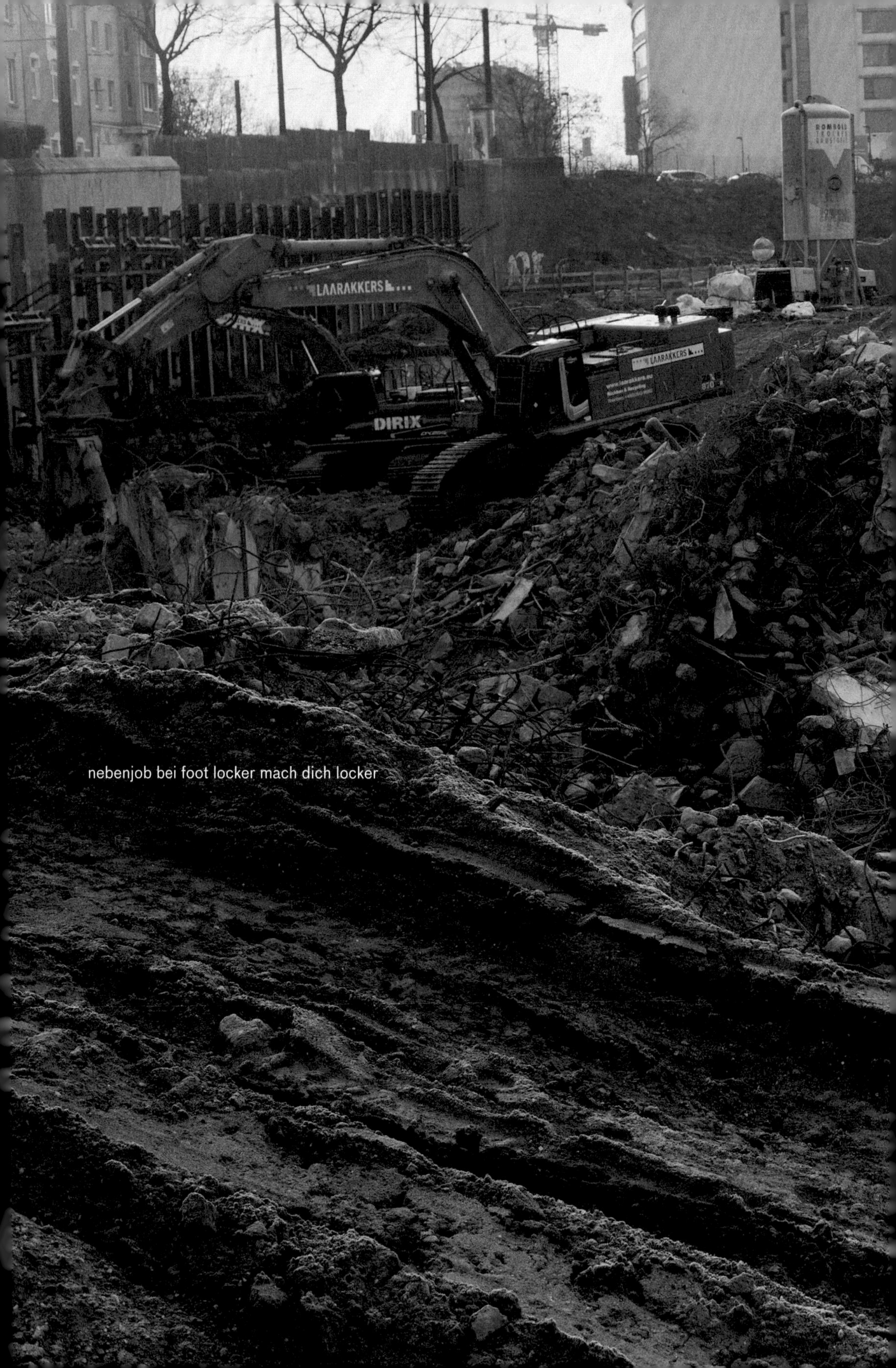

nebenjob bei foot locker mach dich locker

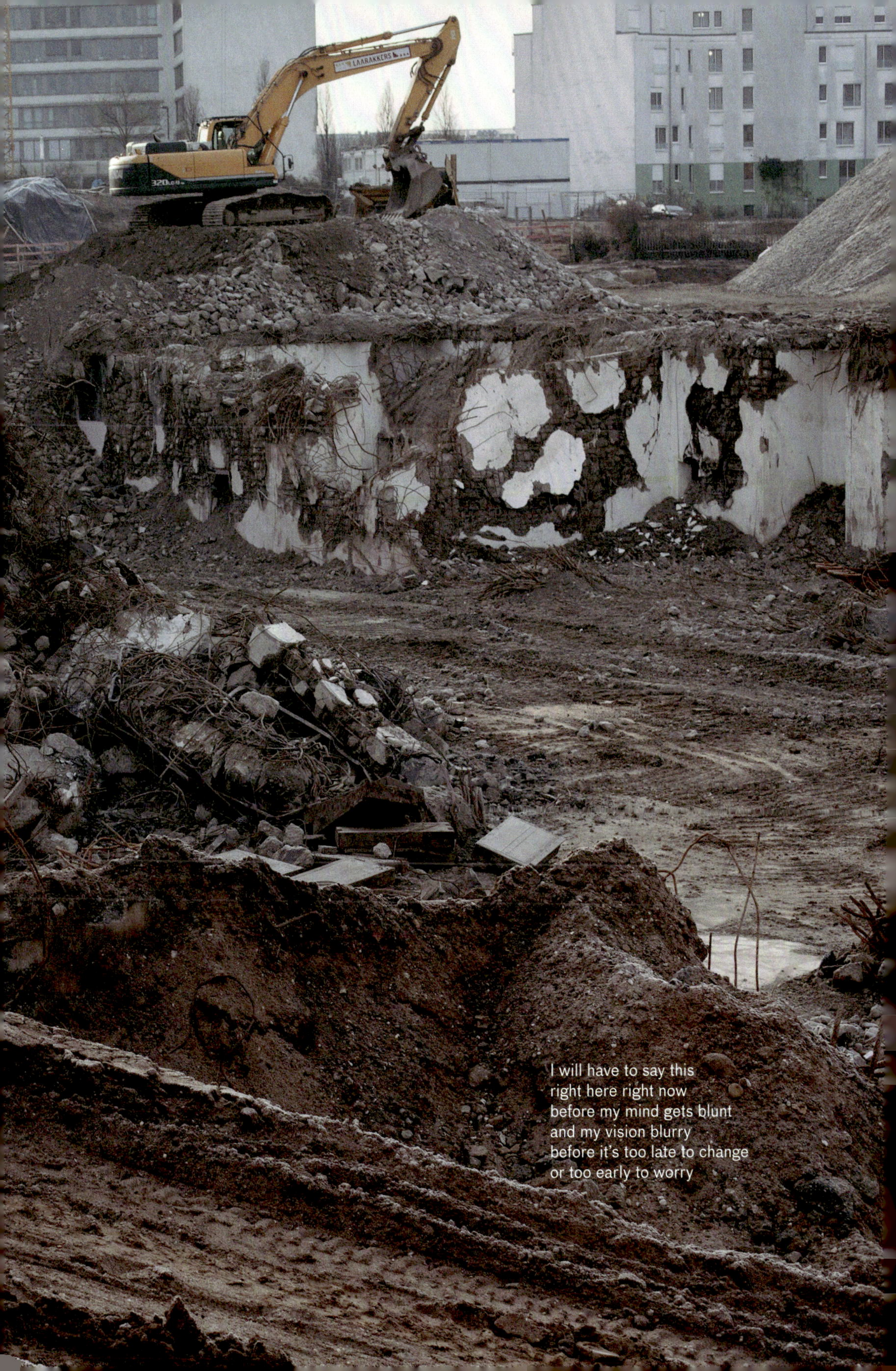

I will have to say this
right here right now
before my mind gets blunt
and my vision blurry
before it's too late to change
or too early to worry

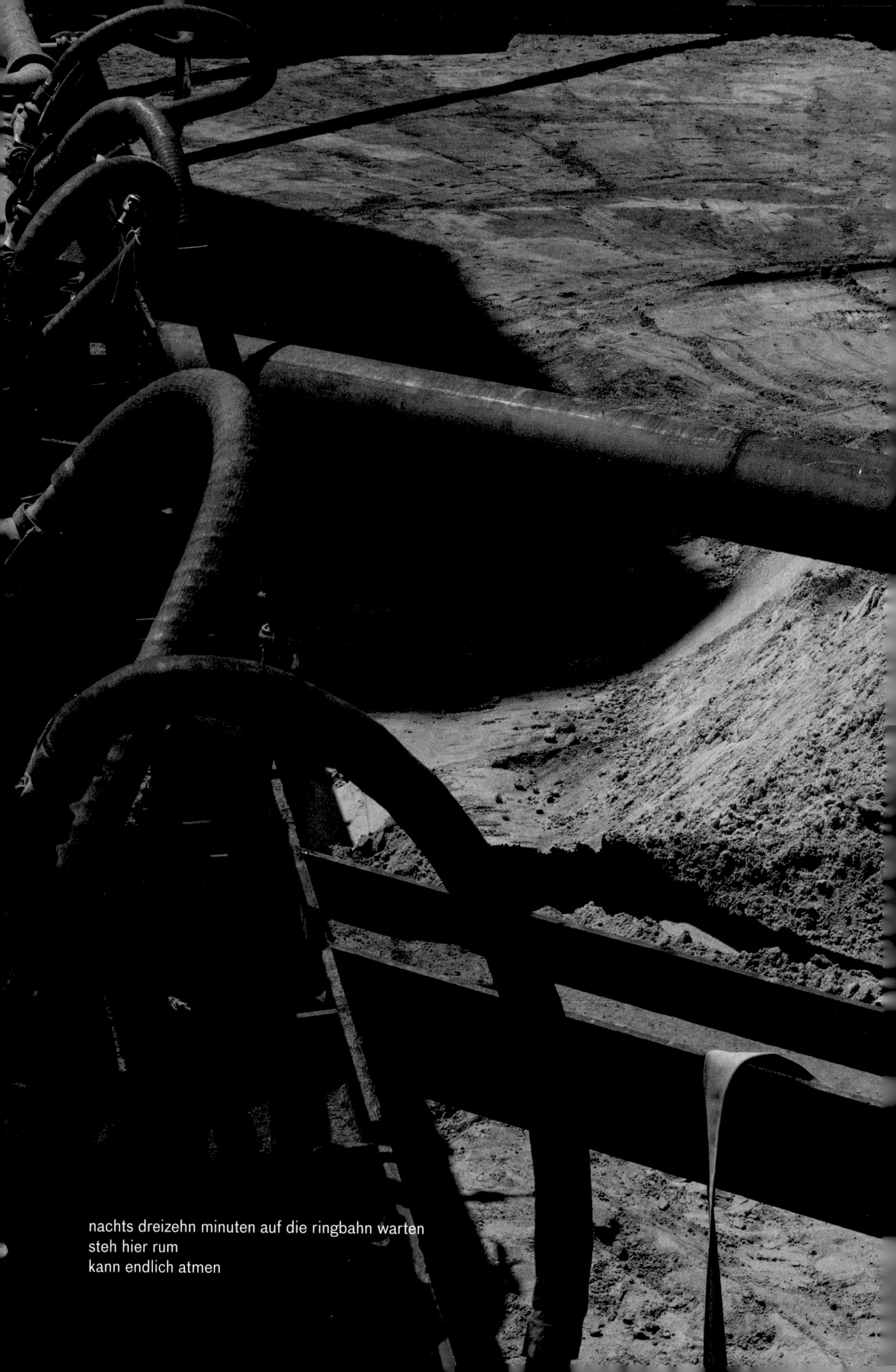

nachts dreizehn minuten auf die ringbahn warten
steh hier rum
kann endlich atmen

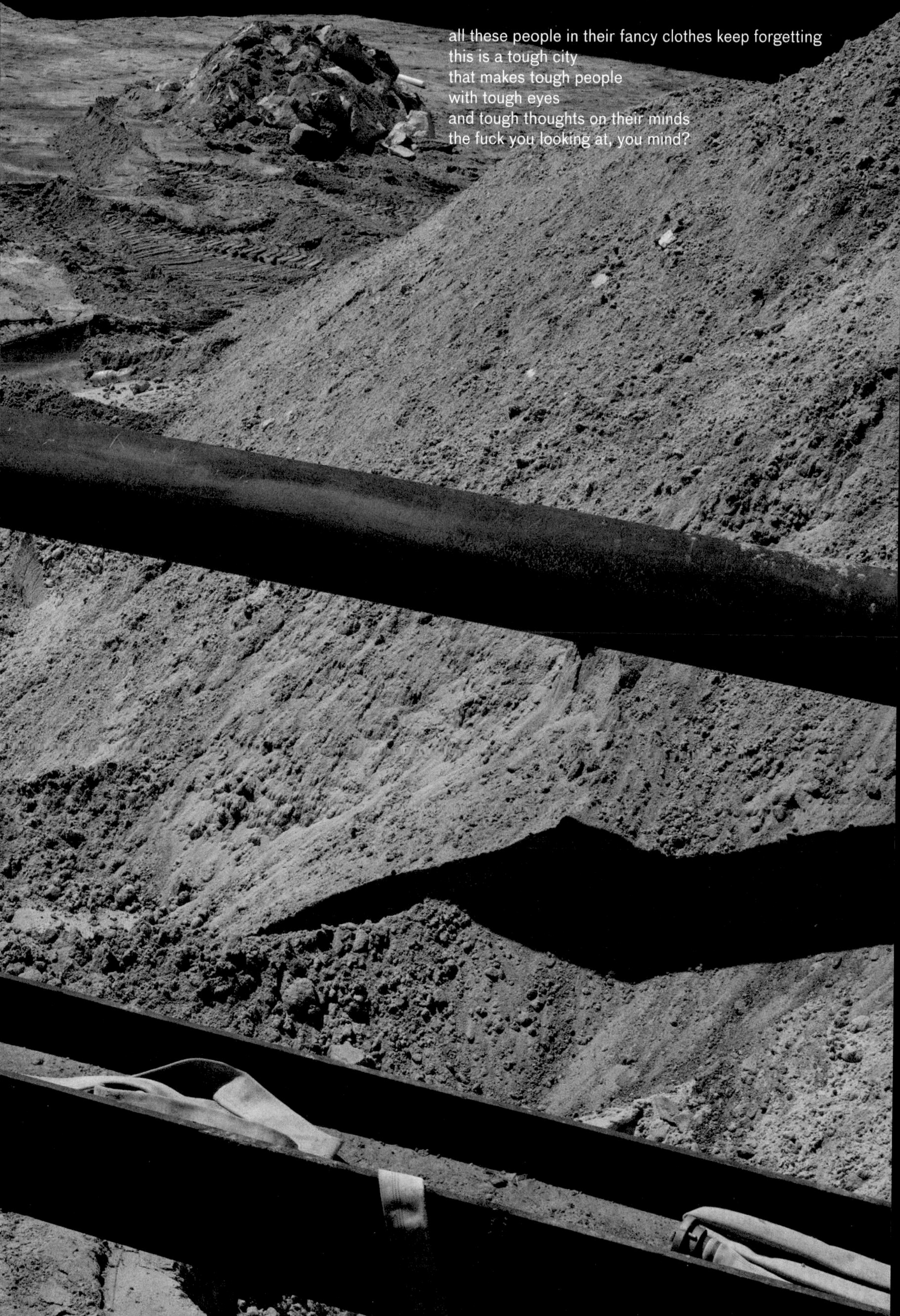

all these people in their fancy clothes keep forgetting
this is a tough city
that makes tough people
with tough eyes
and tough thoughts on their minds
the fuck you looking at, you mind?

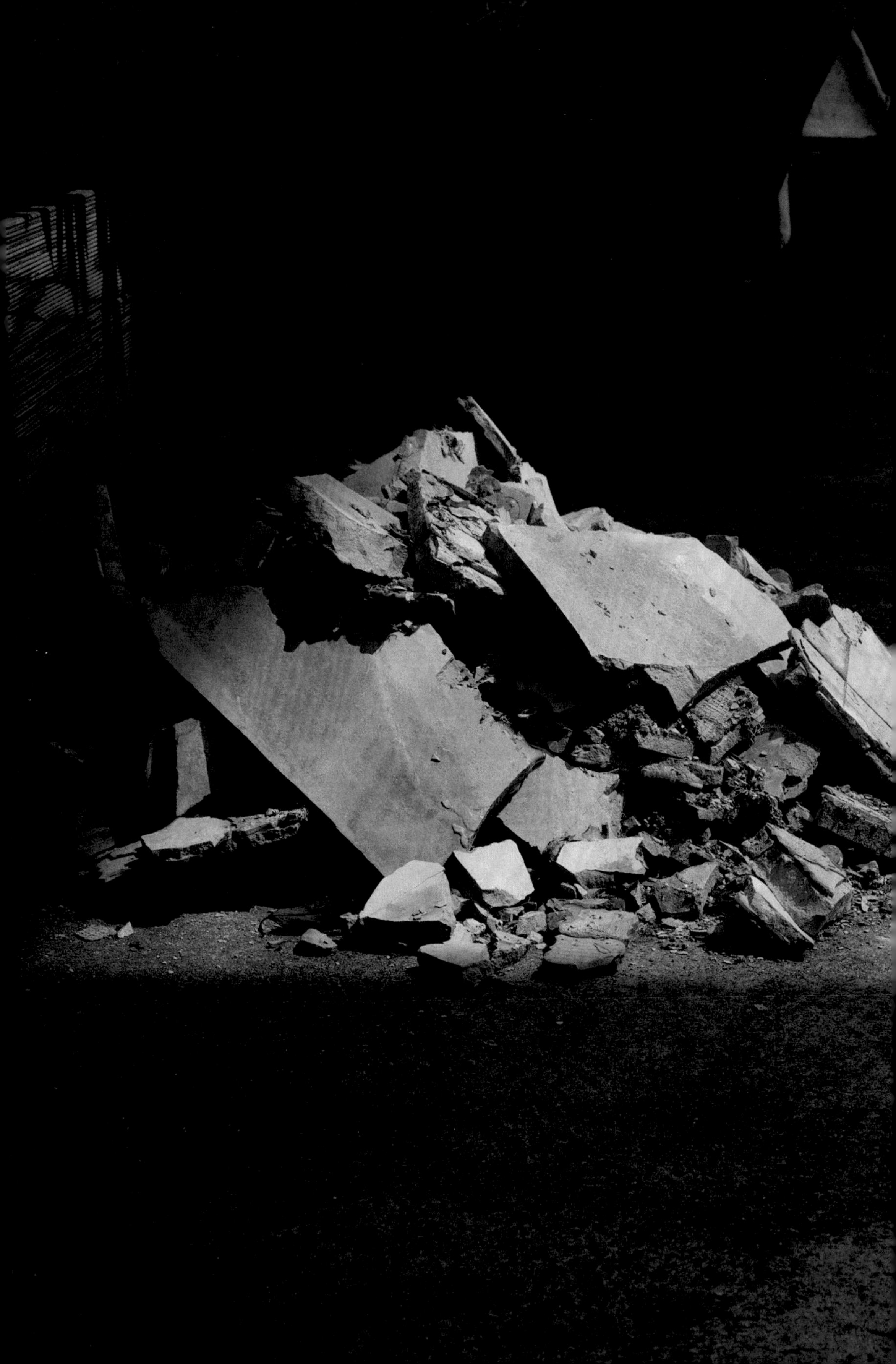

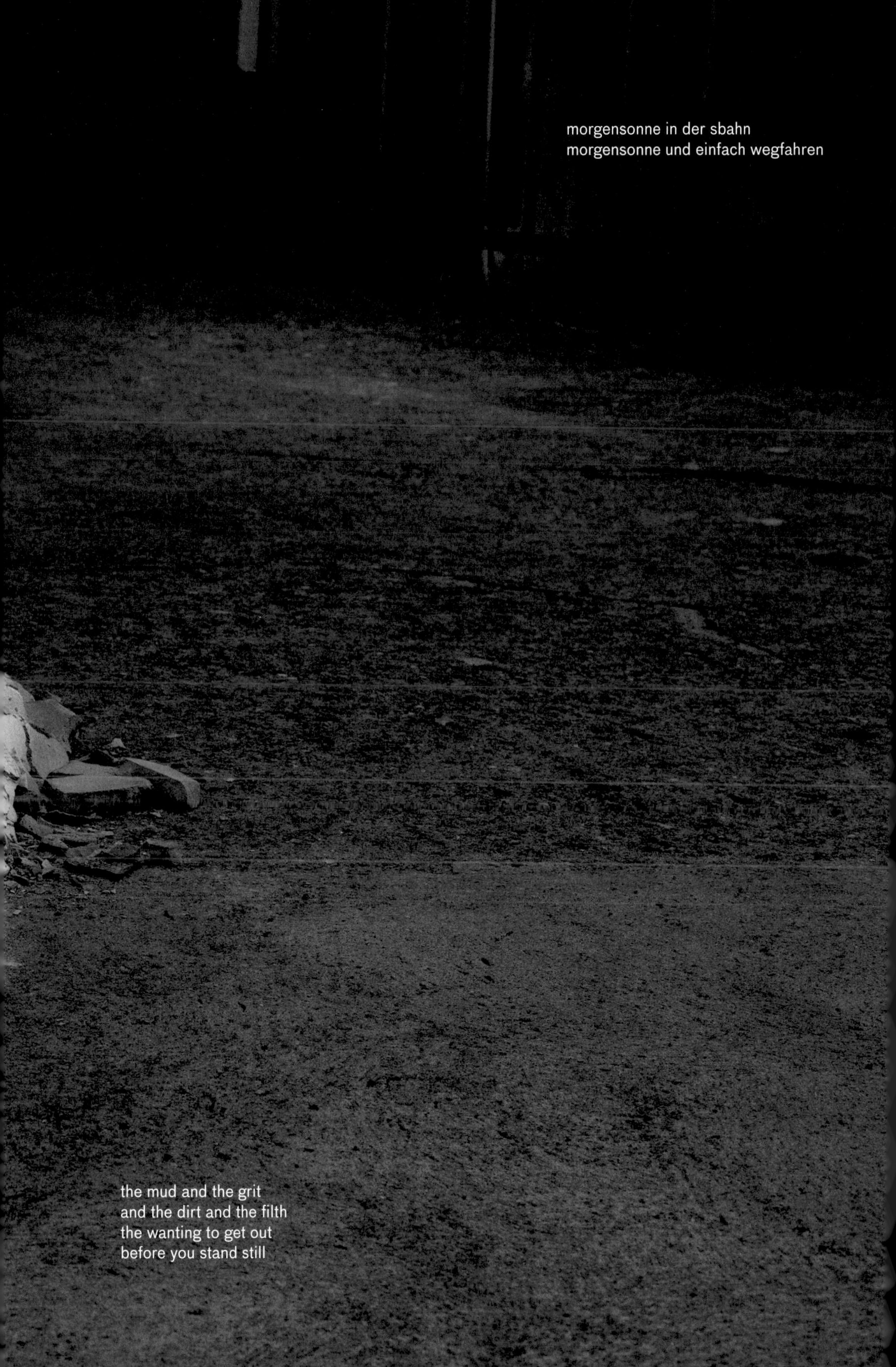

morgensonne in der sbahn
morgensonne und einfach wegfahren

the mud and the grit
and the dirt and the filth
the wanting to get out
before you stand still

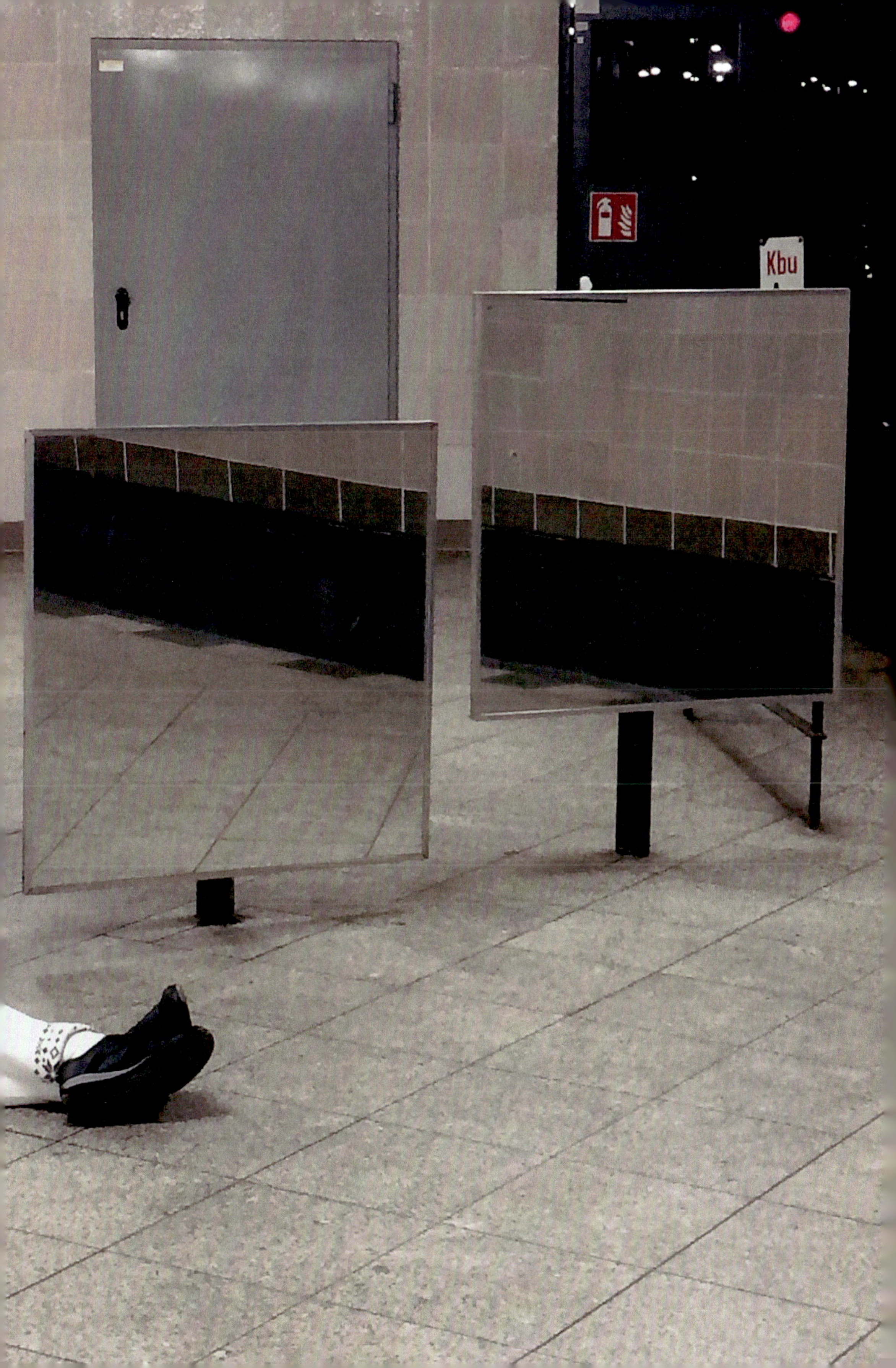
Kbu

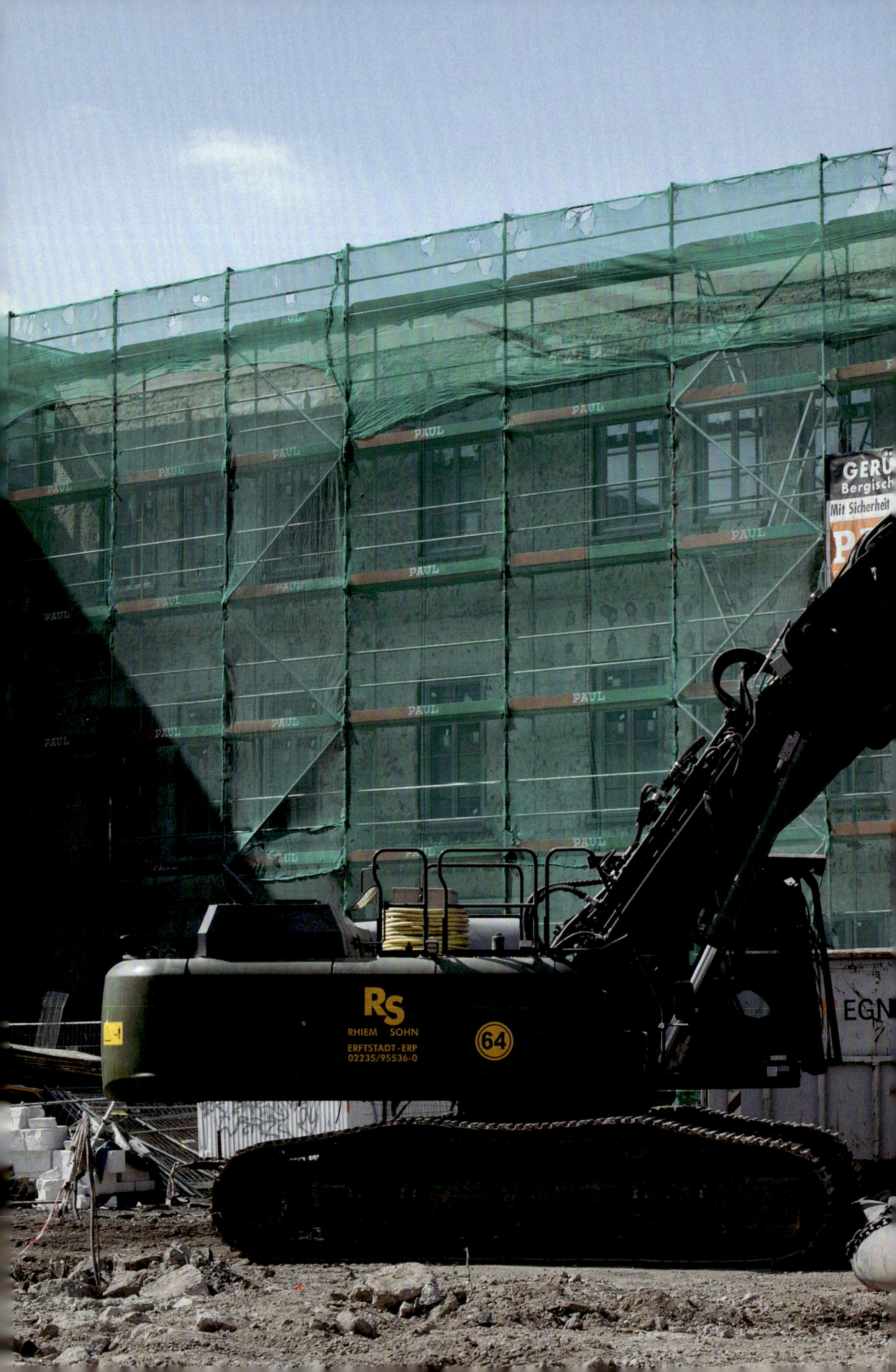
PAUL
Mit Sicherheit
RS
RHIEM SOHN
ERFTSTADT-ERP
02235/95536-0
64

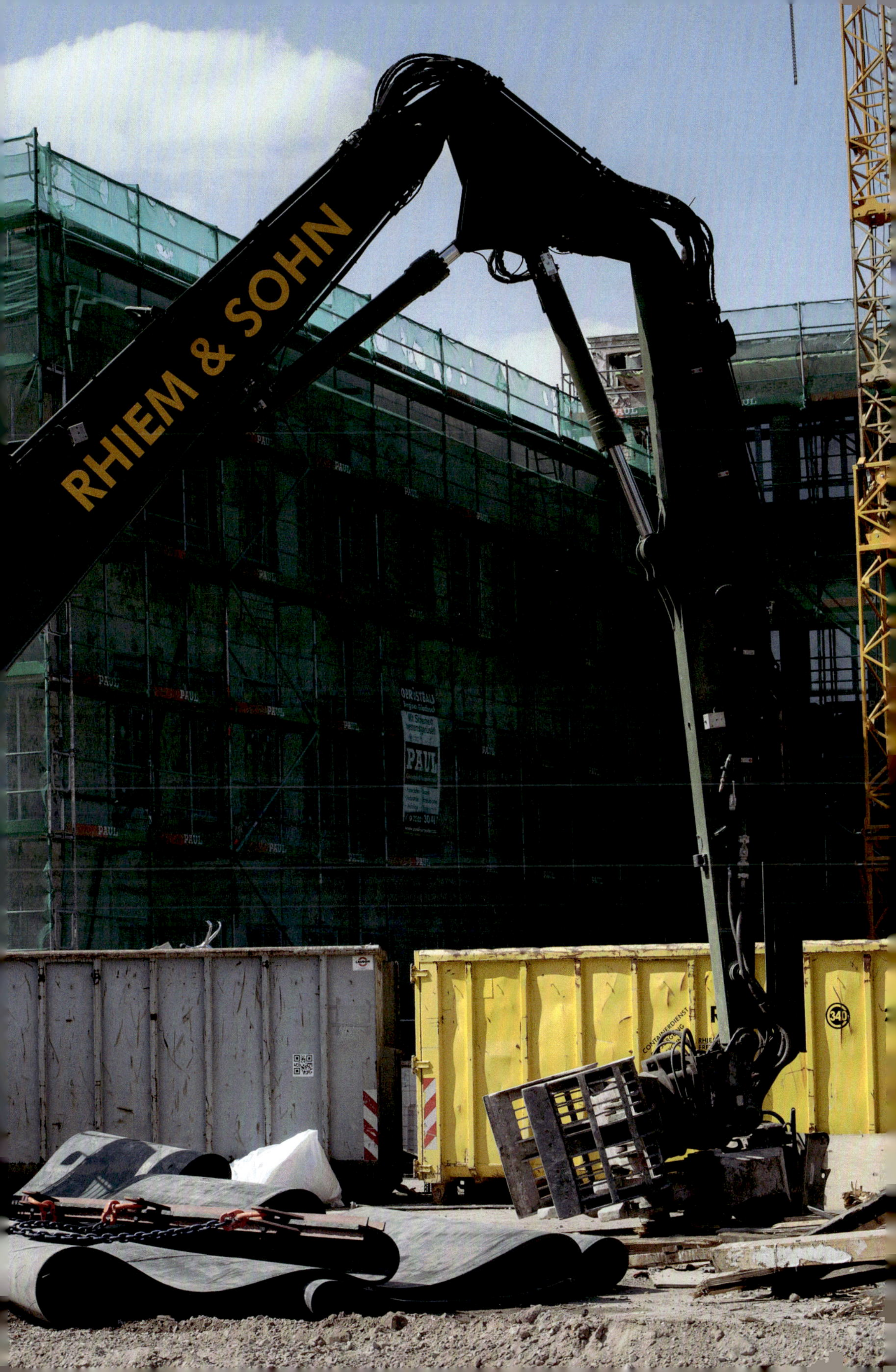
RHIEM & SOHN
PAUL
340

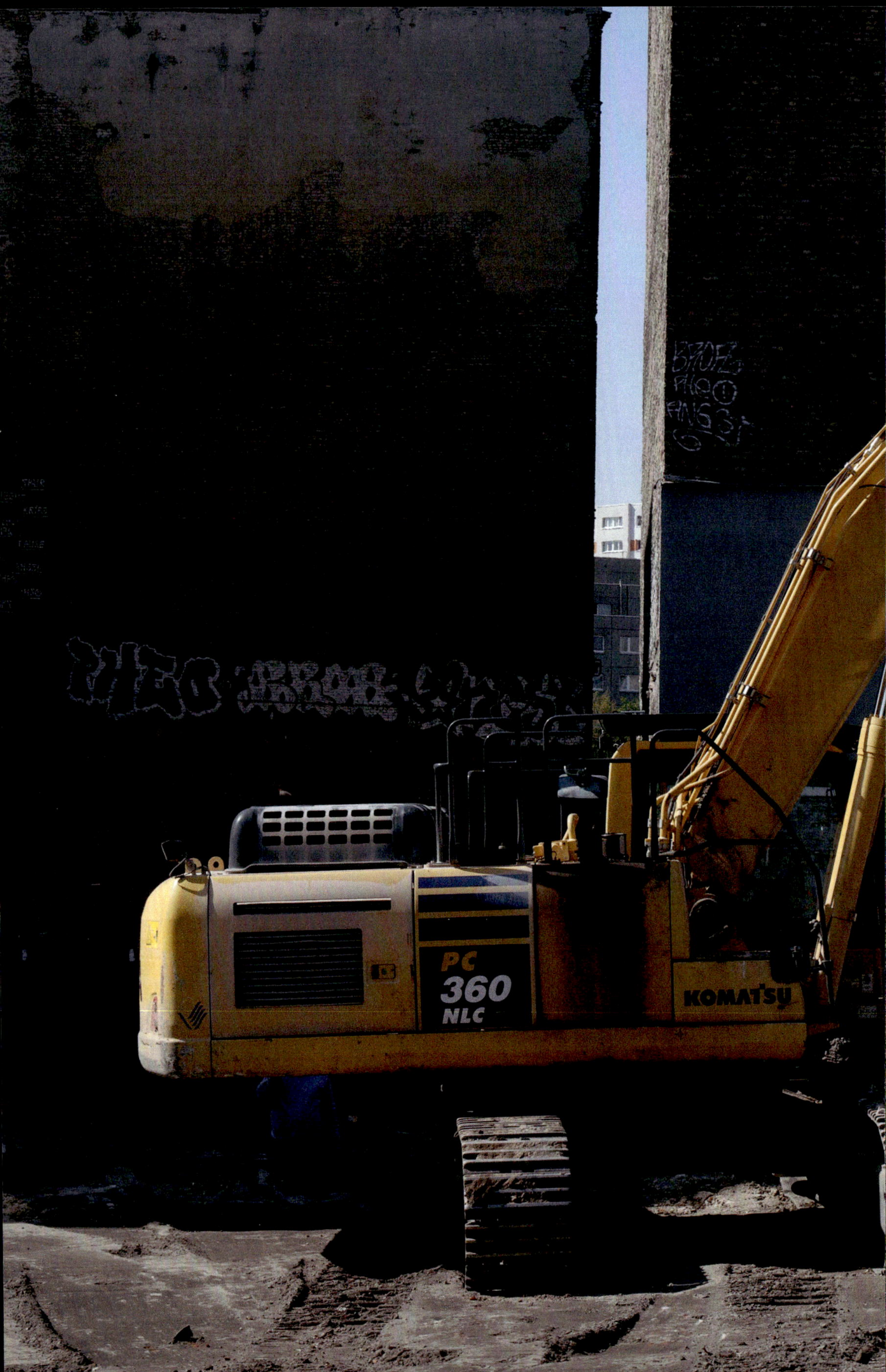
PC
360
NLC
KOMATSU

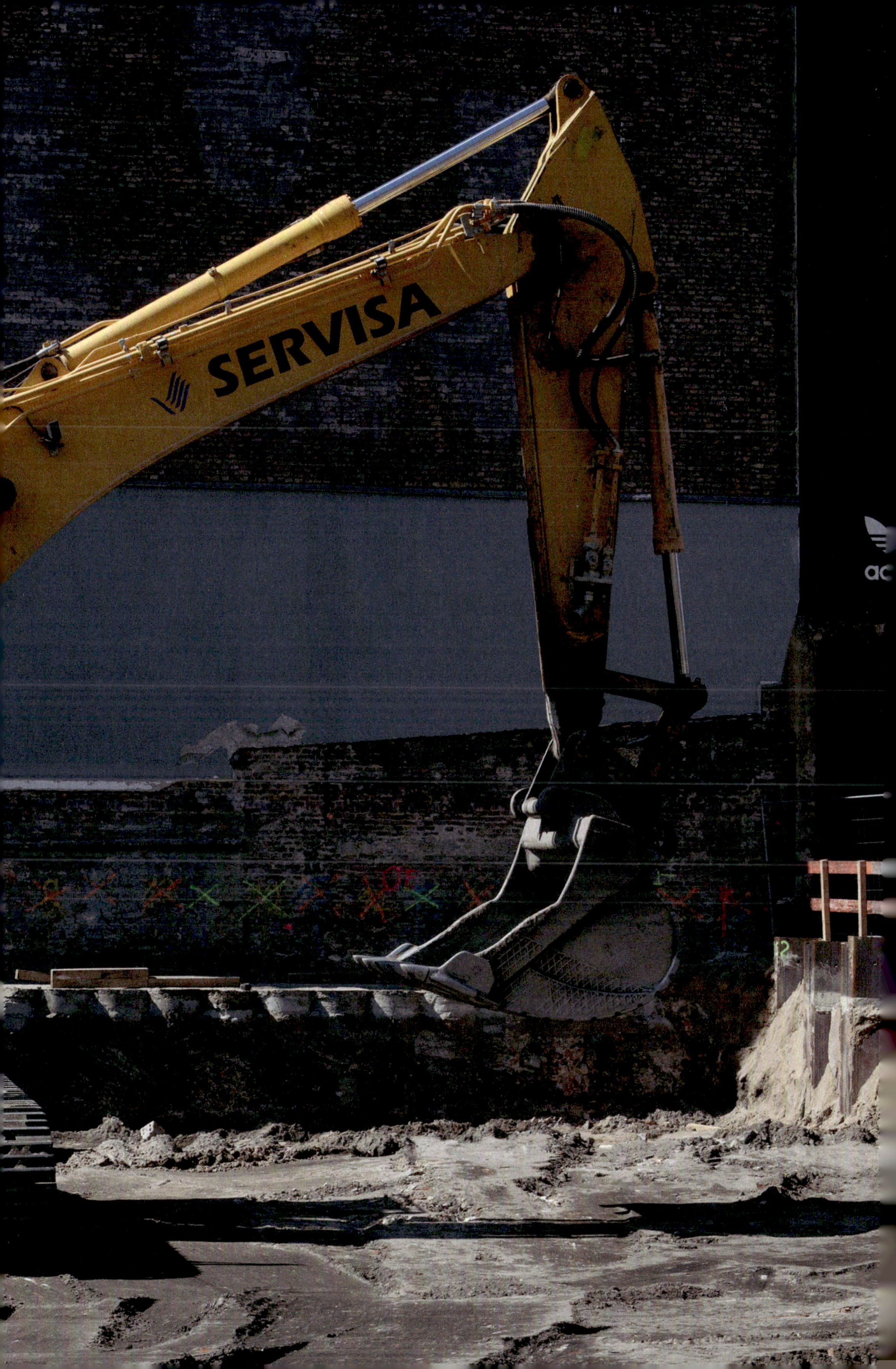
SERVISA

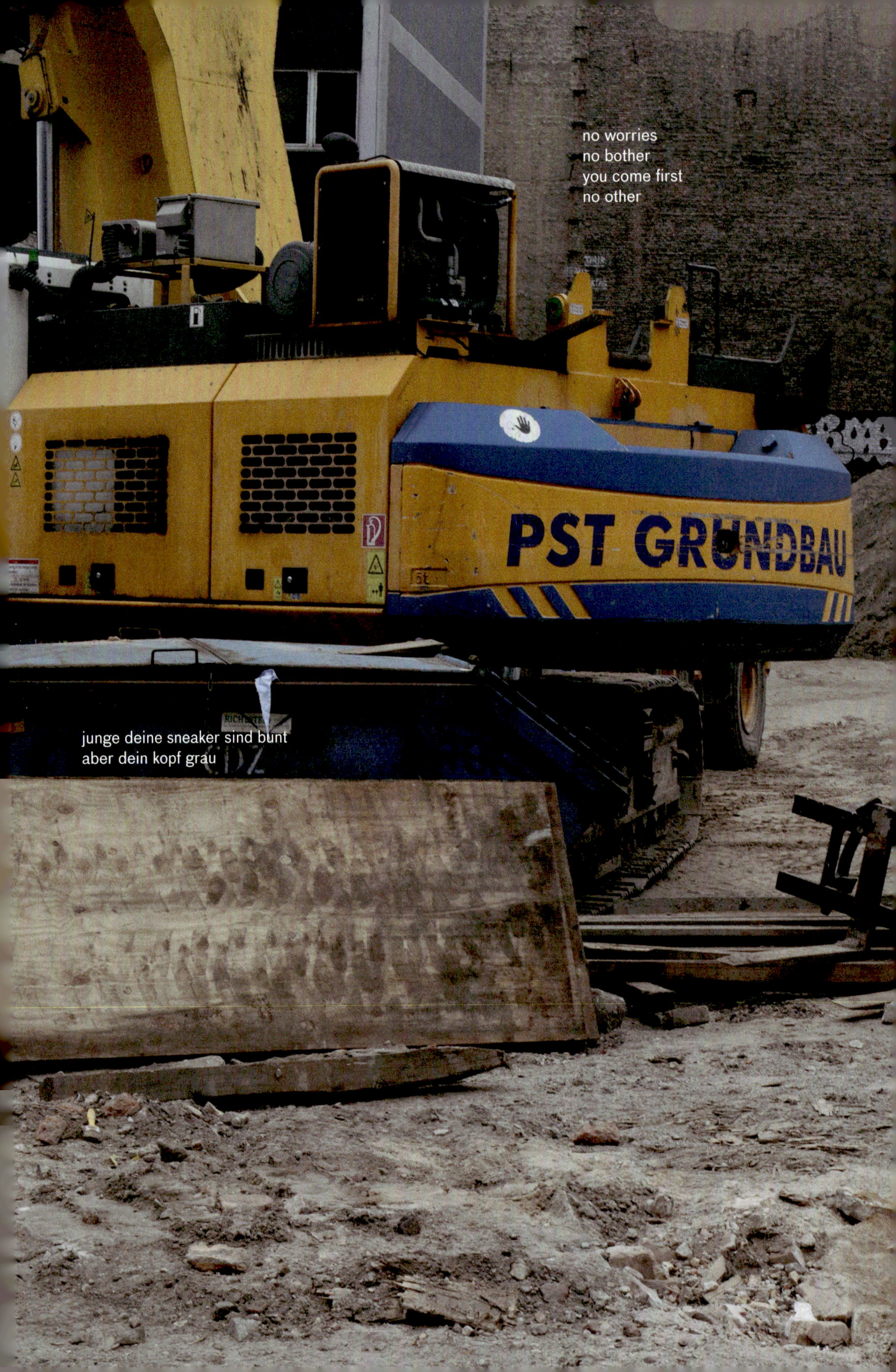

no worries
no bother
you come first
no other

junge deine sneaker sind bunt
aber dein kopf grau

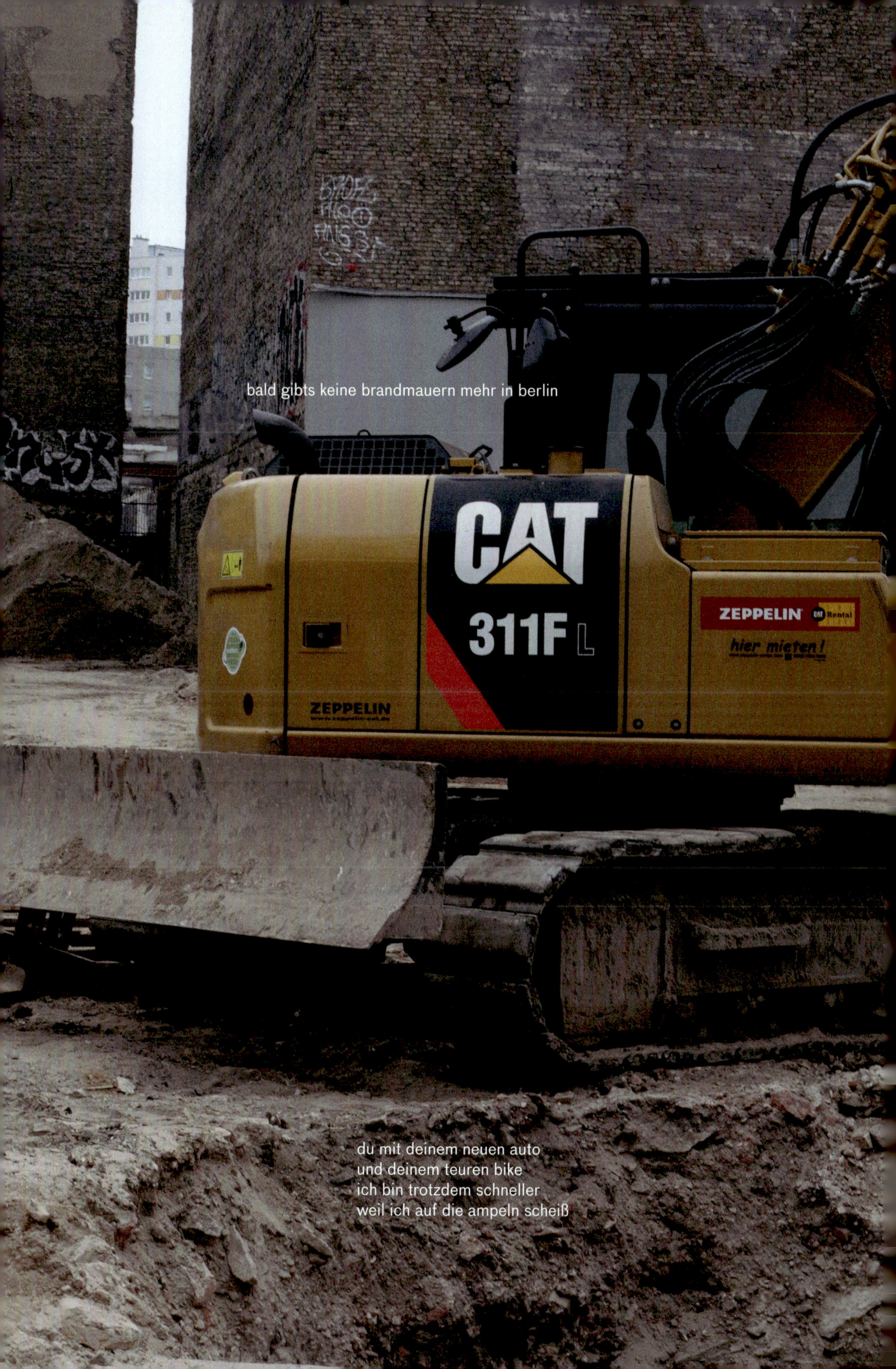

bald gibts keine brandmauern mehr in berlin

du mit deinem neuen auto
und deinem teuren bike
ich bin trotzdem schneller
weil ich auf die ampeln scheiß

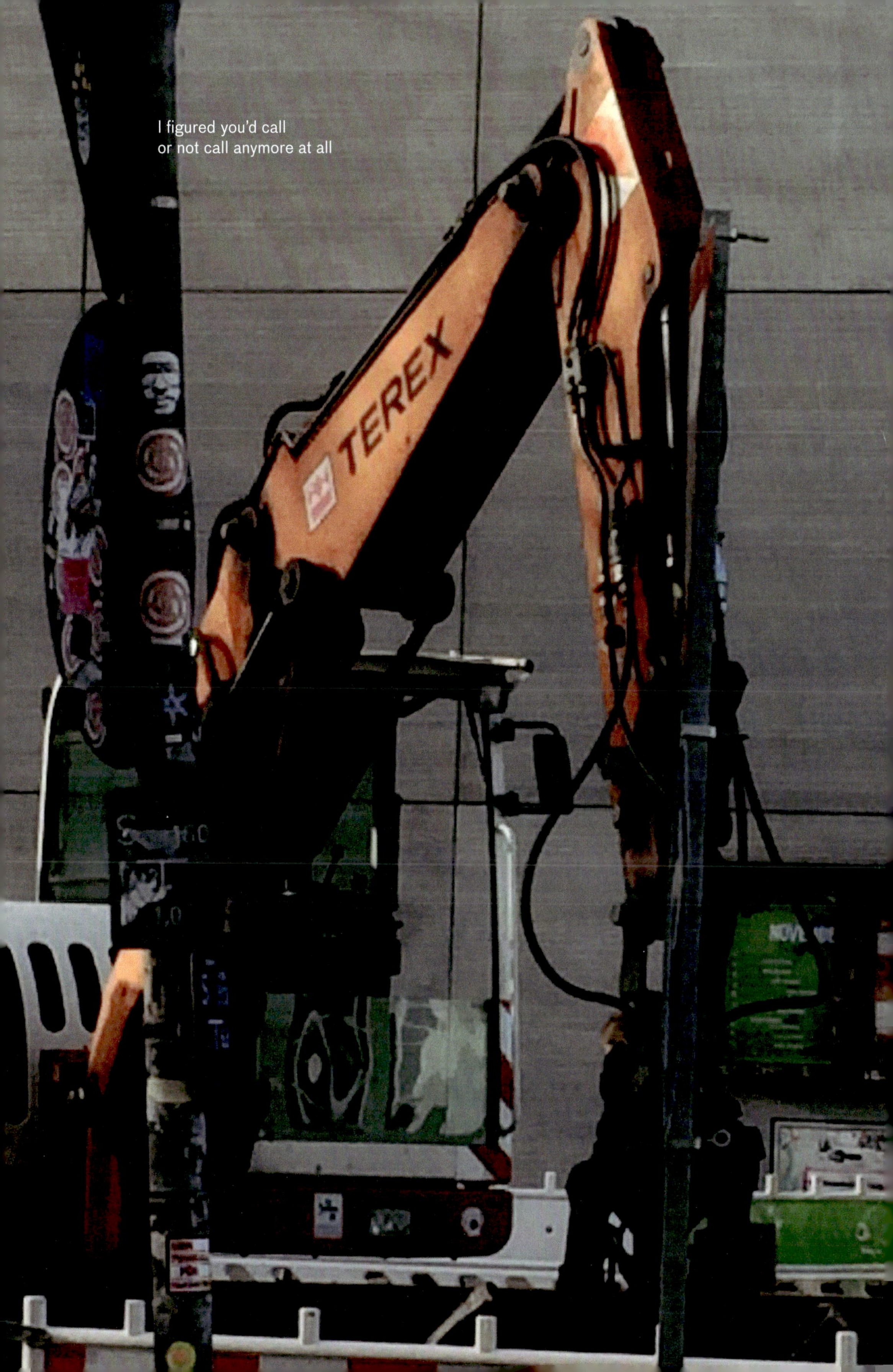

I figured you'd call
or not call anymore at all

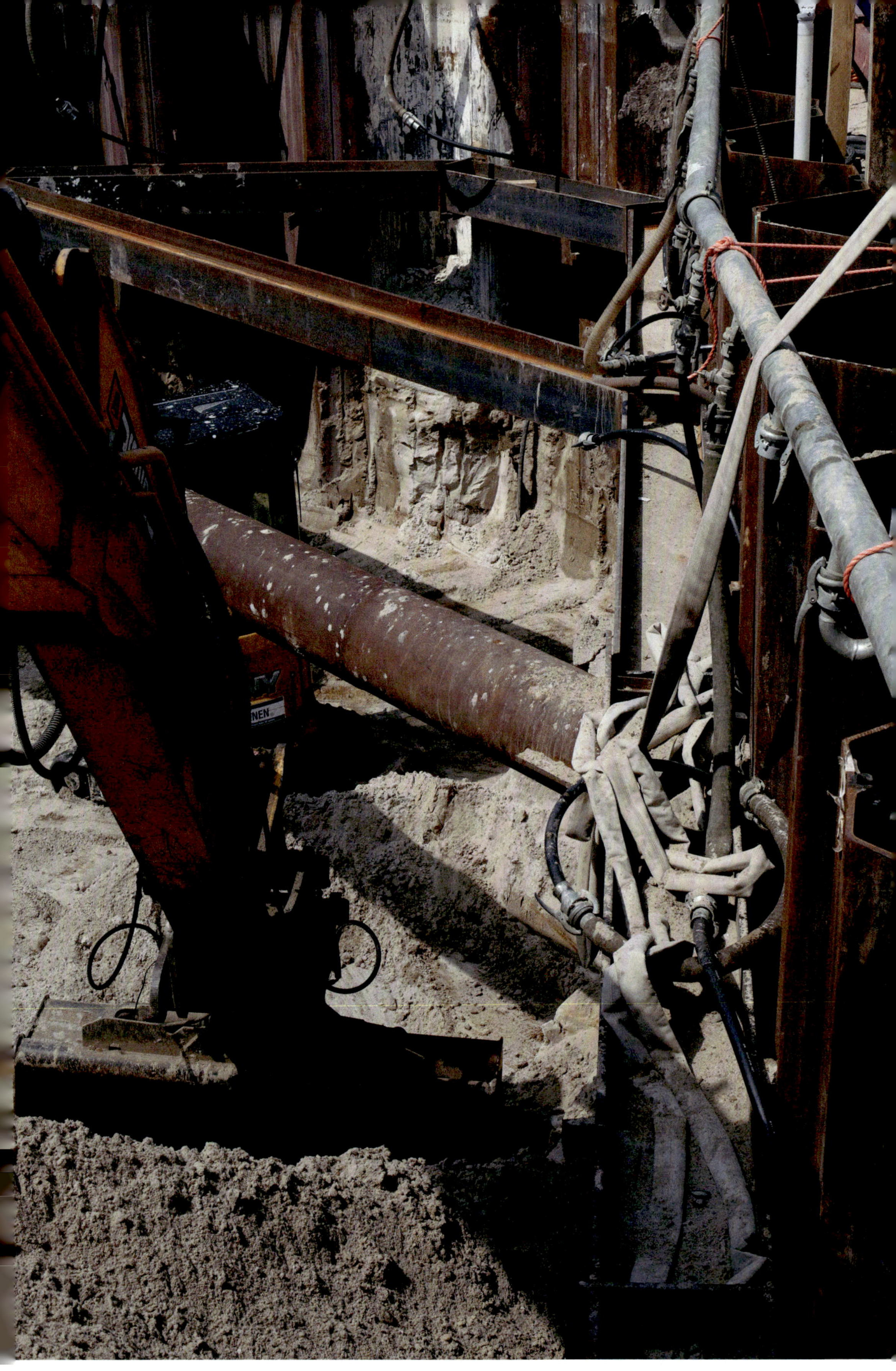

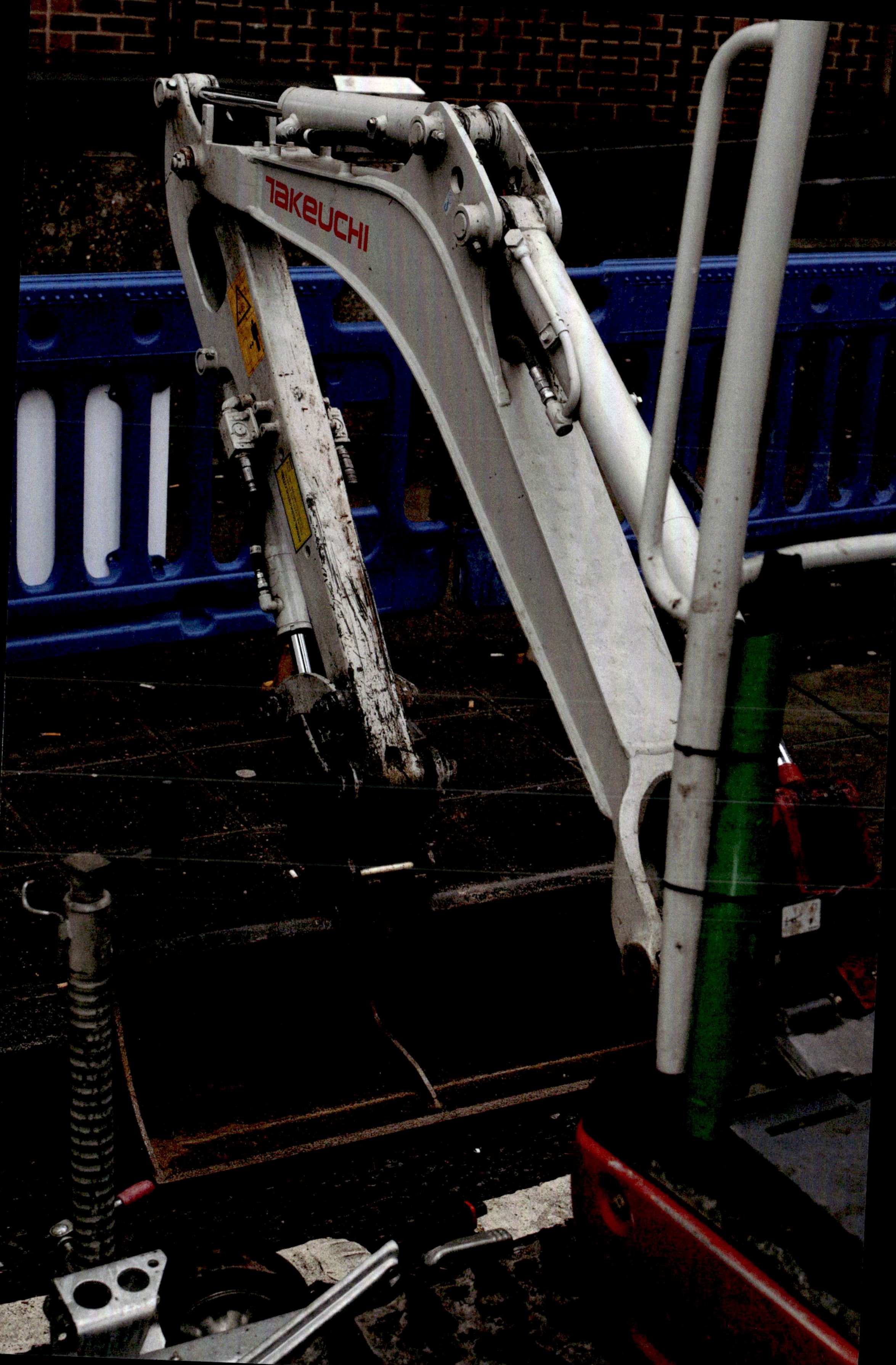
TAKEUCHI

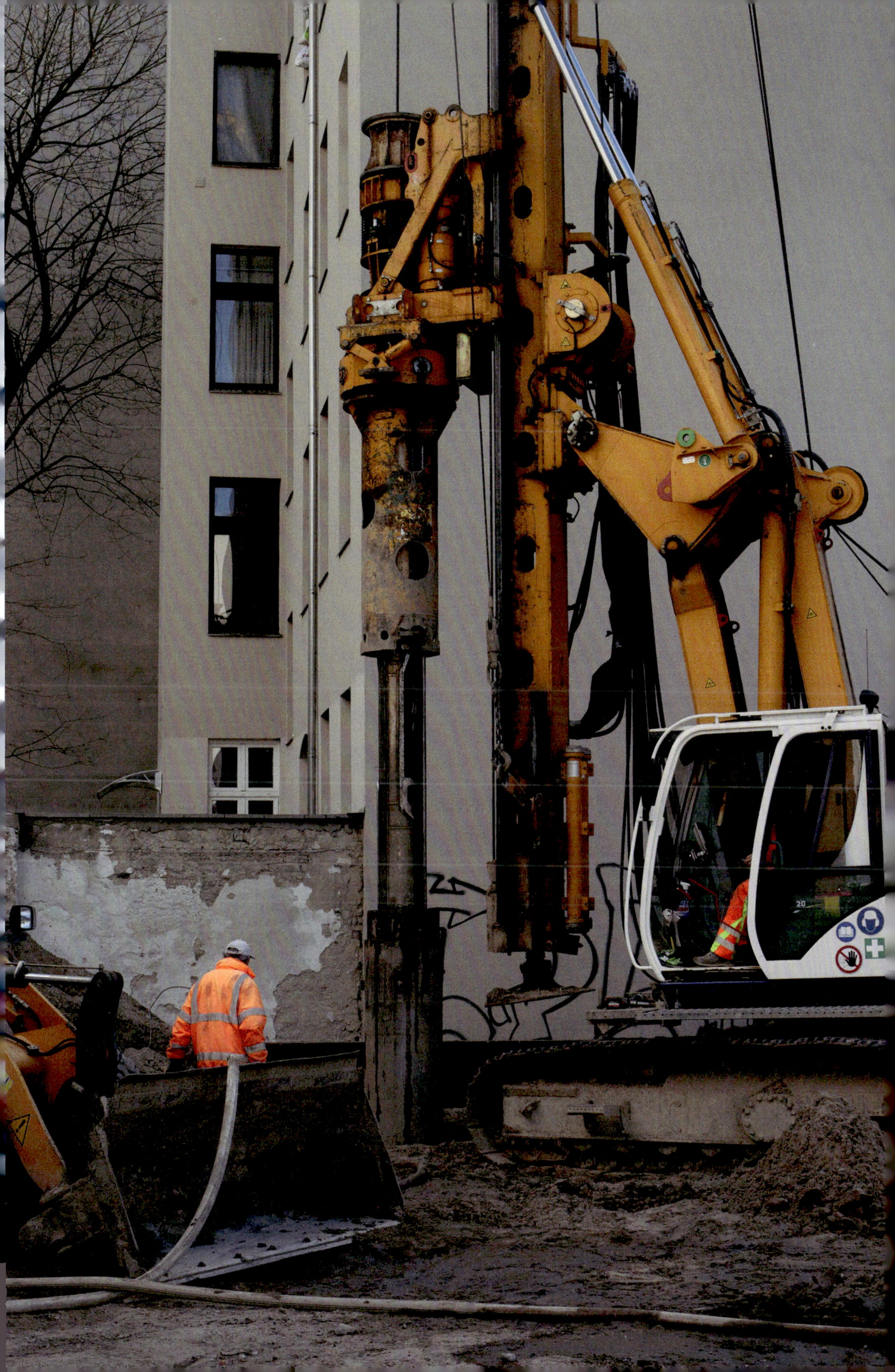

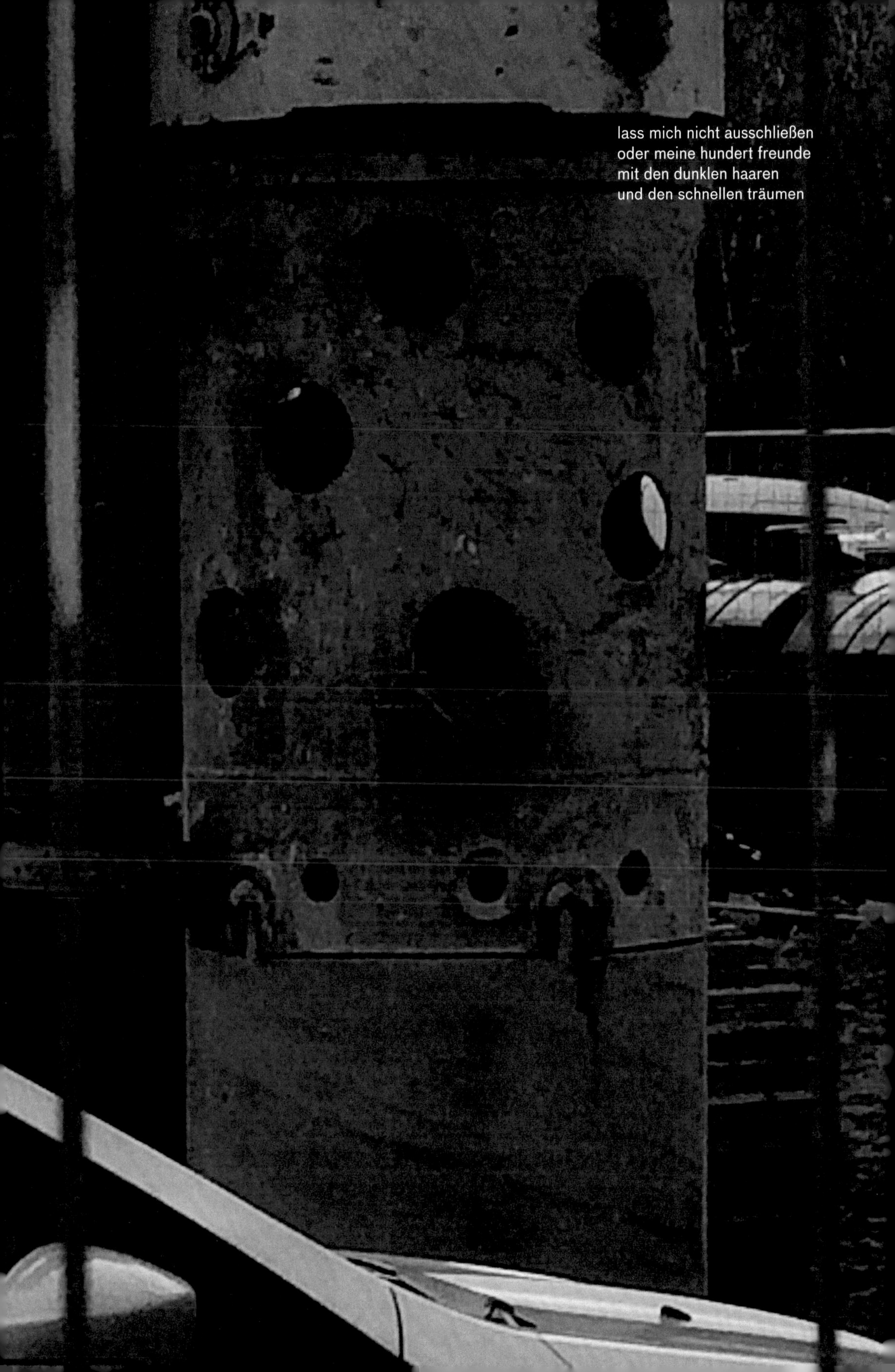

lass mich nicht ausschließen
oder meine hundert freunde
mit den dunklen haaren
und den schnellen träumen

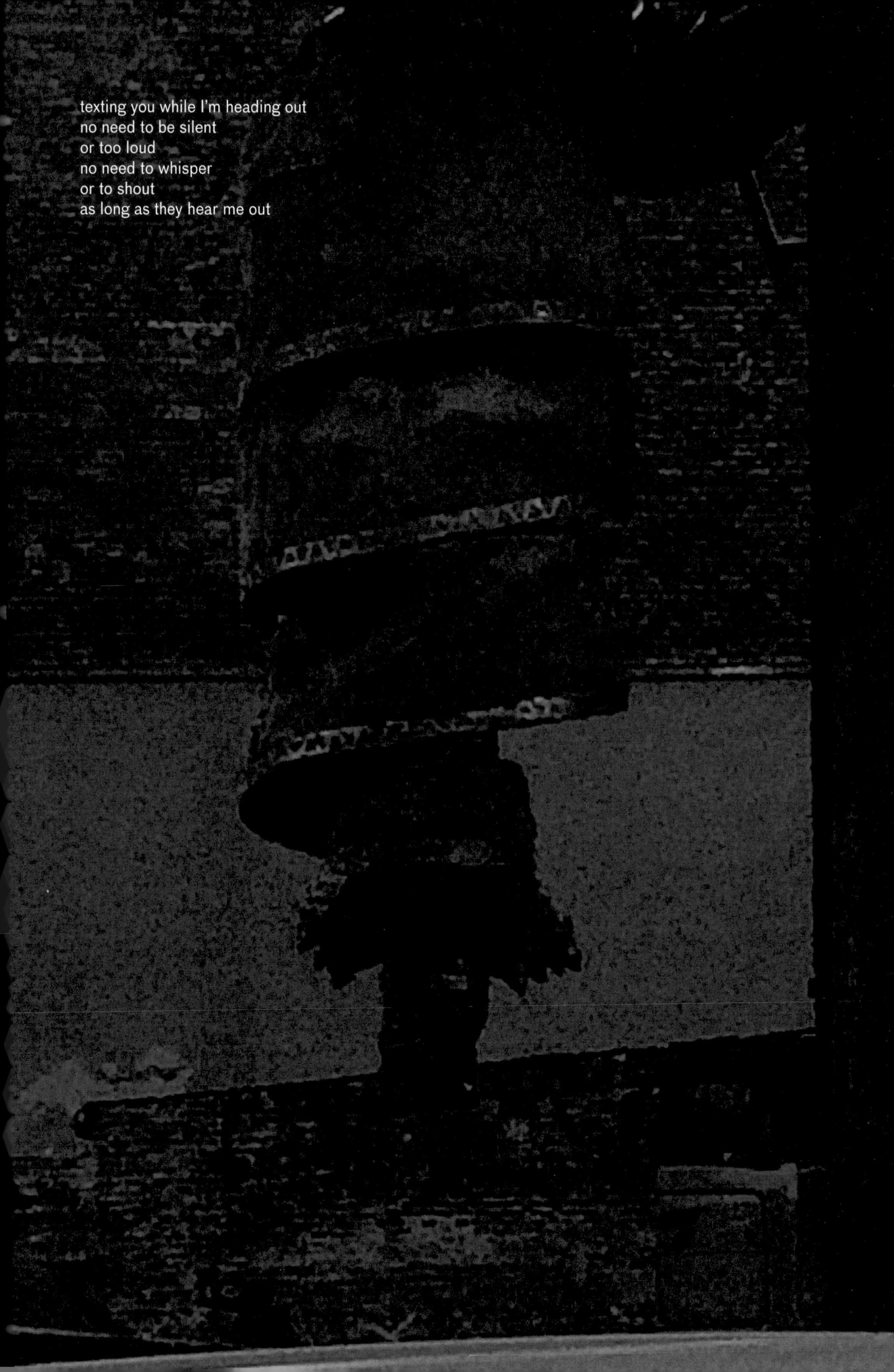

texting you while I'm heading out
no need to be silent
or too loud
no need to whisper
or to shout
as long as they hear me out

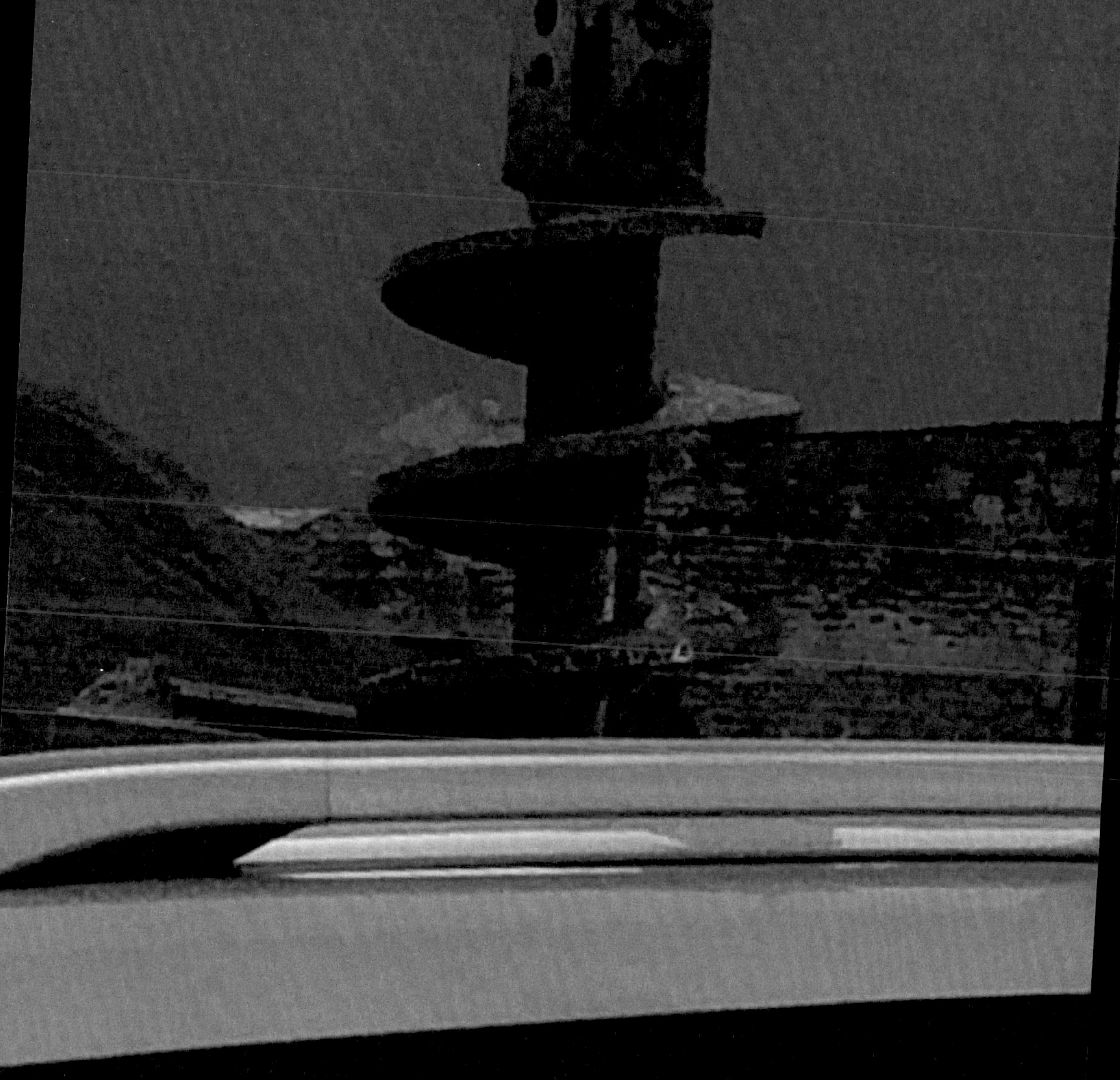

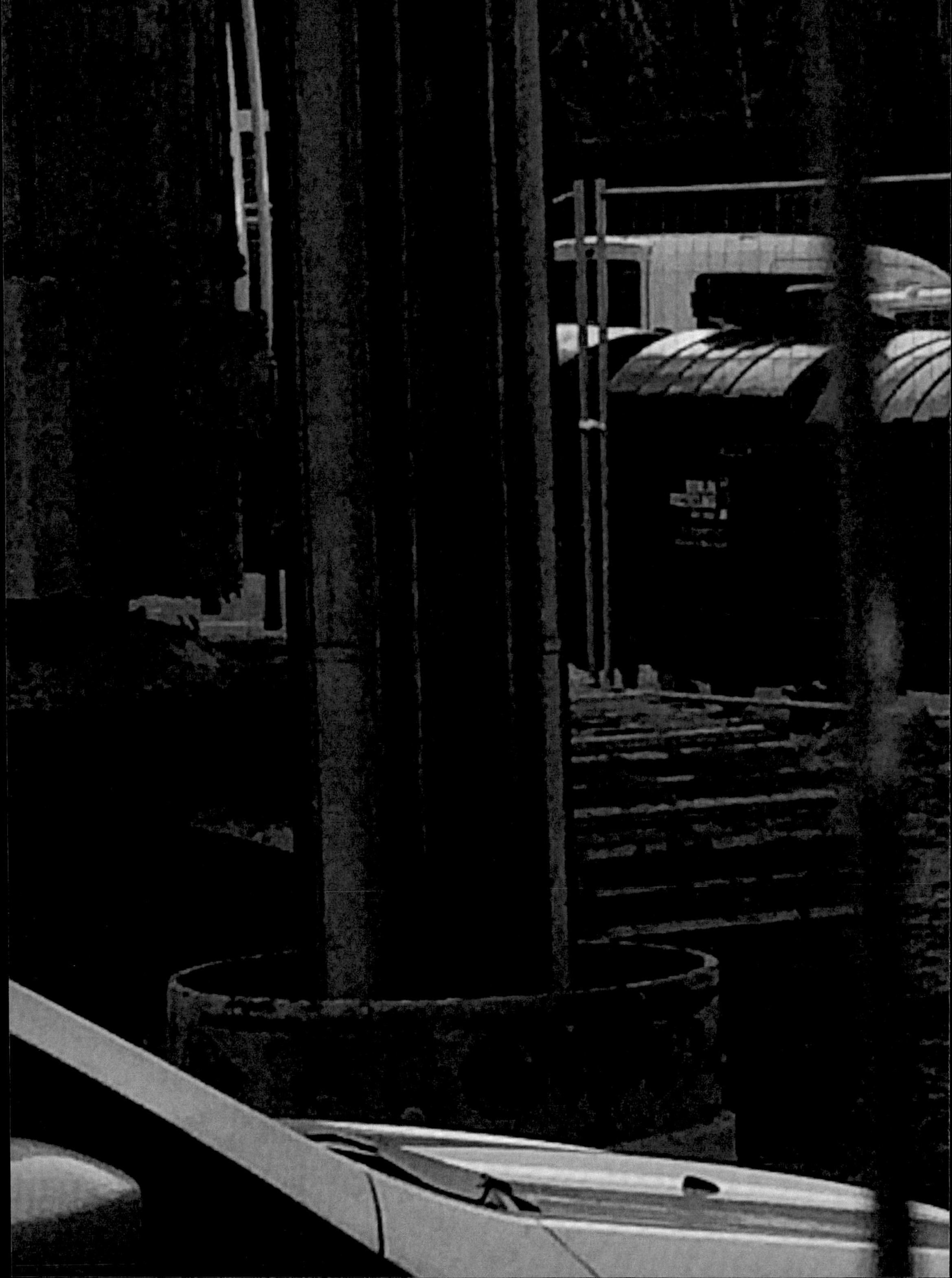

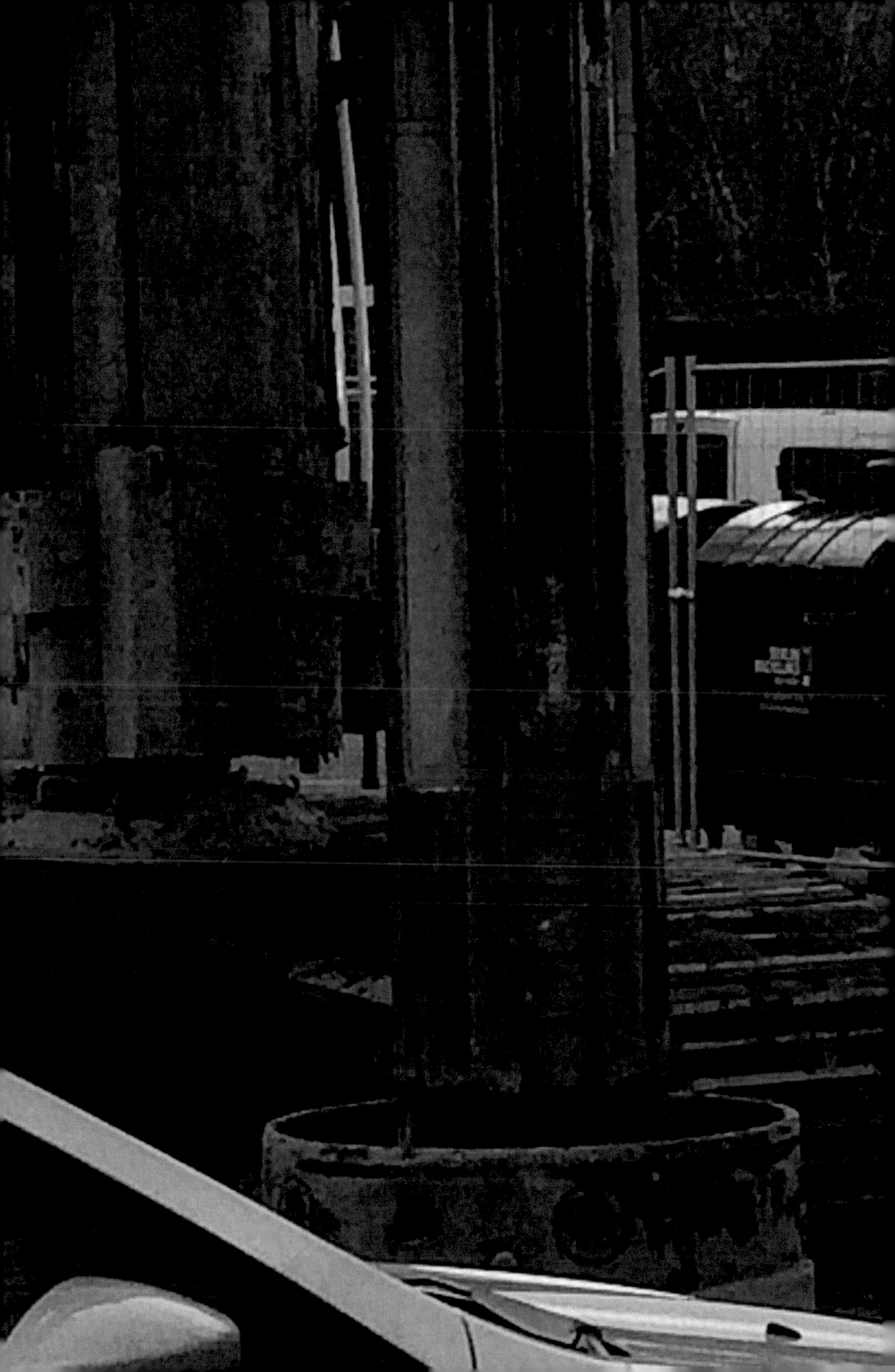

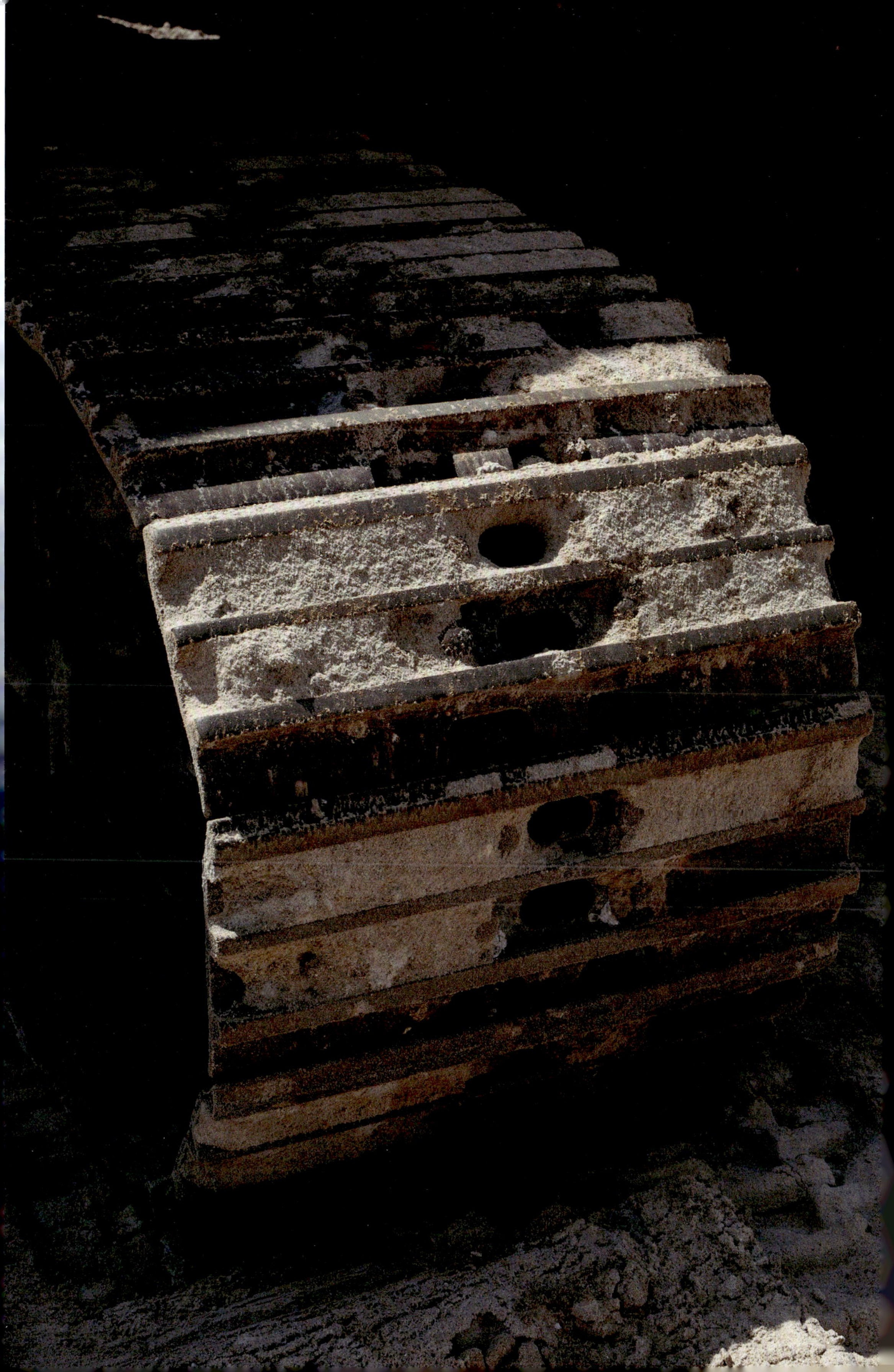

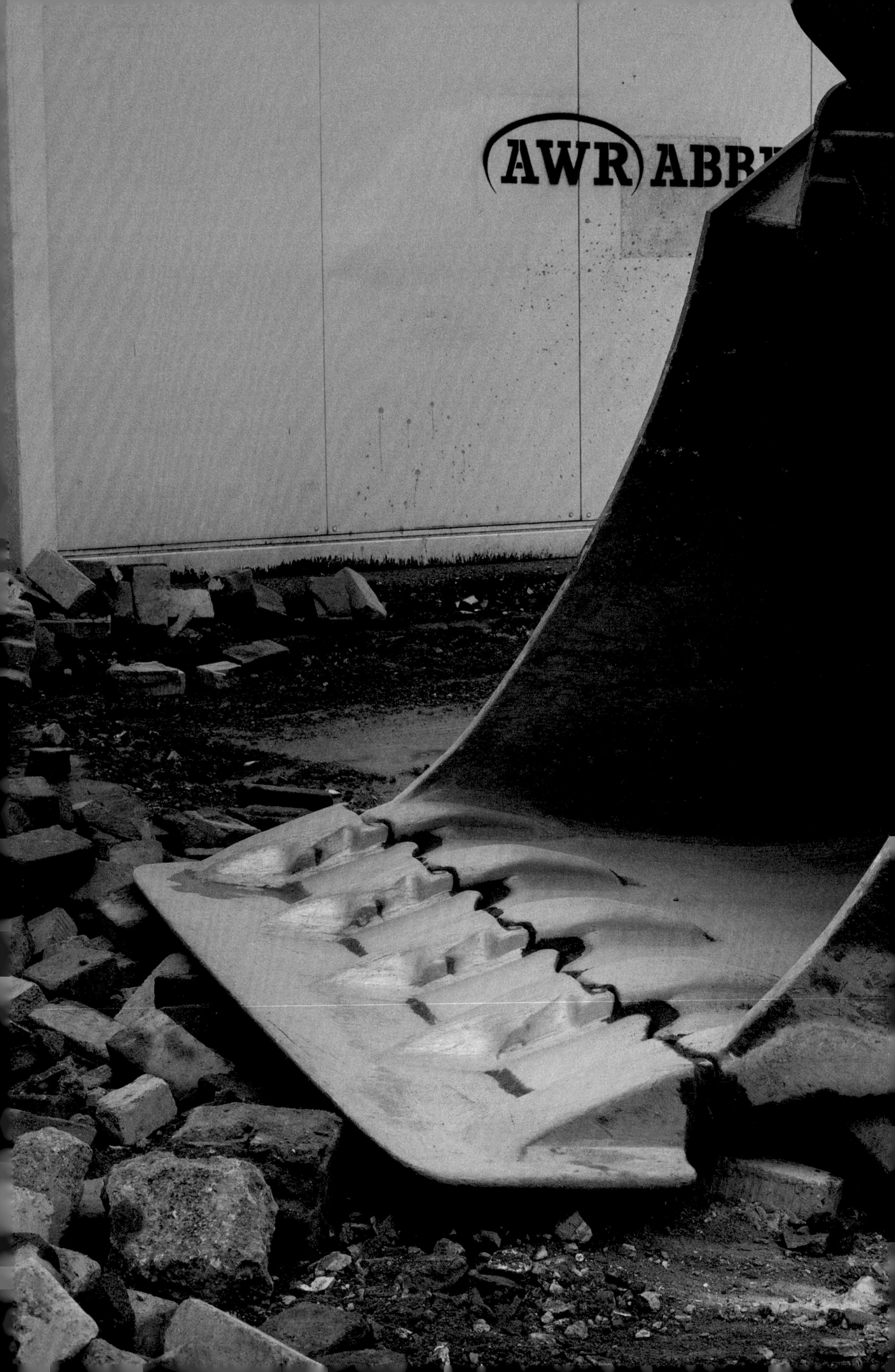
AWR

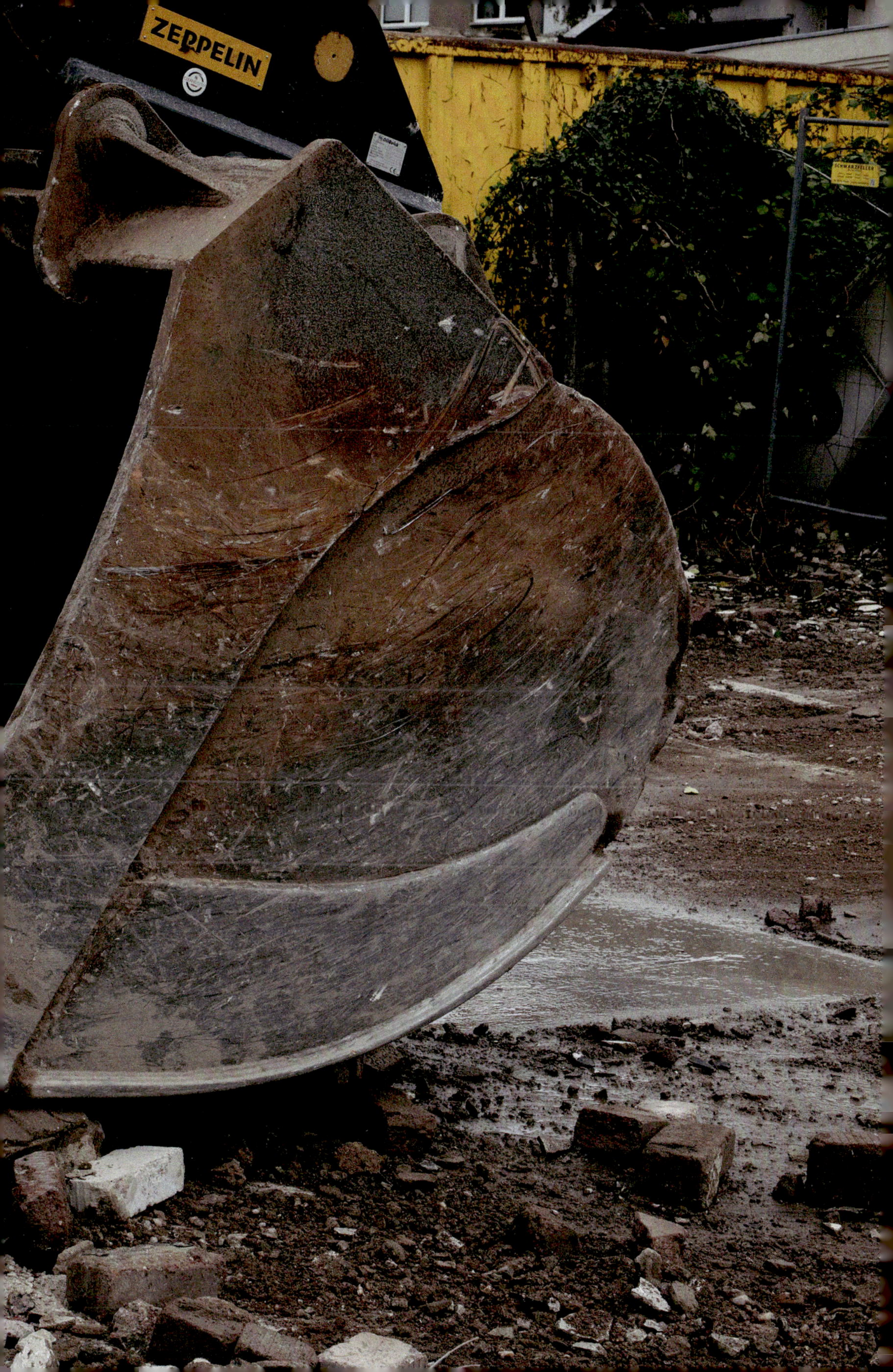
ZEPPELIN

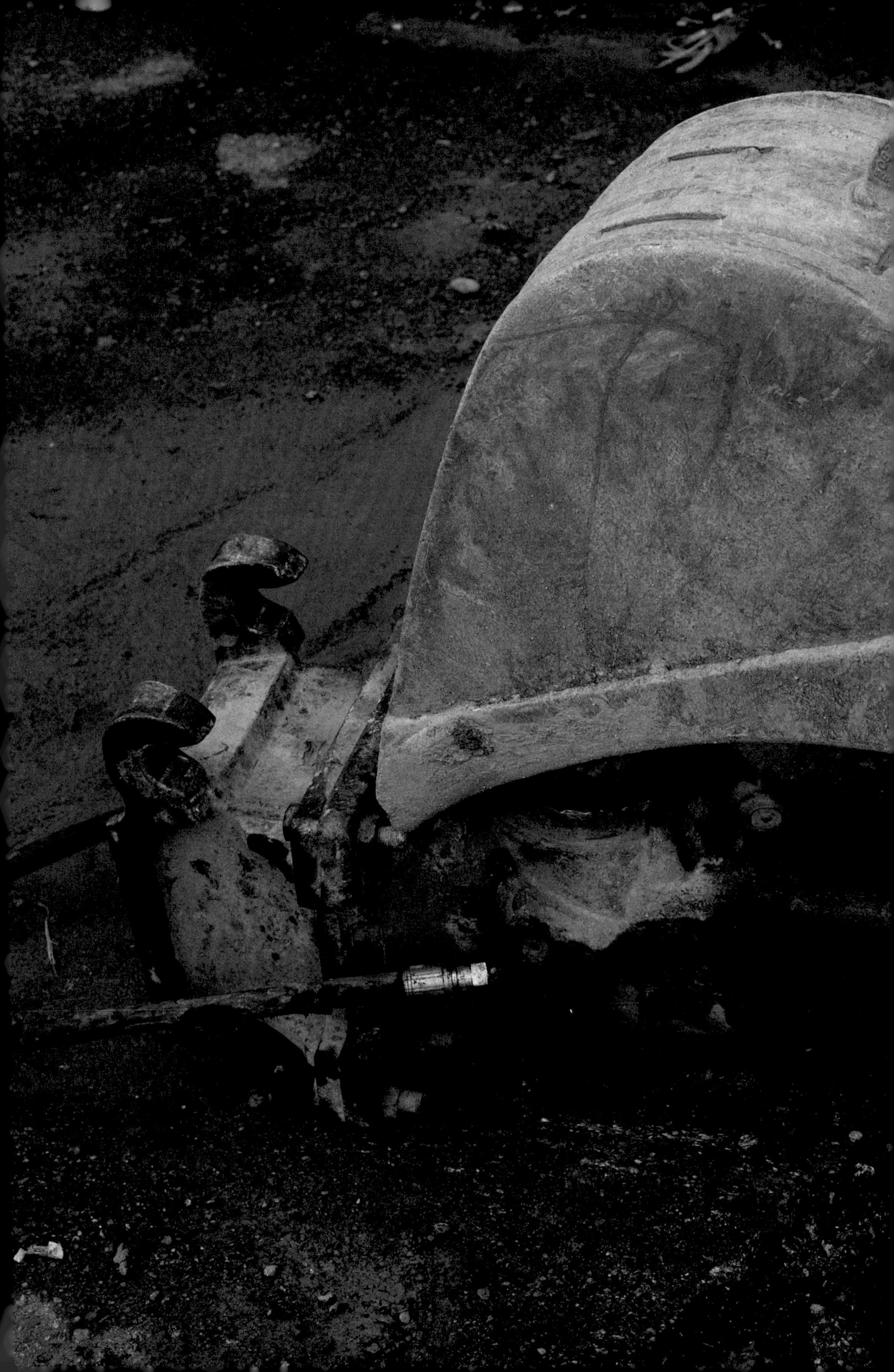

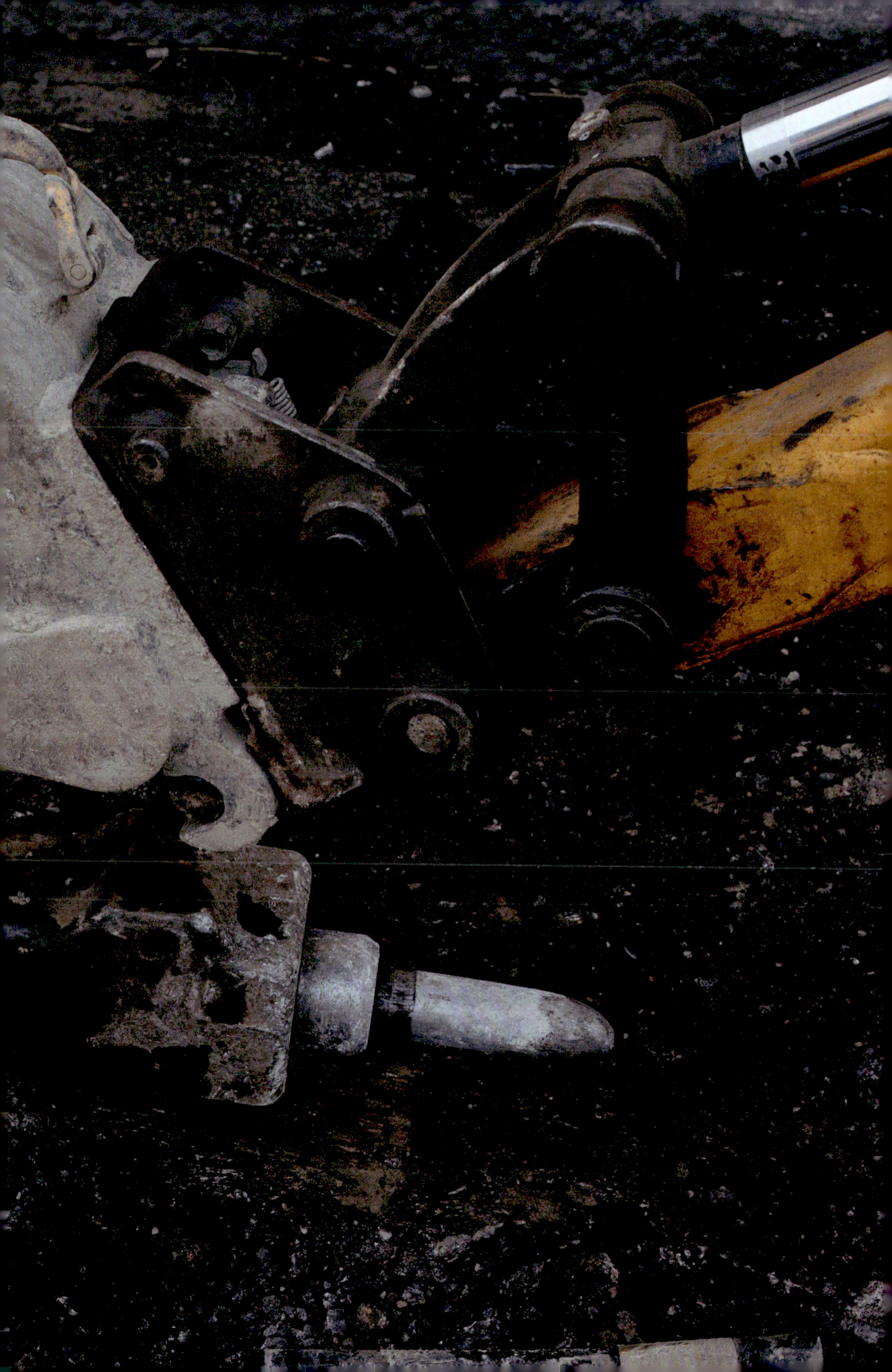

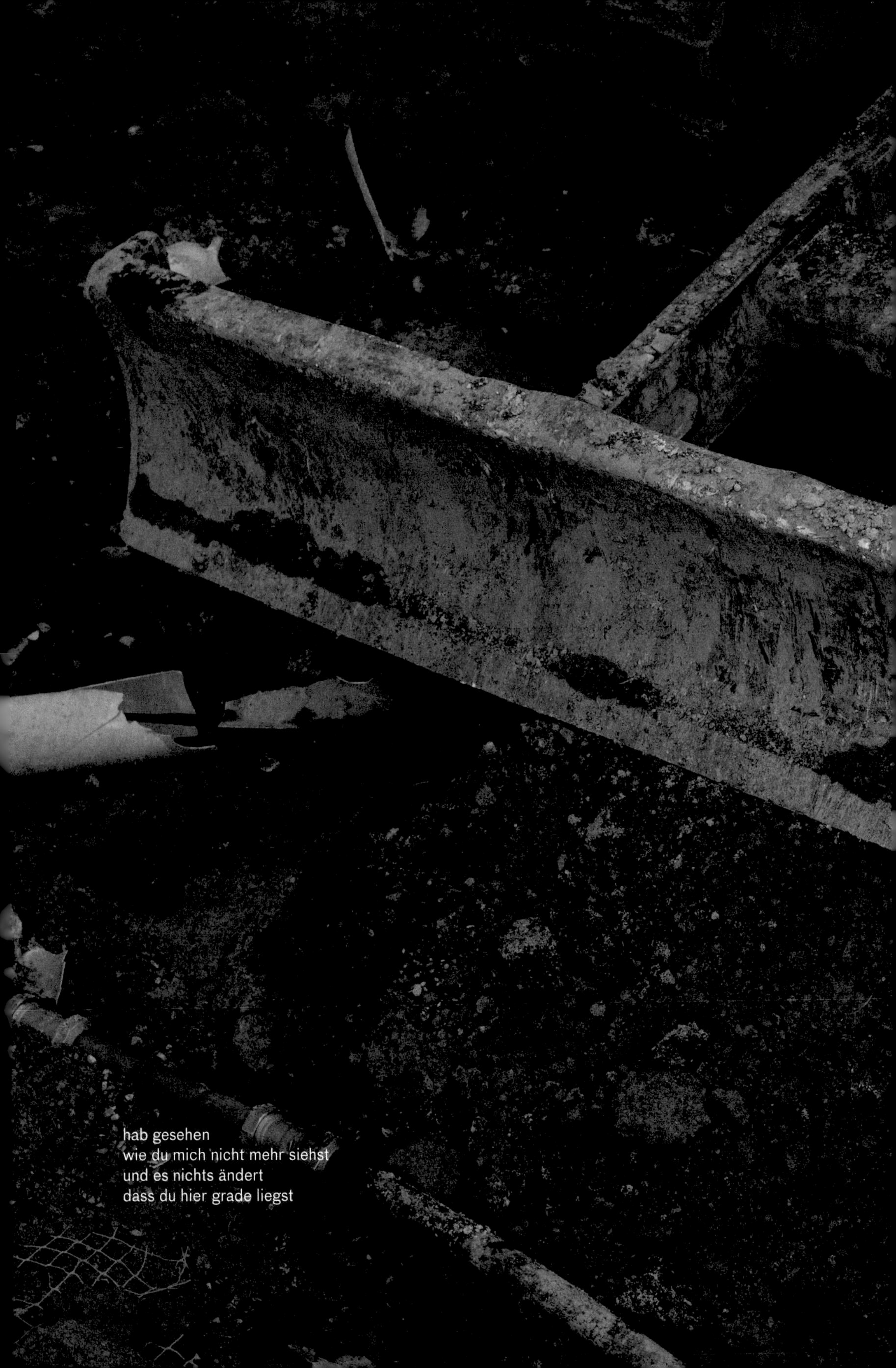

hab gesehen
wie du mich nicht mehr siehst
und es nichts ändert
dass du hier grade liegst

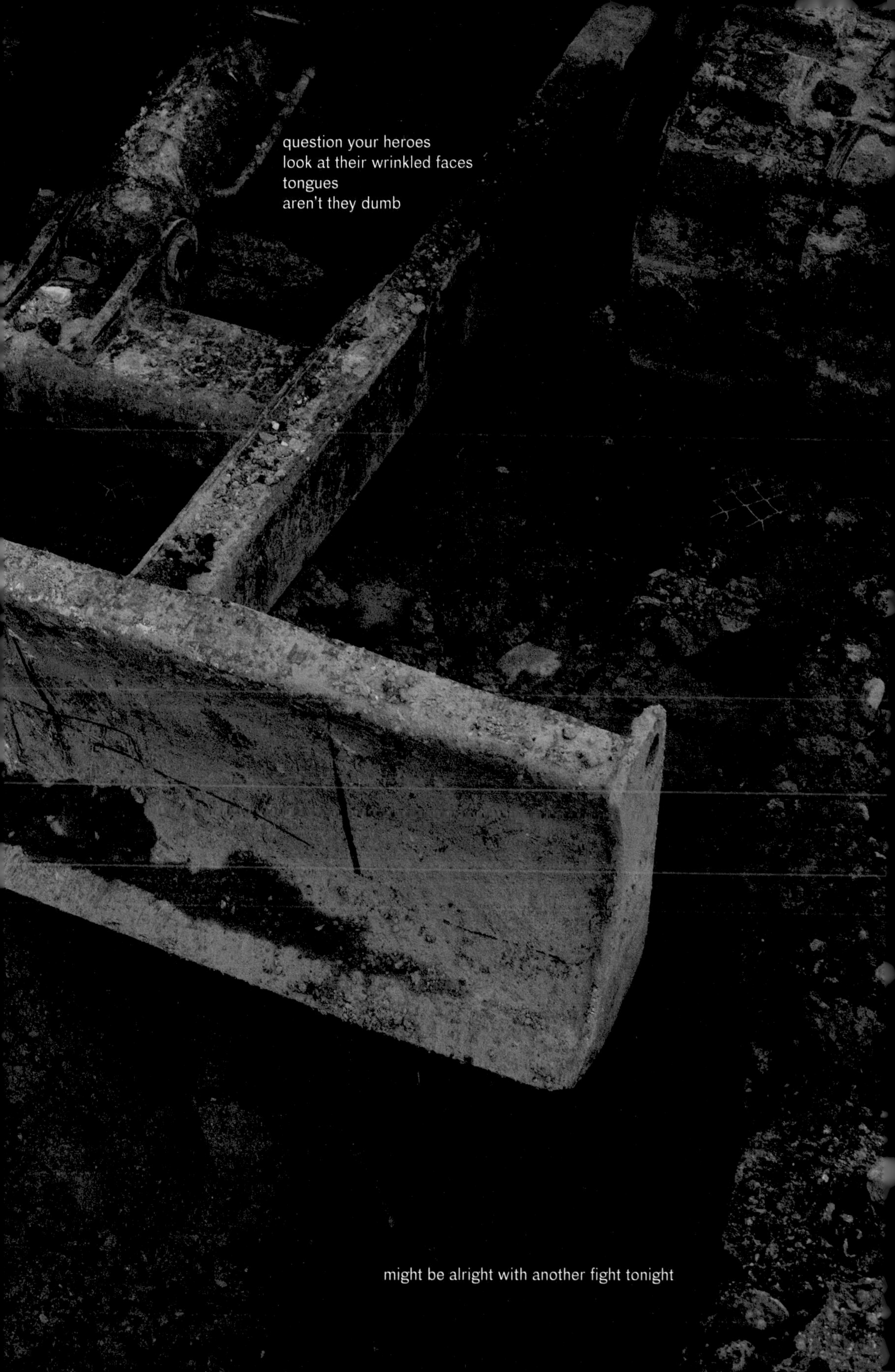

question your heroes
look at their wrinkled faces
tongues
aren't they dumb

might be alright with another fight tonight

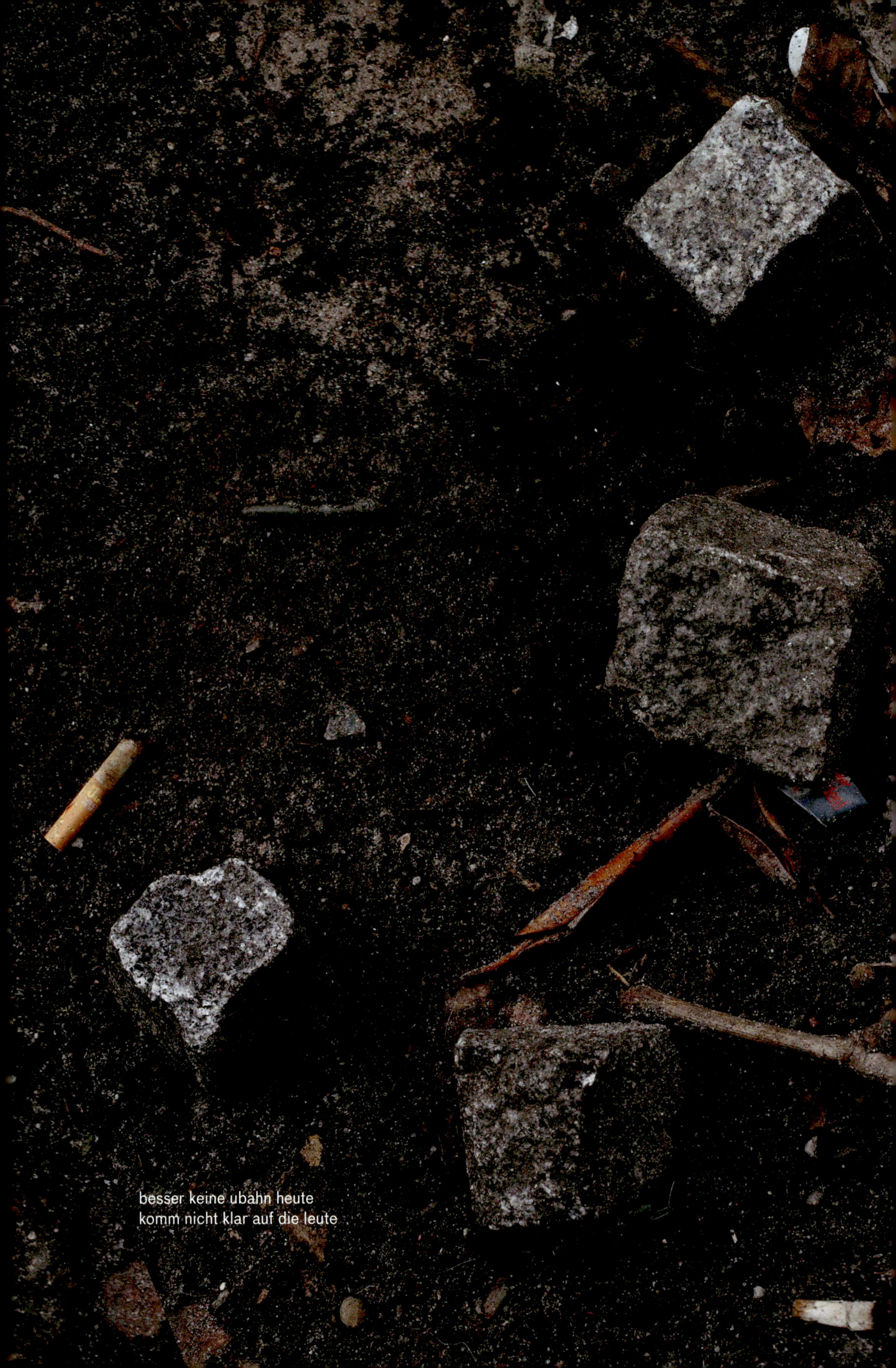
besser keine ubahn heute
komm nicht klar auf die leute

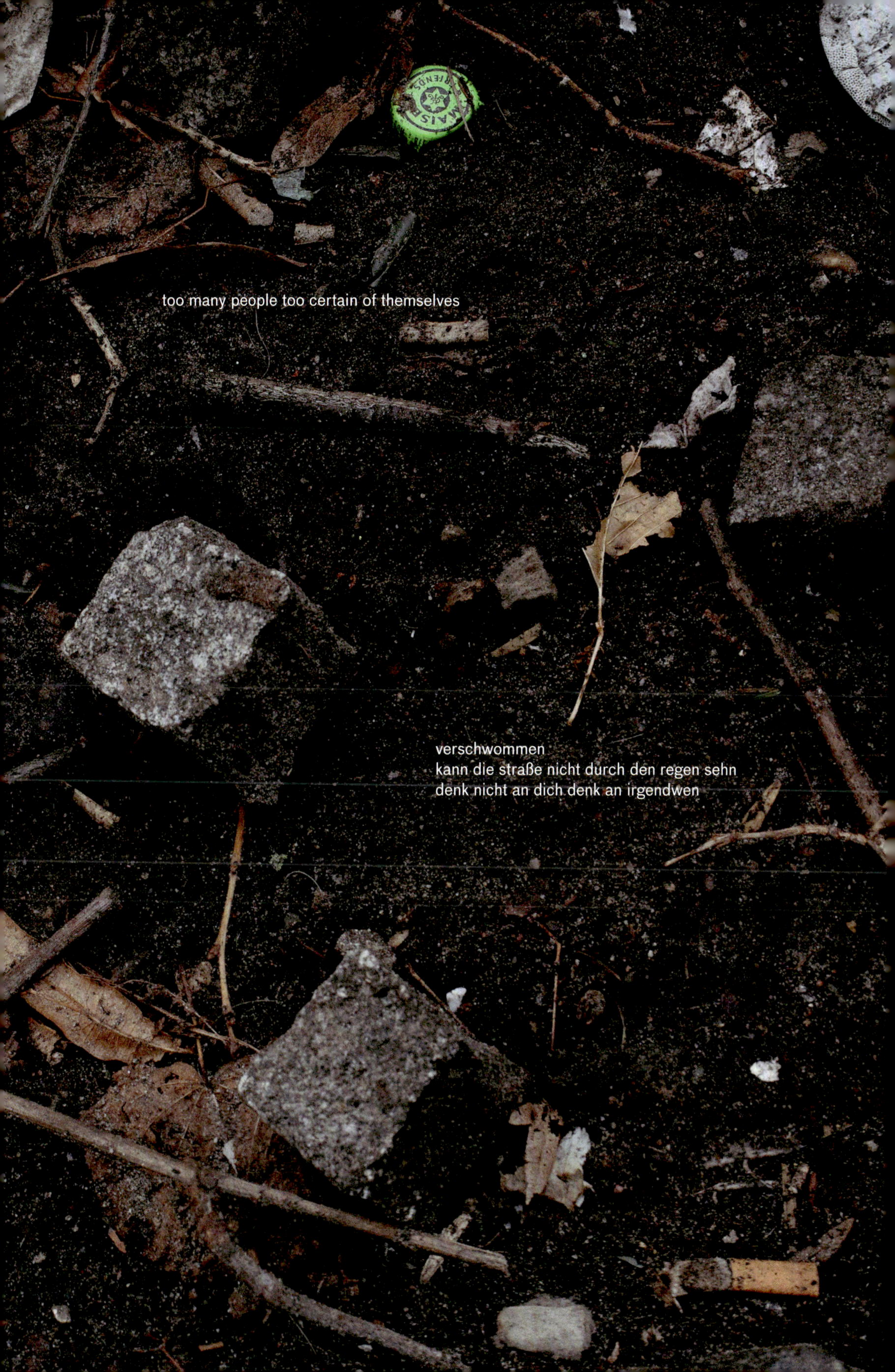

too many people too certain of themselves

verschwommen
kann die straße nicht durch den regen sehn
denk nicht an dich denk an irgendwen

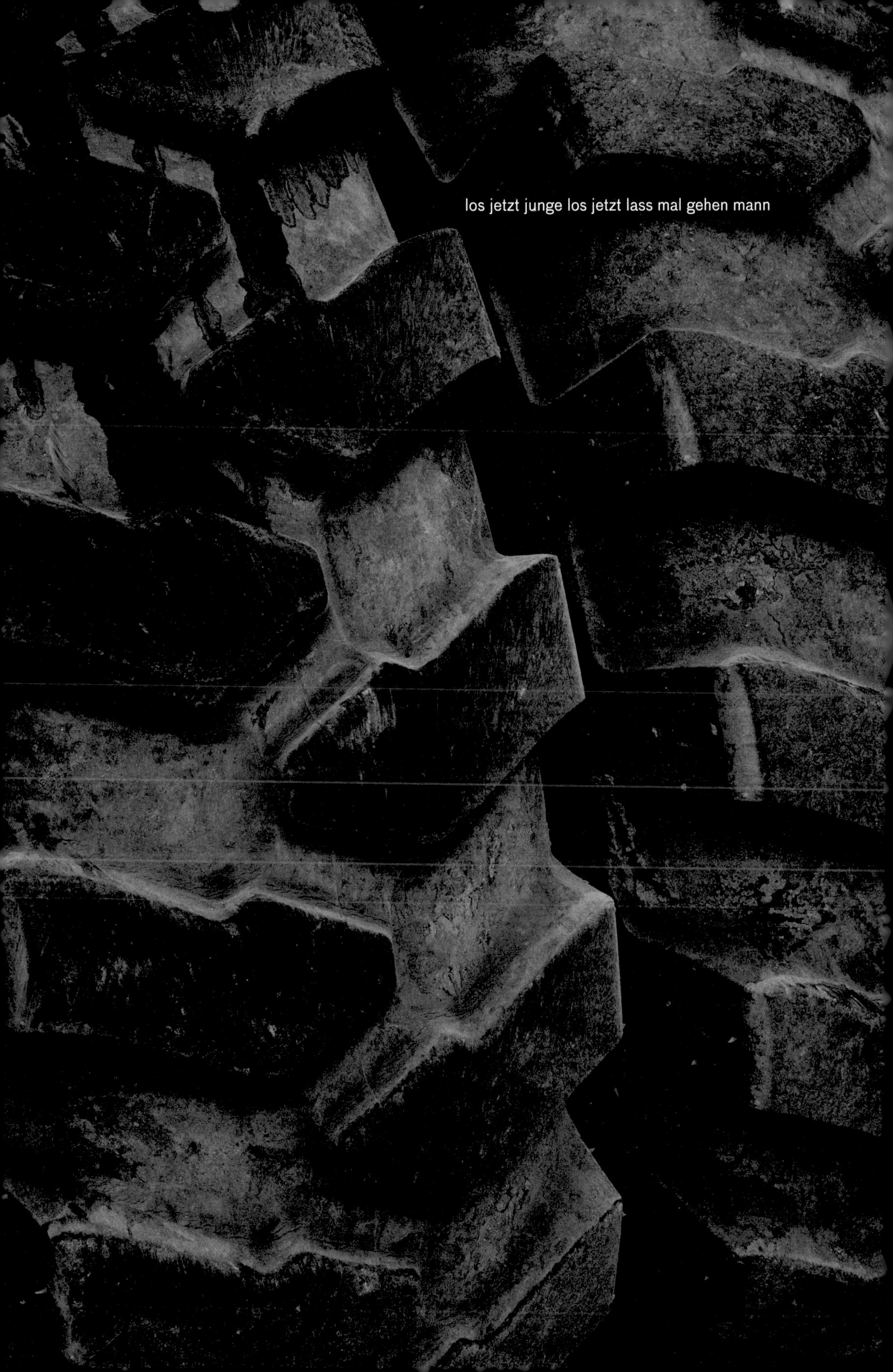

los jetzt junge los jetzt lass mal gehen mann

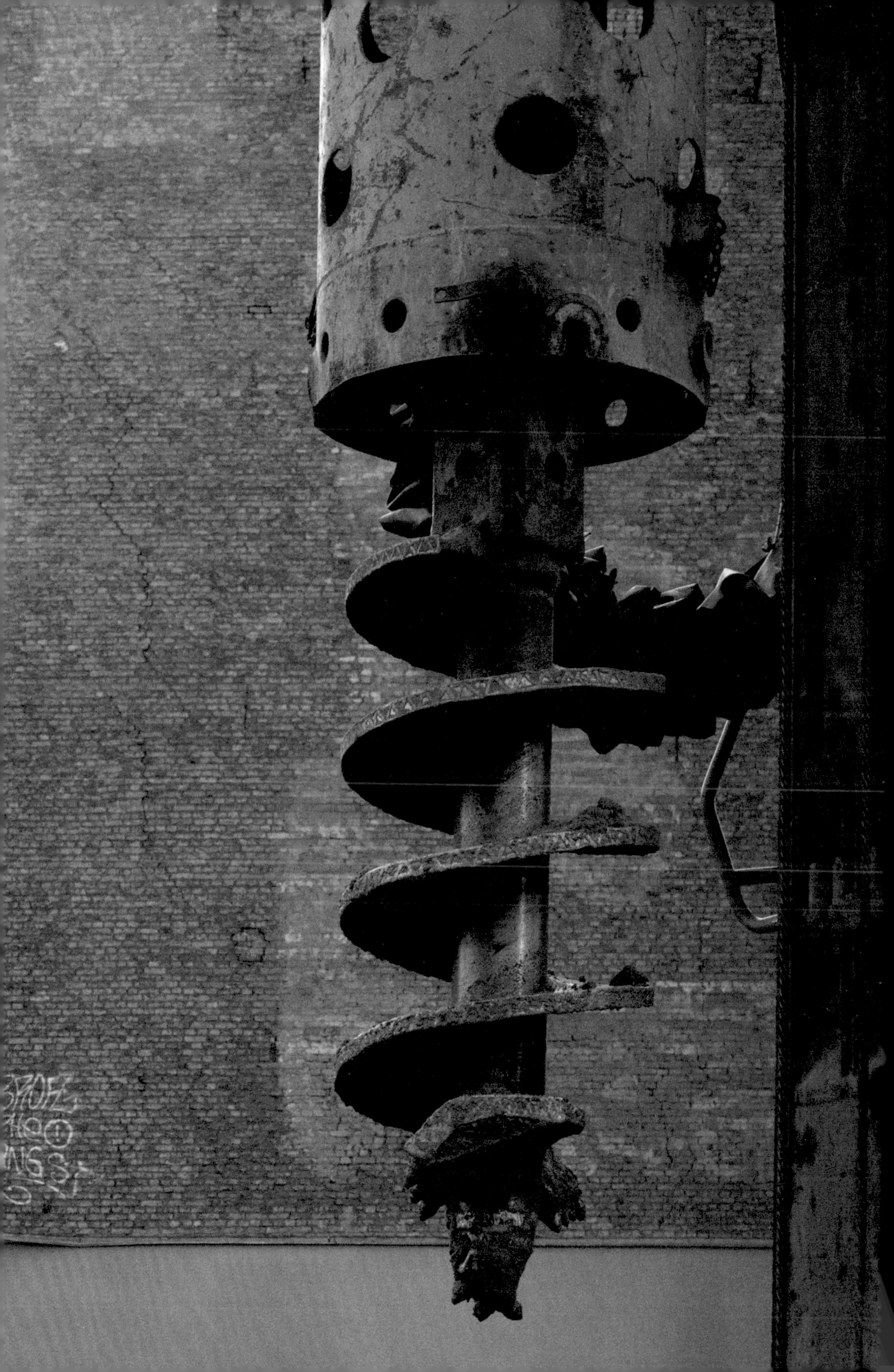

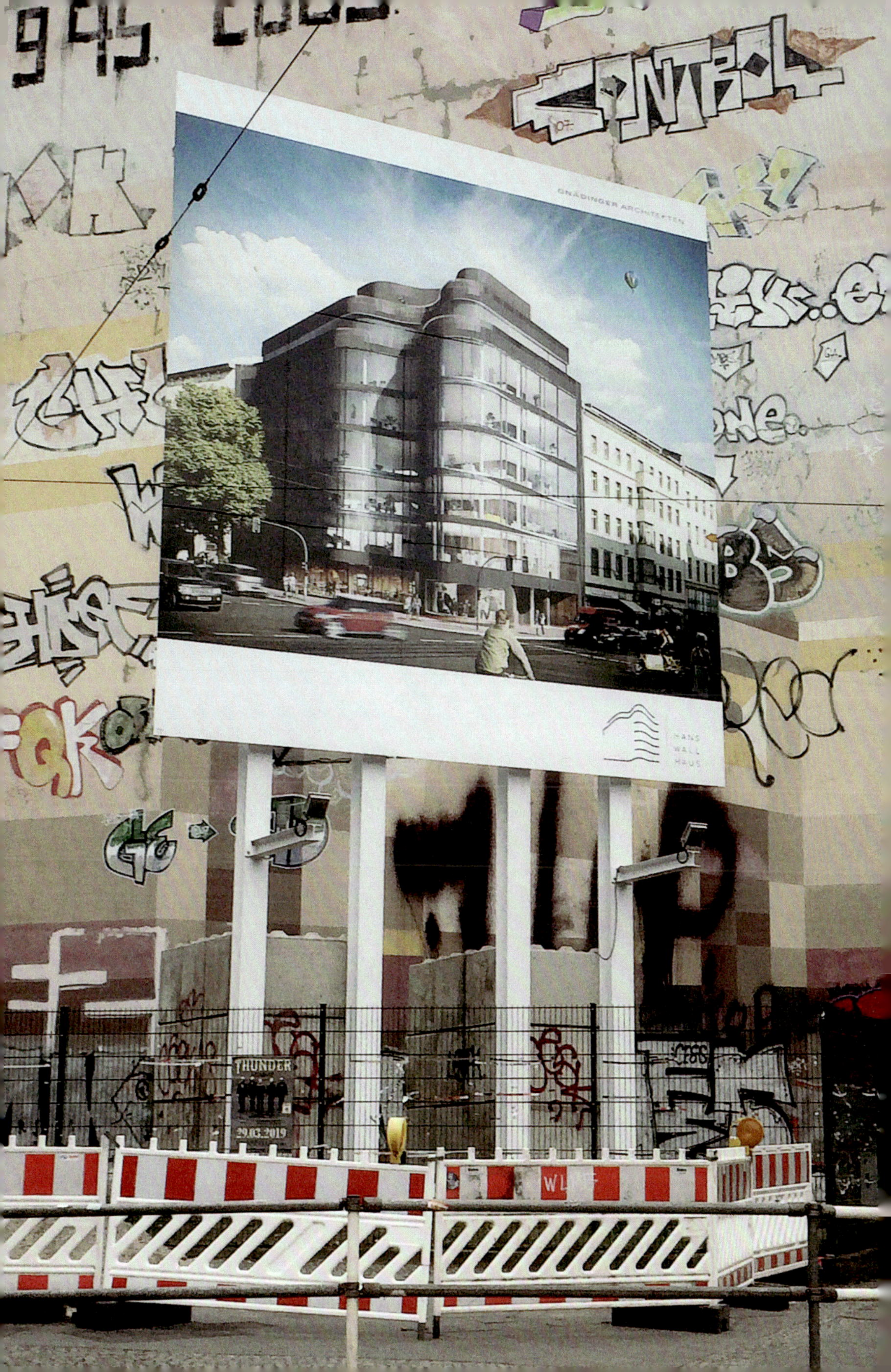
GNÄDINGER ARCHITEKTEN
HANS
WALL
HAUS
THUNDER
29.03.2019

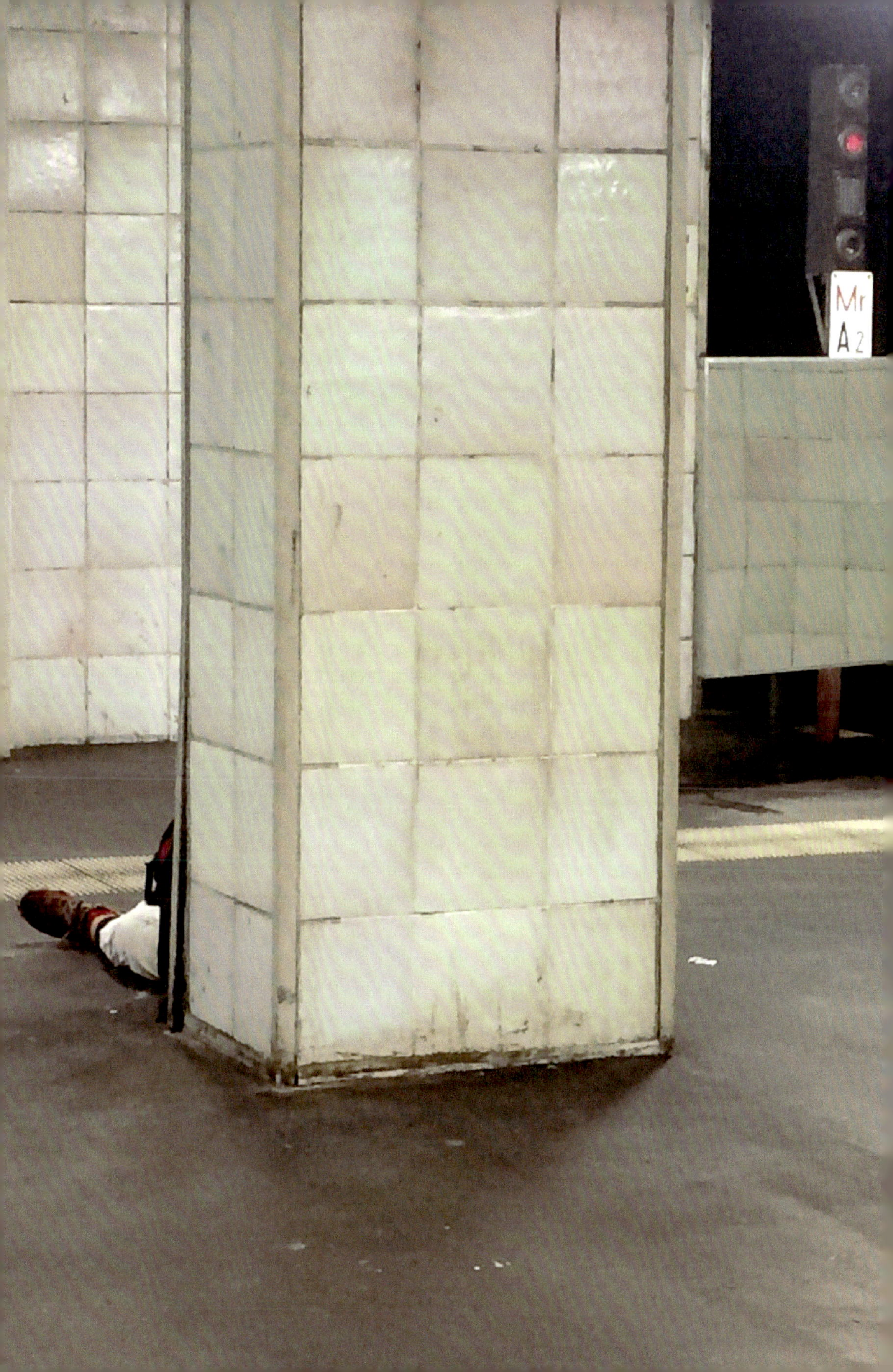
Mr
A 2

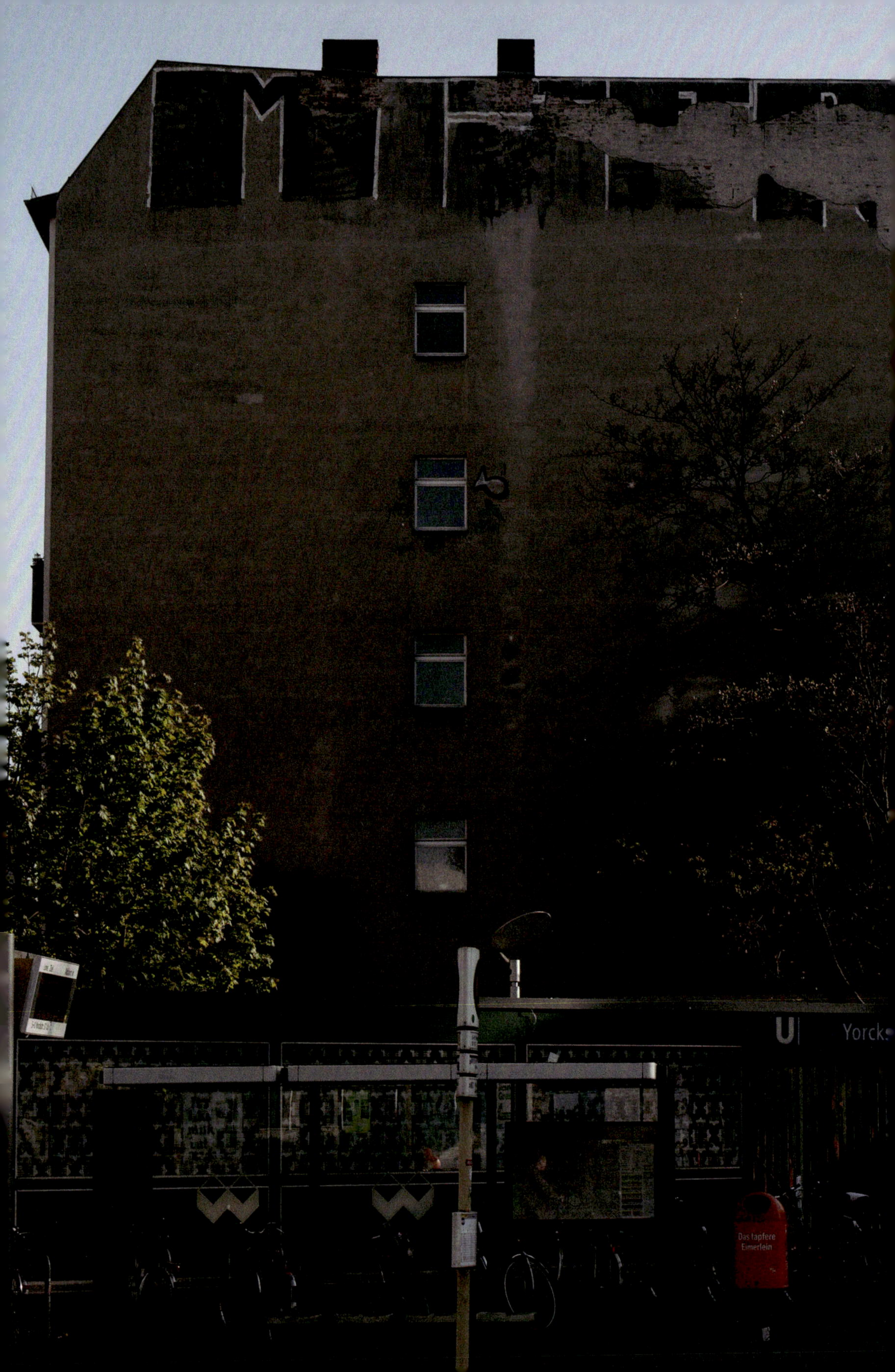
U
Yorcks
Das tapfere
Eimerlein

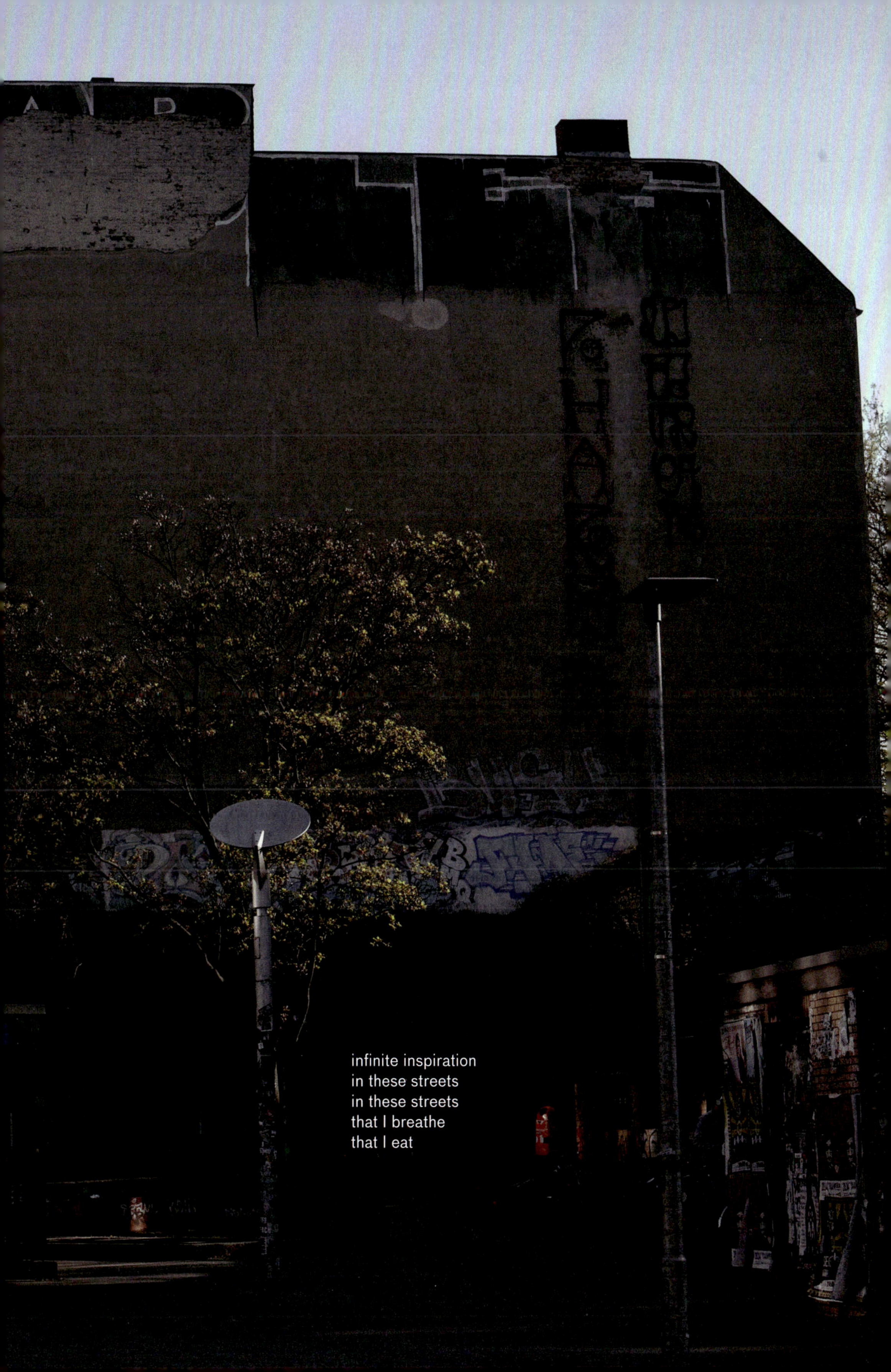

infinite inspiration
in these streets
in these streets
that I breathe
that I eat

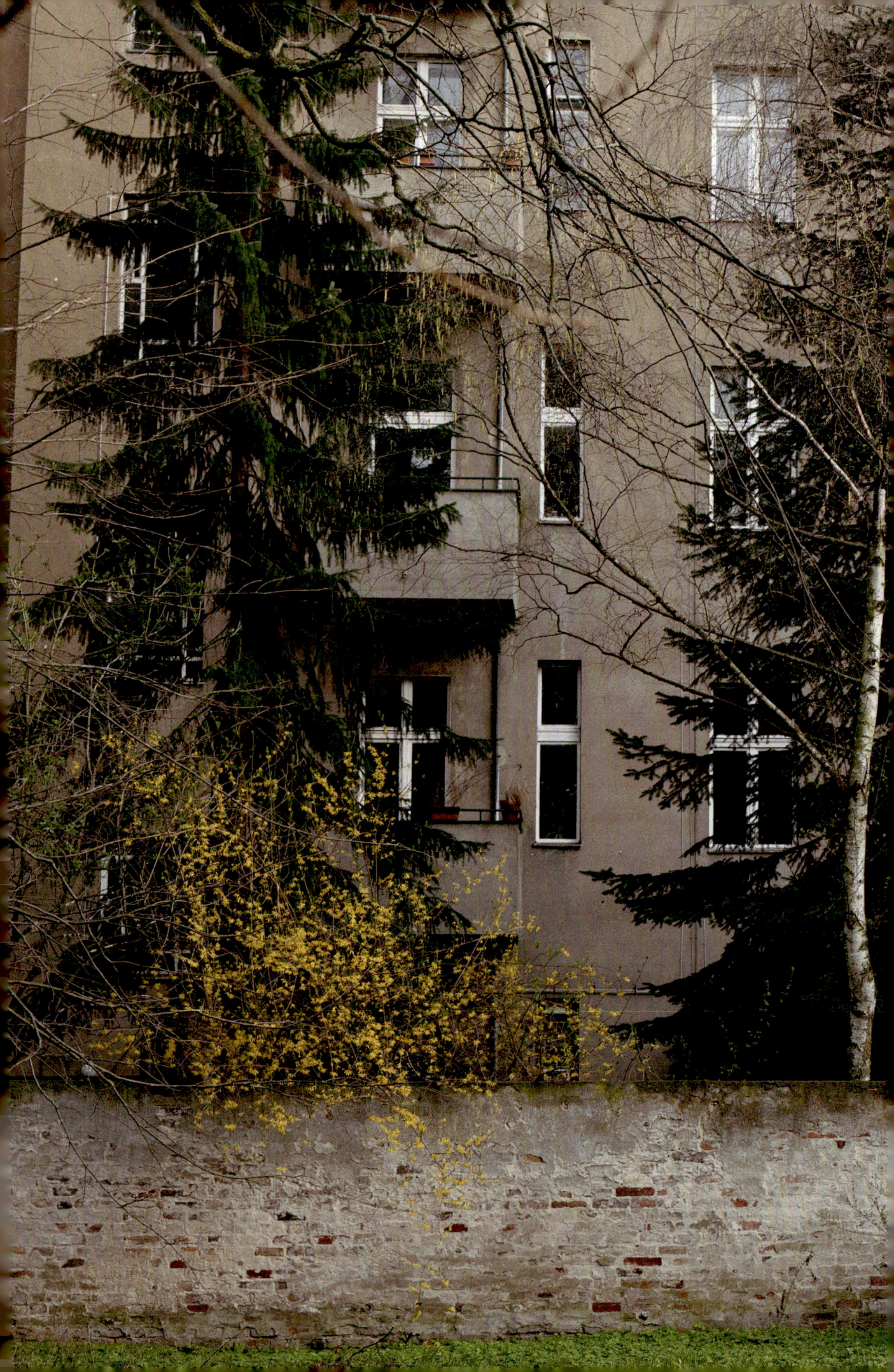

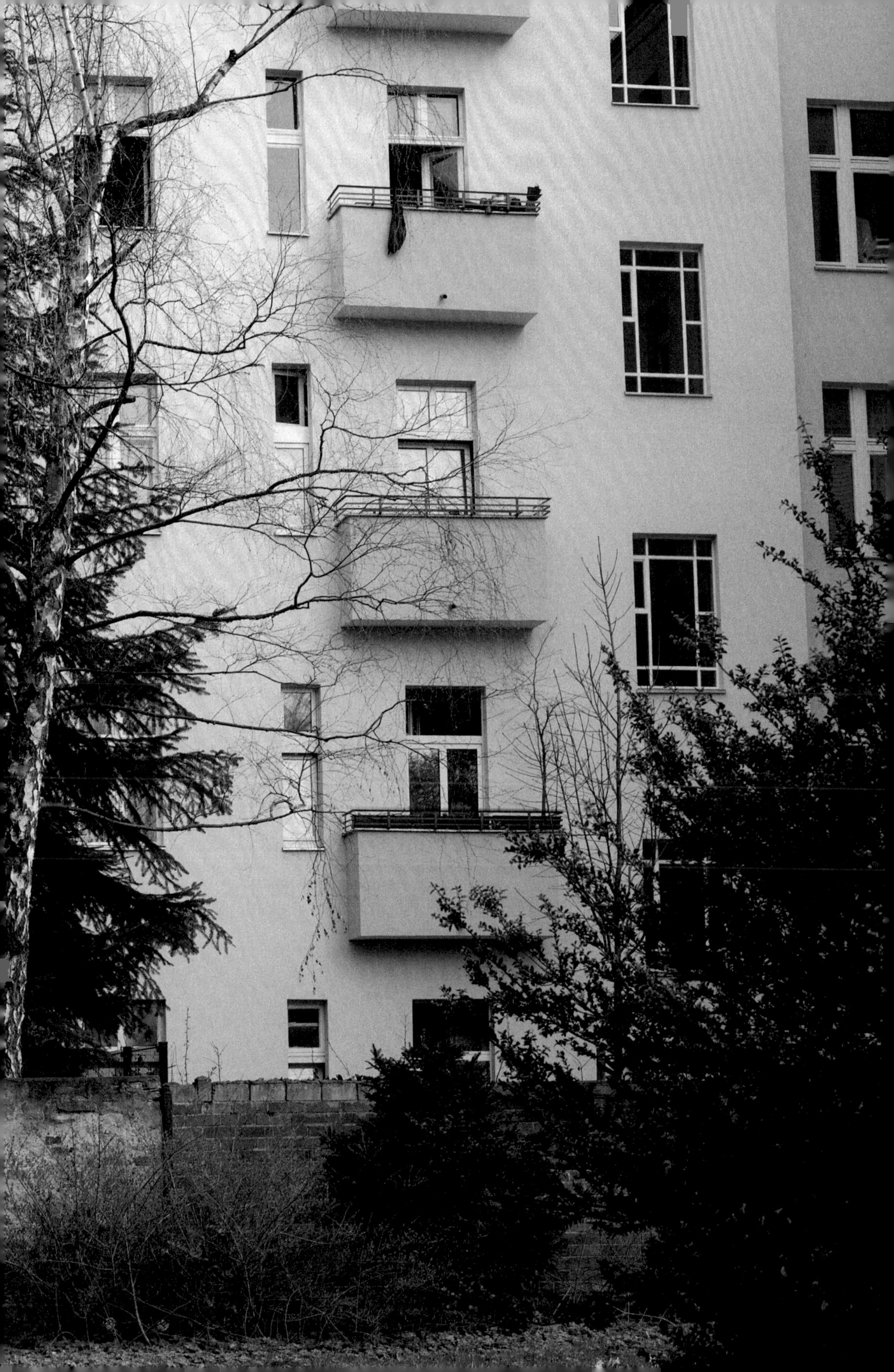

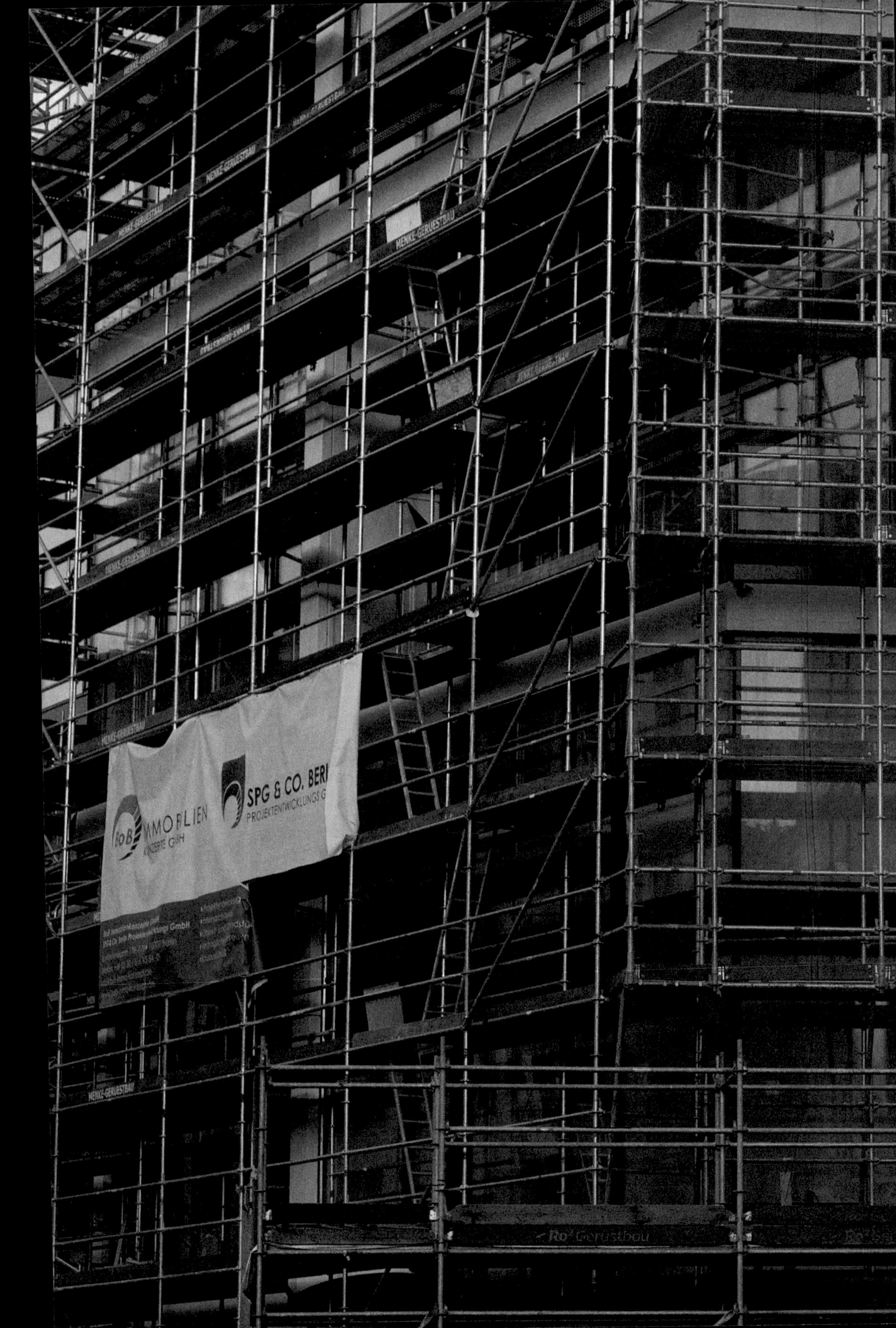
MENKE-GERUESTBAU
SPG & CO. BER
PROJEKTENTWICKLUNGS G
IMMOBILIEN
KONZEPTE GmbH

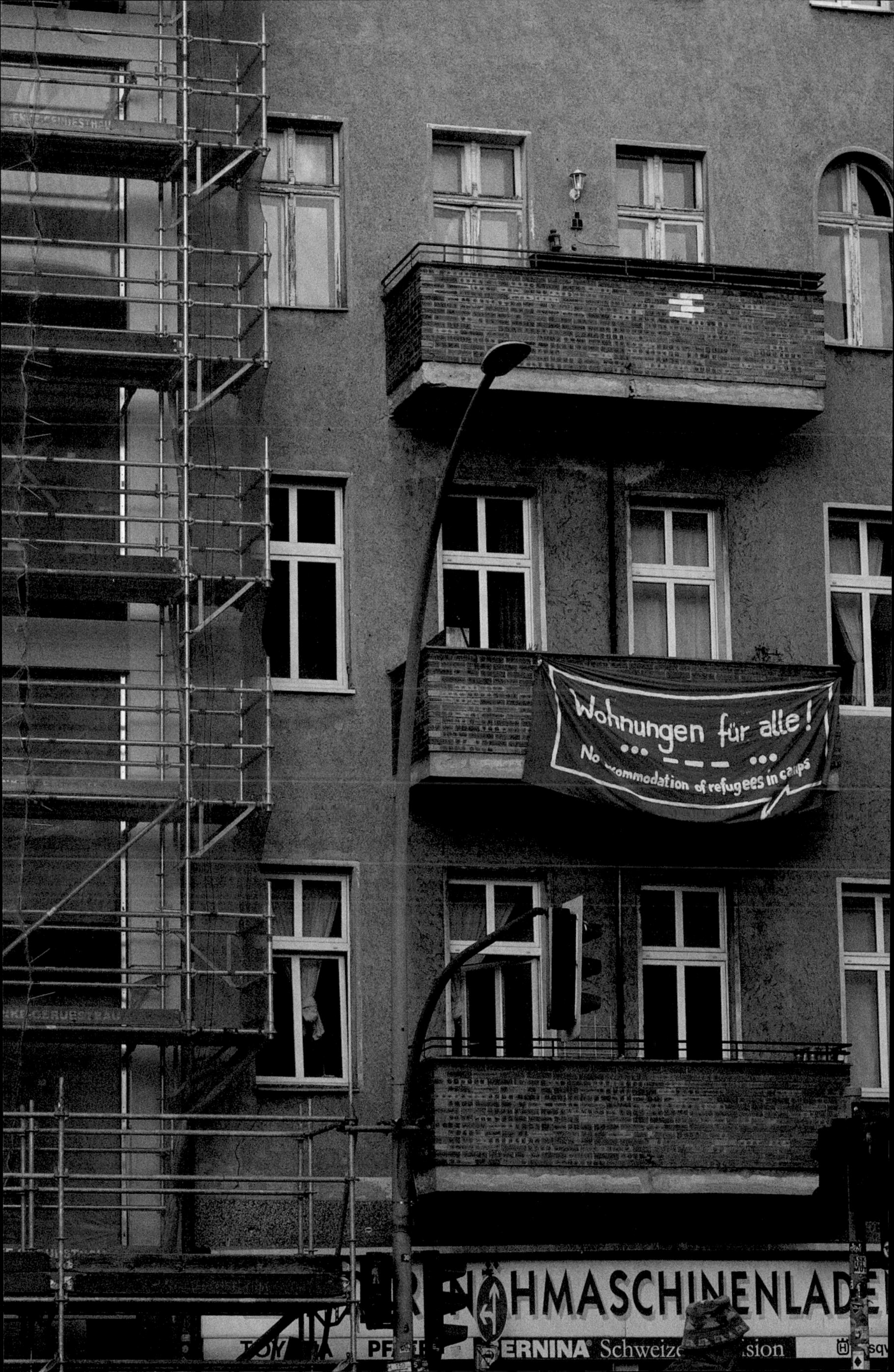
Wohnungen für alle!
No
of refugees in camps
HMASCHINENLADE
ERNINA® Schweiz

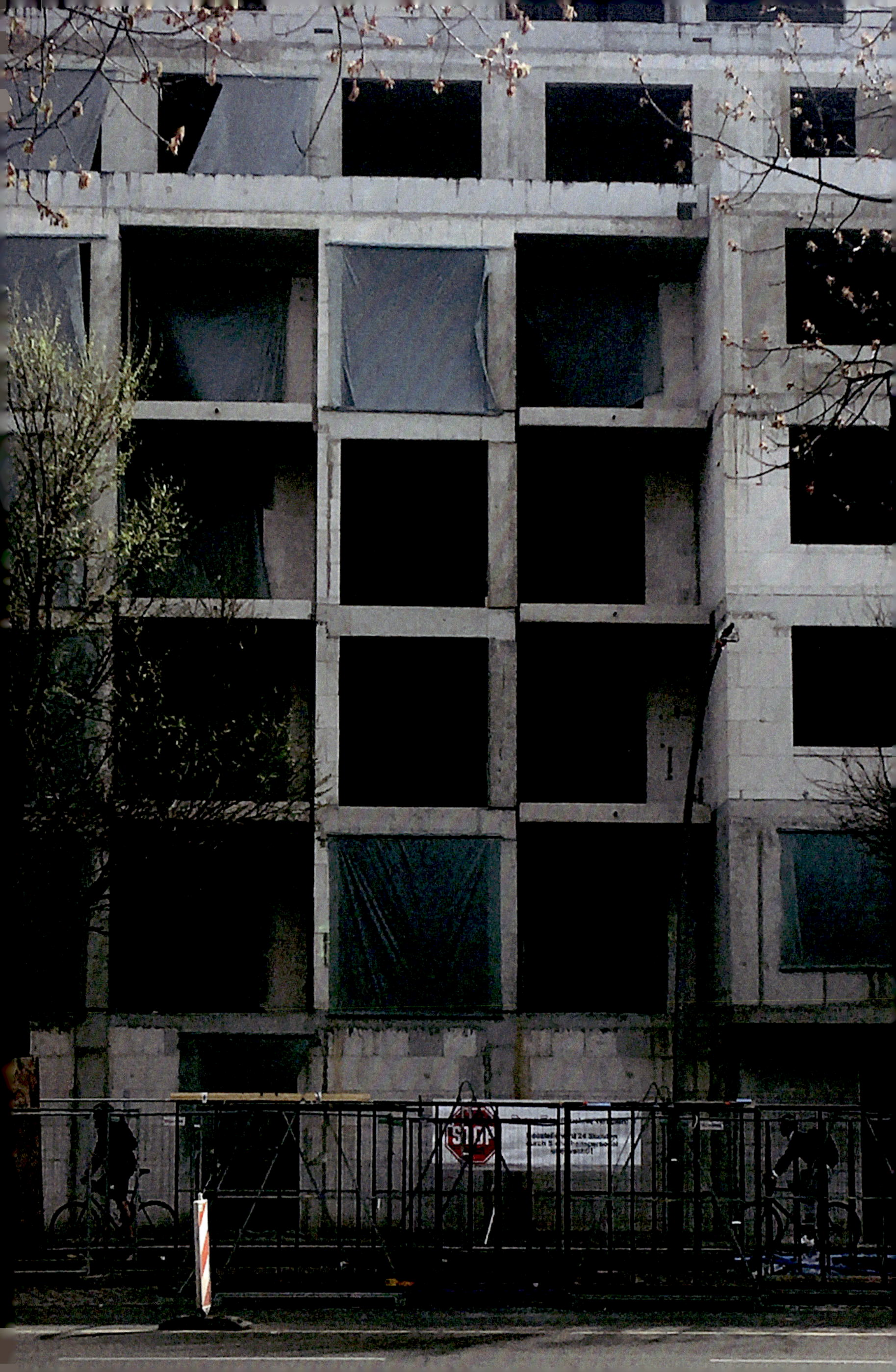
STOP

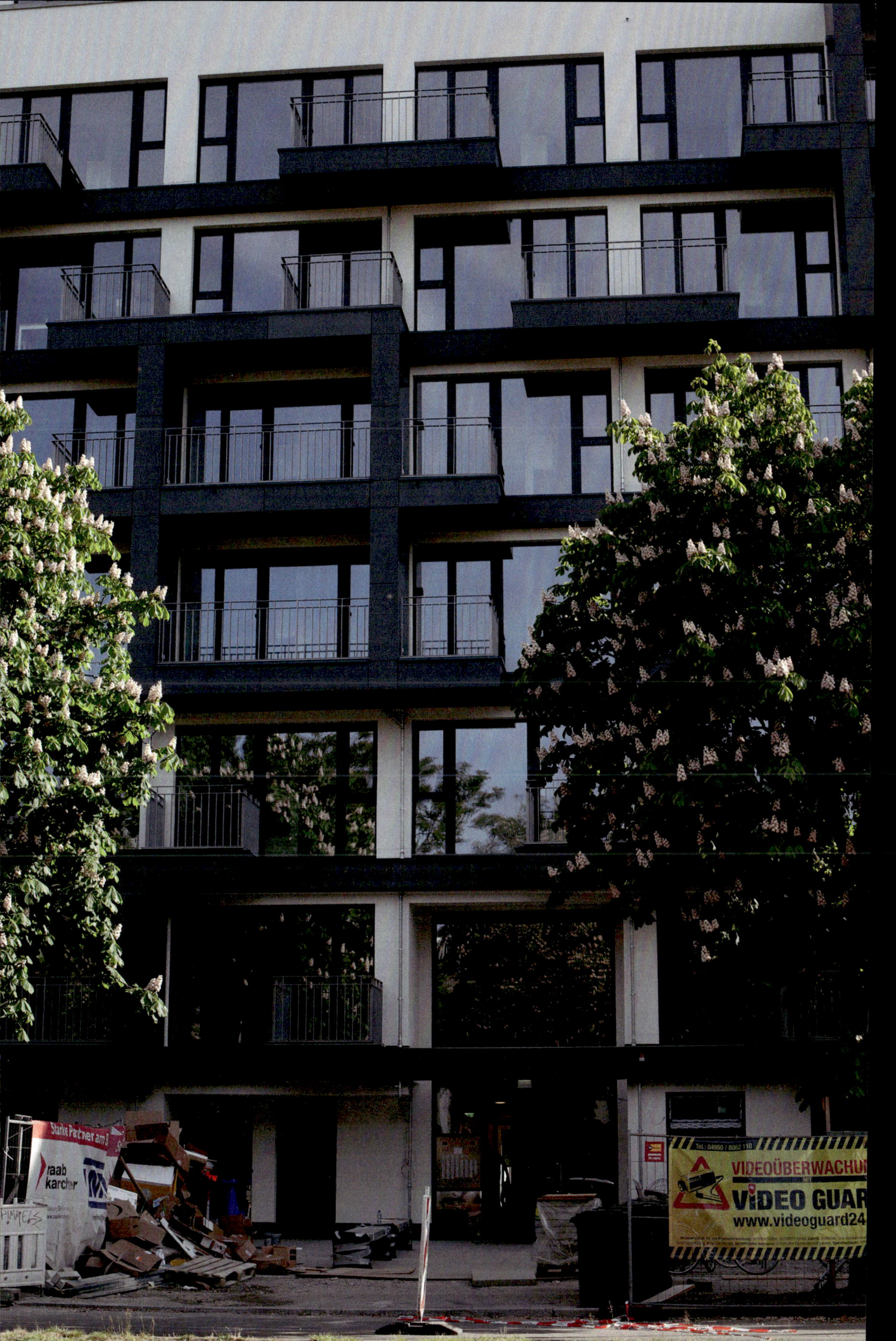
Starke Partner am
raab
karcher
VIDEOÜBERWACHUN
VIDEO GUAR
www.videoguard24

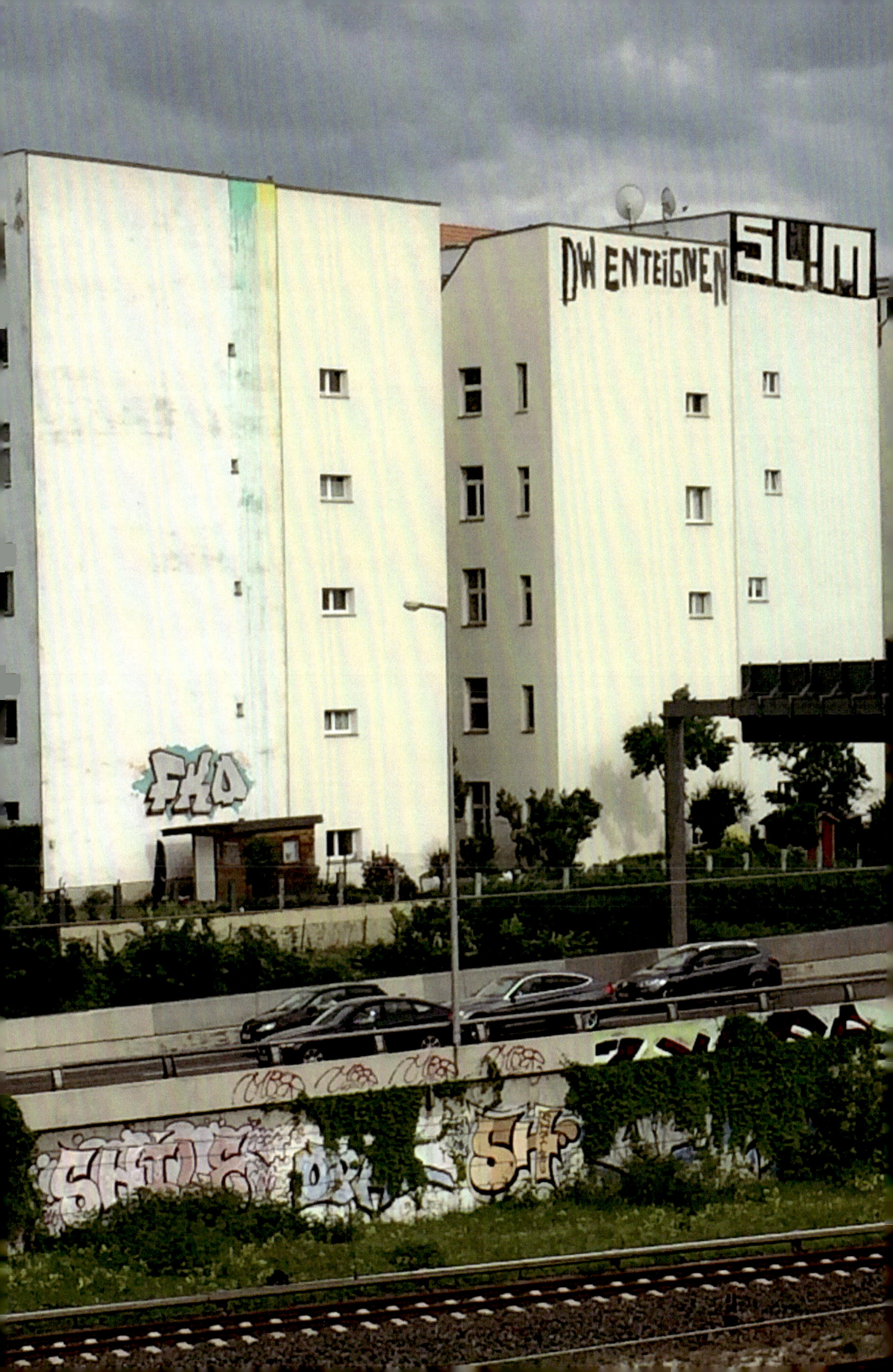
DW ENTEIGNEN

was los ich bin einer von fünf stadtjungen
die hier rumlungern

und du mit deinen drei kleinen namen
willst mir irgendwas sagen

aber ich stell mich hier hin und fang an zu fragen

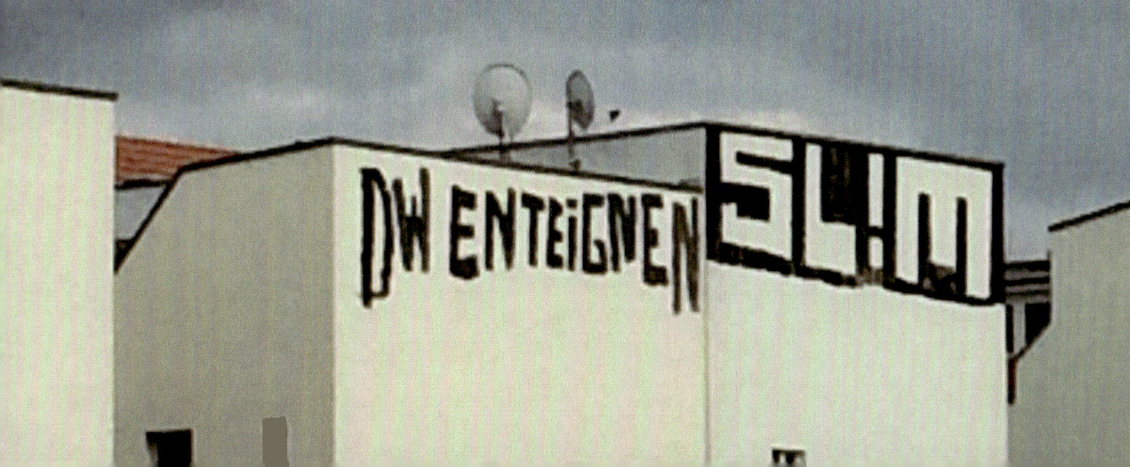

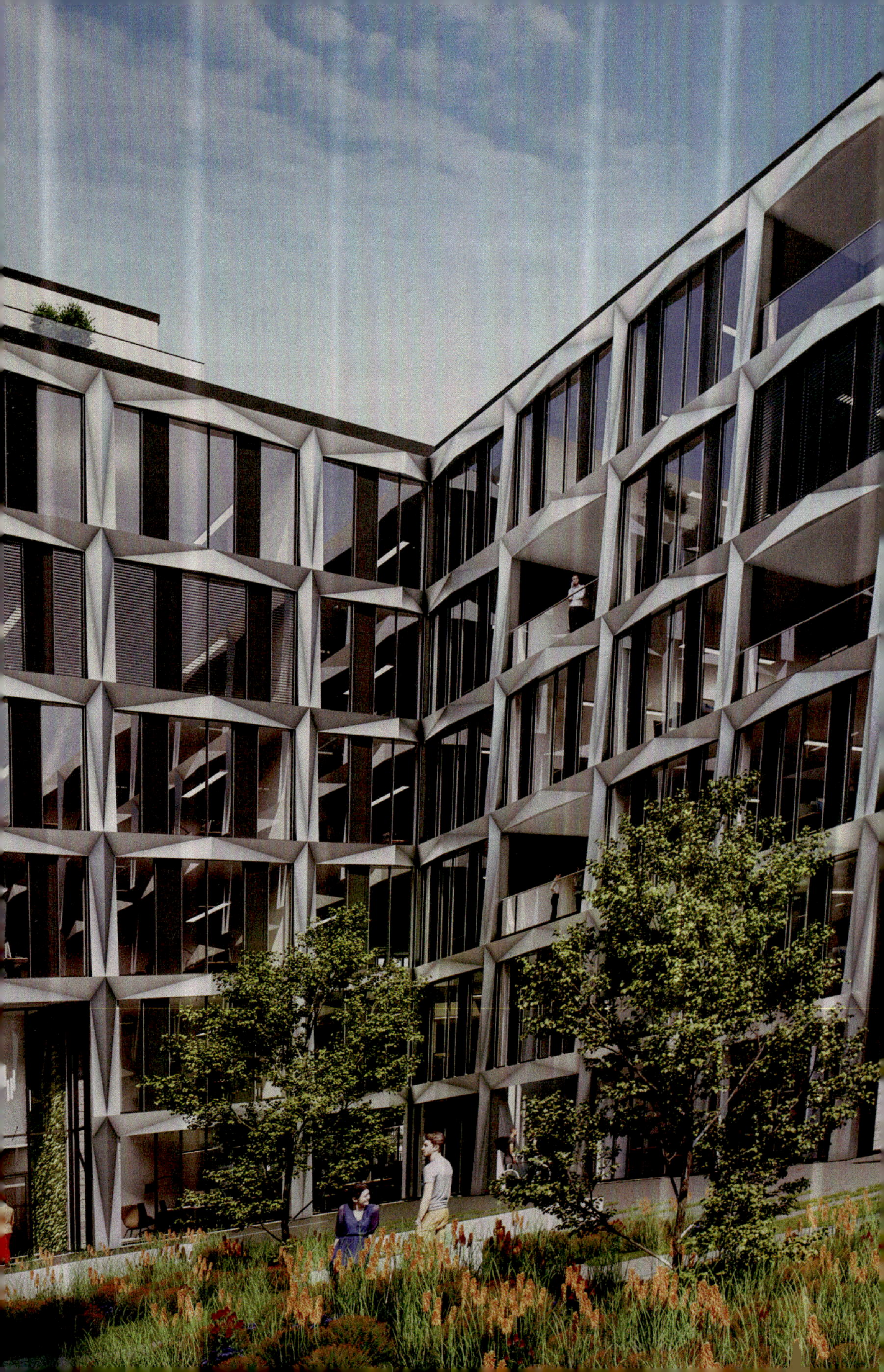

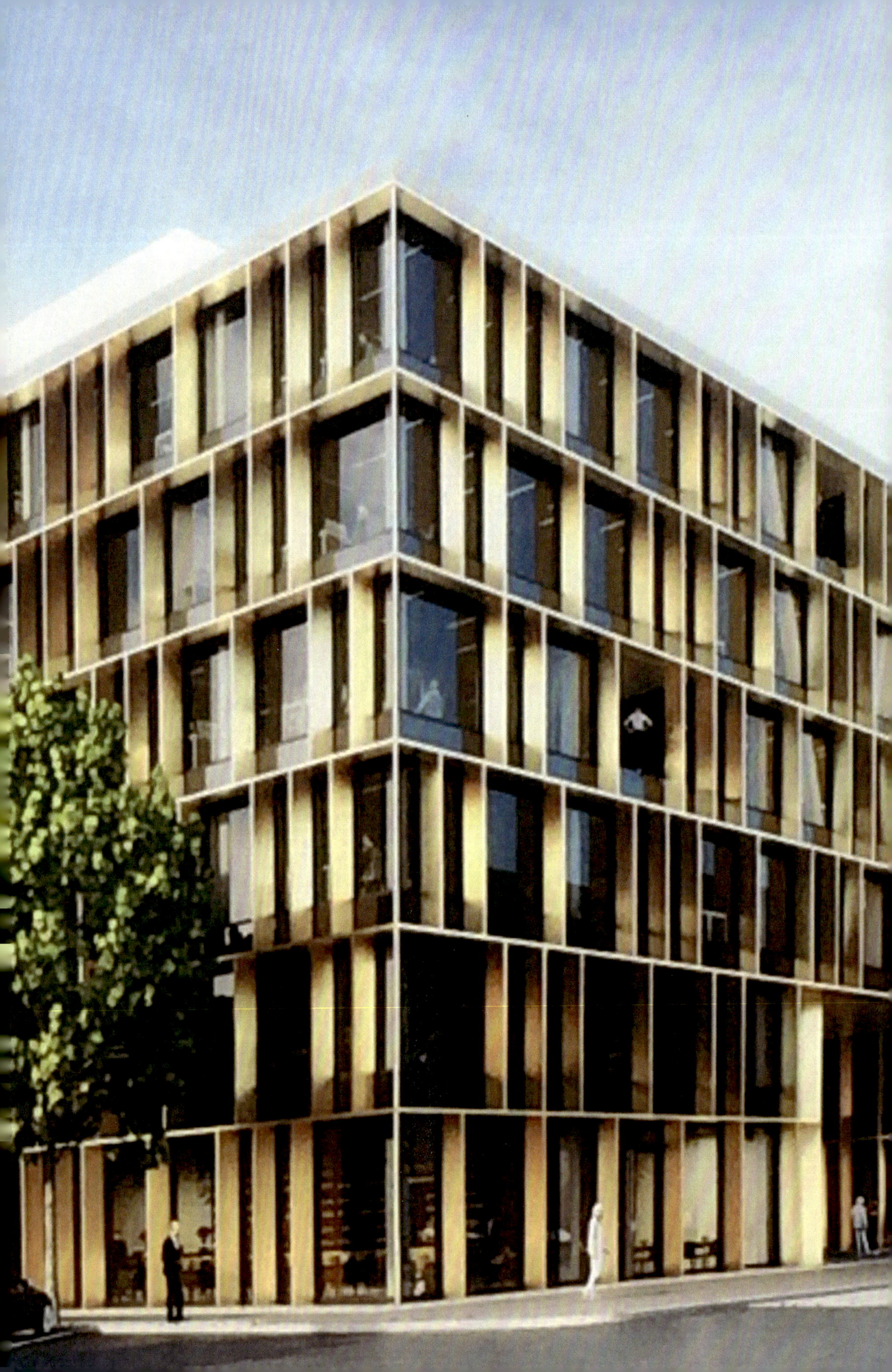

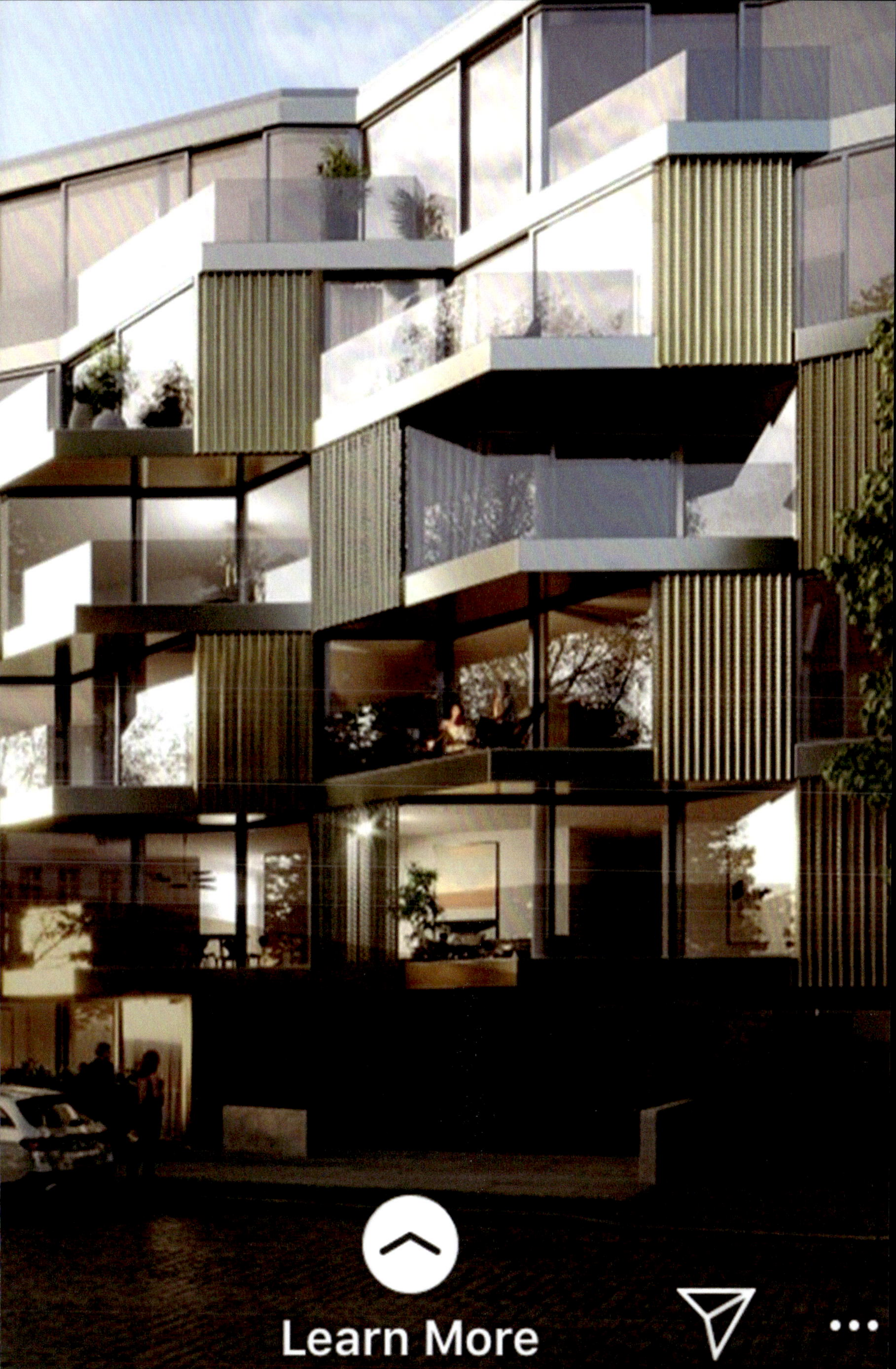
Learn More

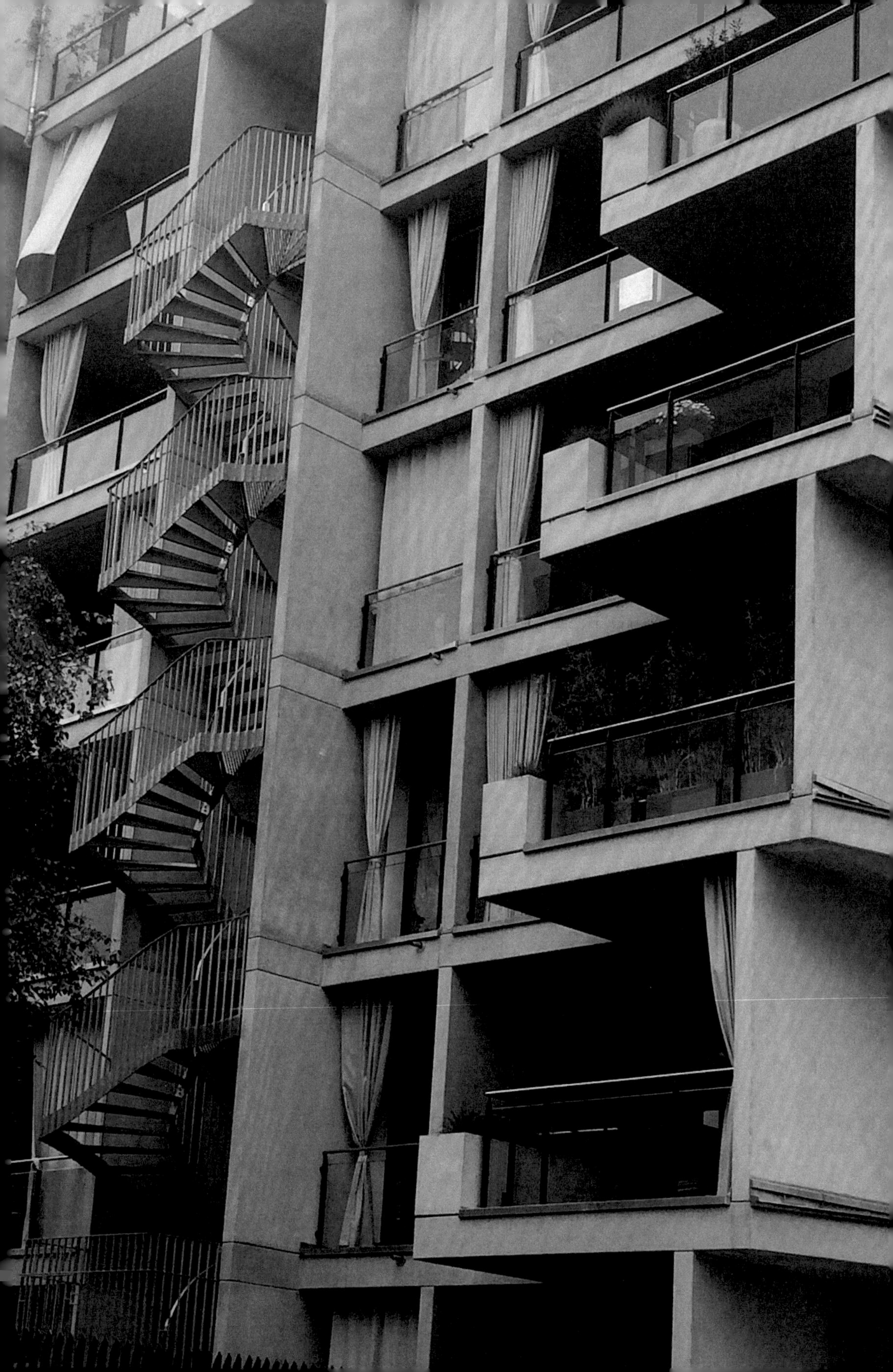

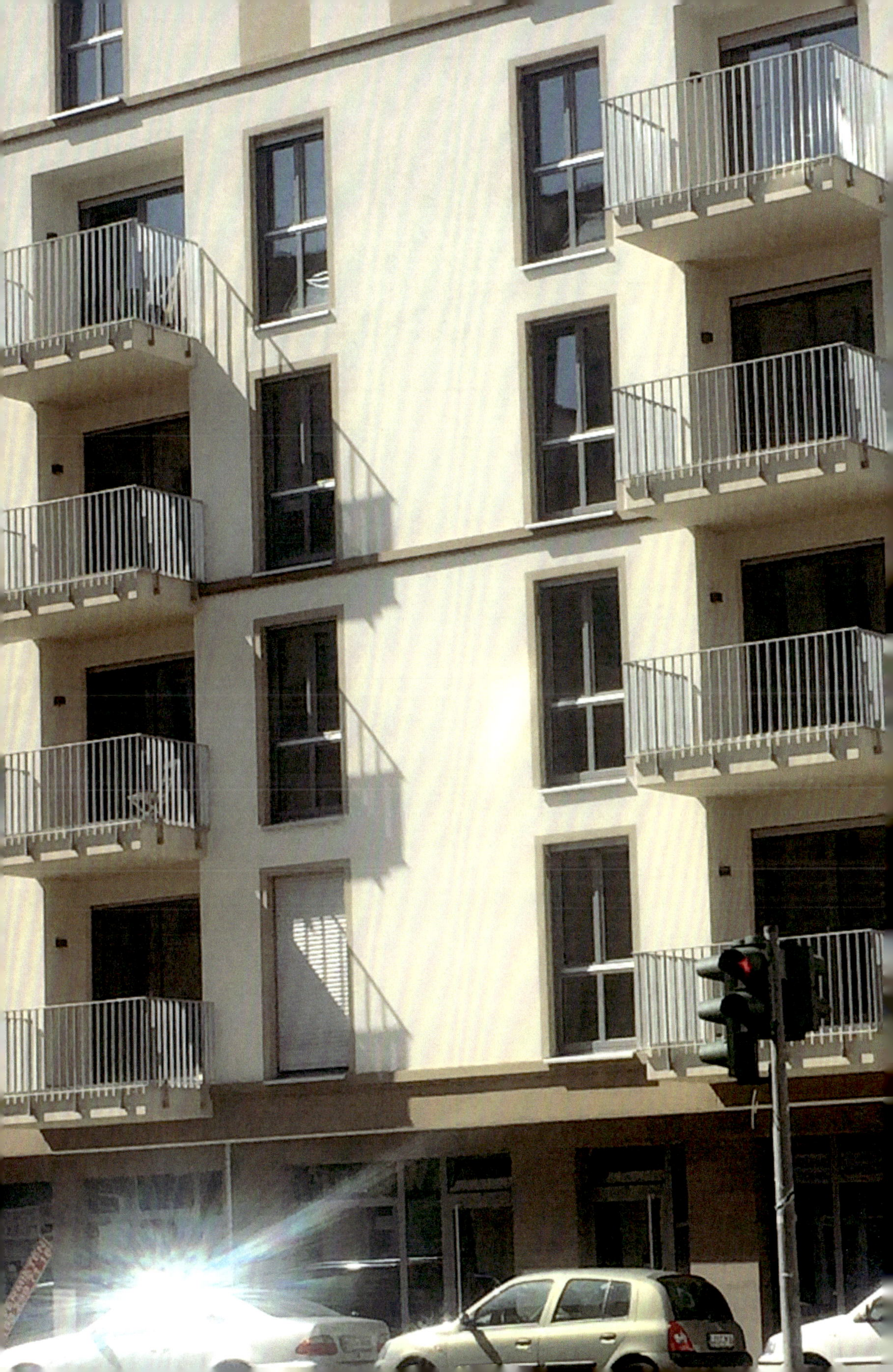

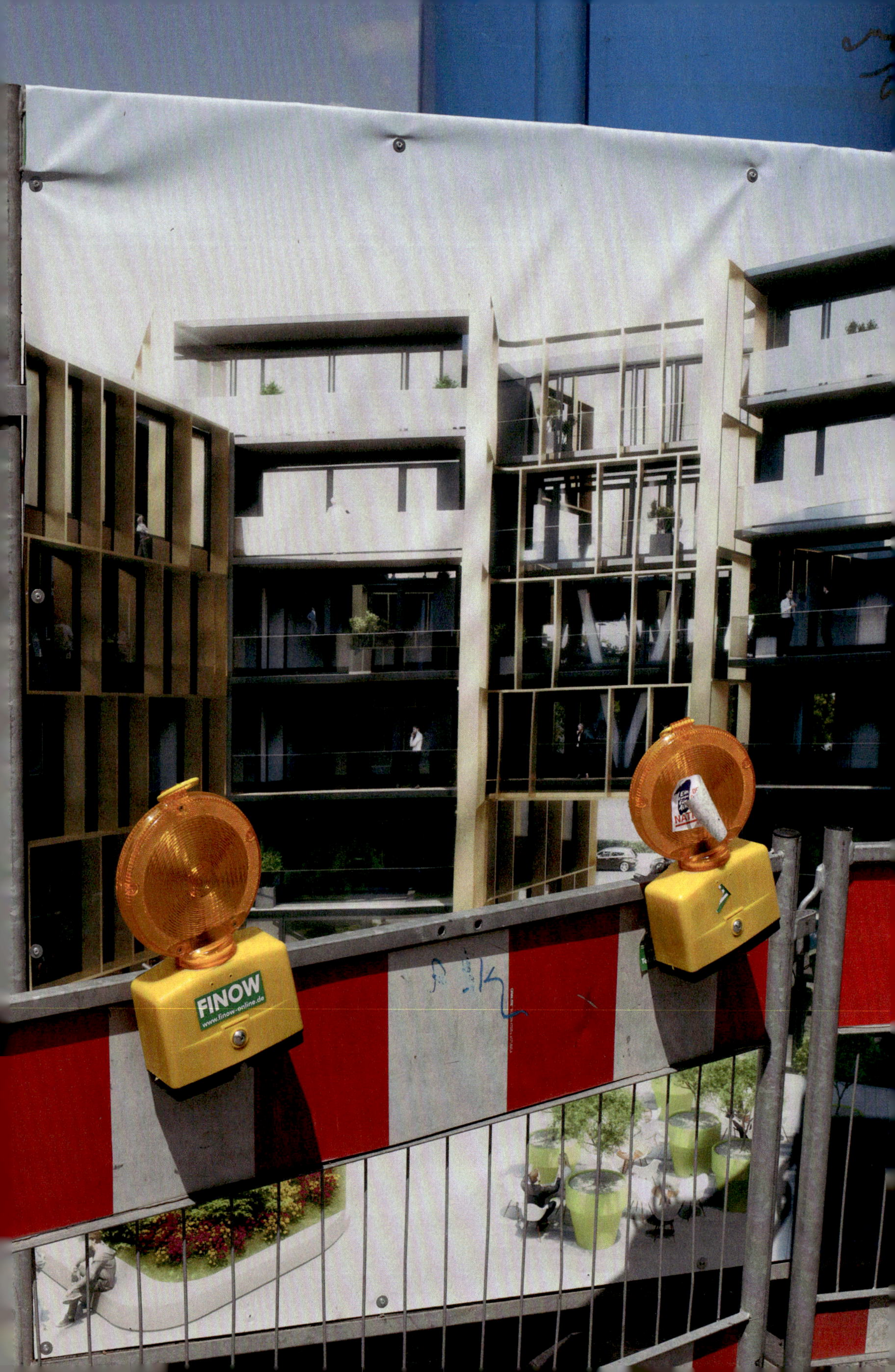
FINOW
www.finow-online.de

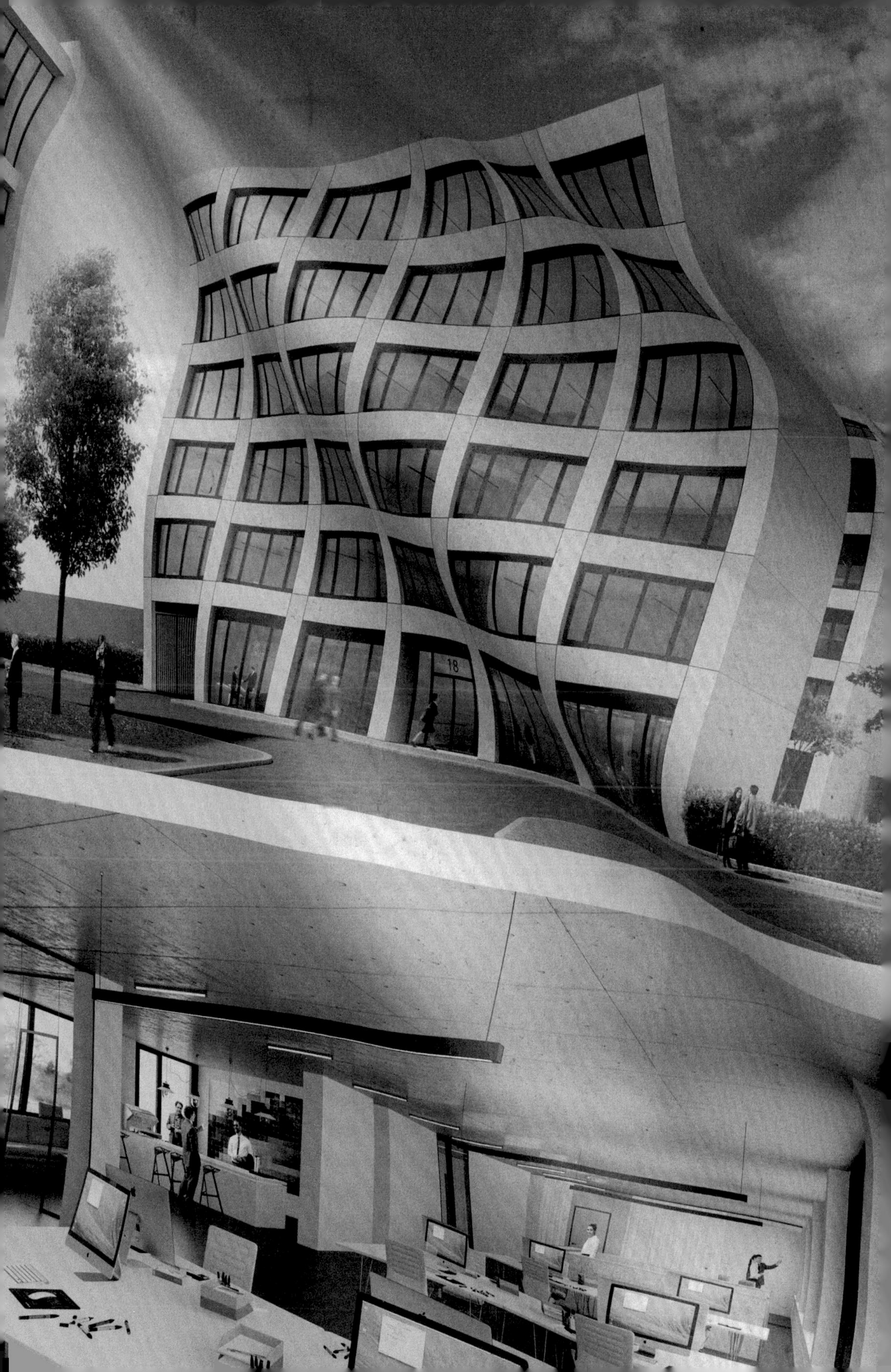
18

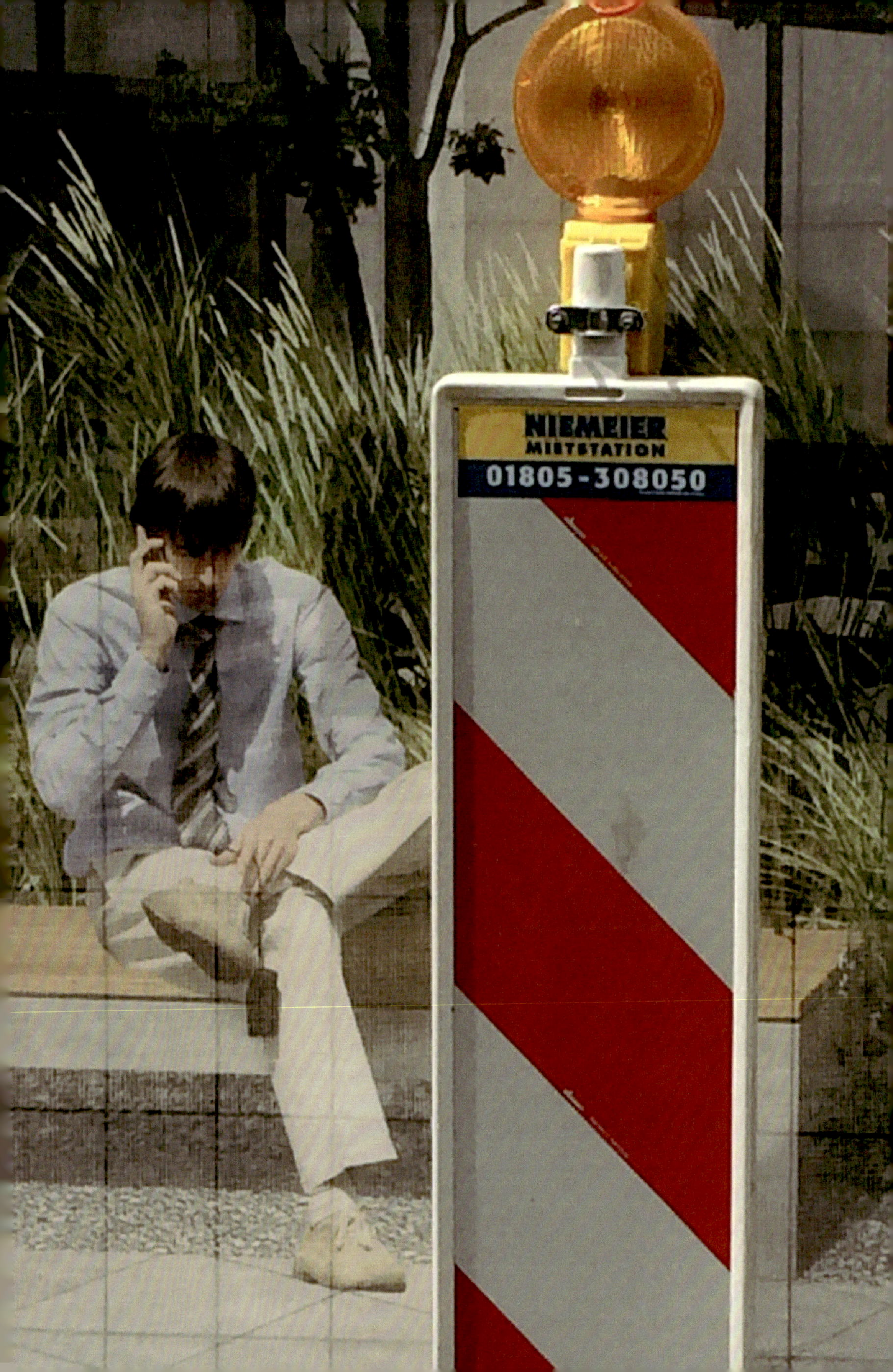
NIEMEIER
MIETSTATION
01805-308050

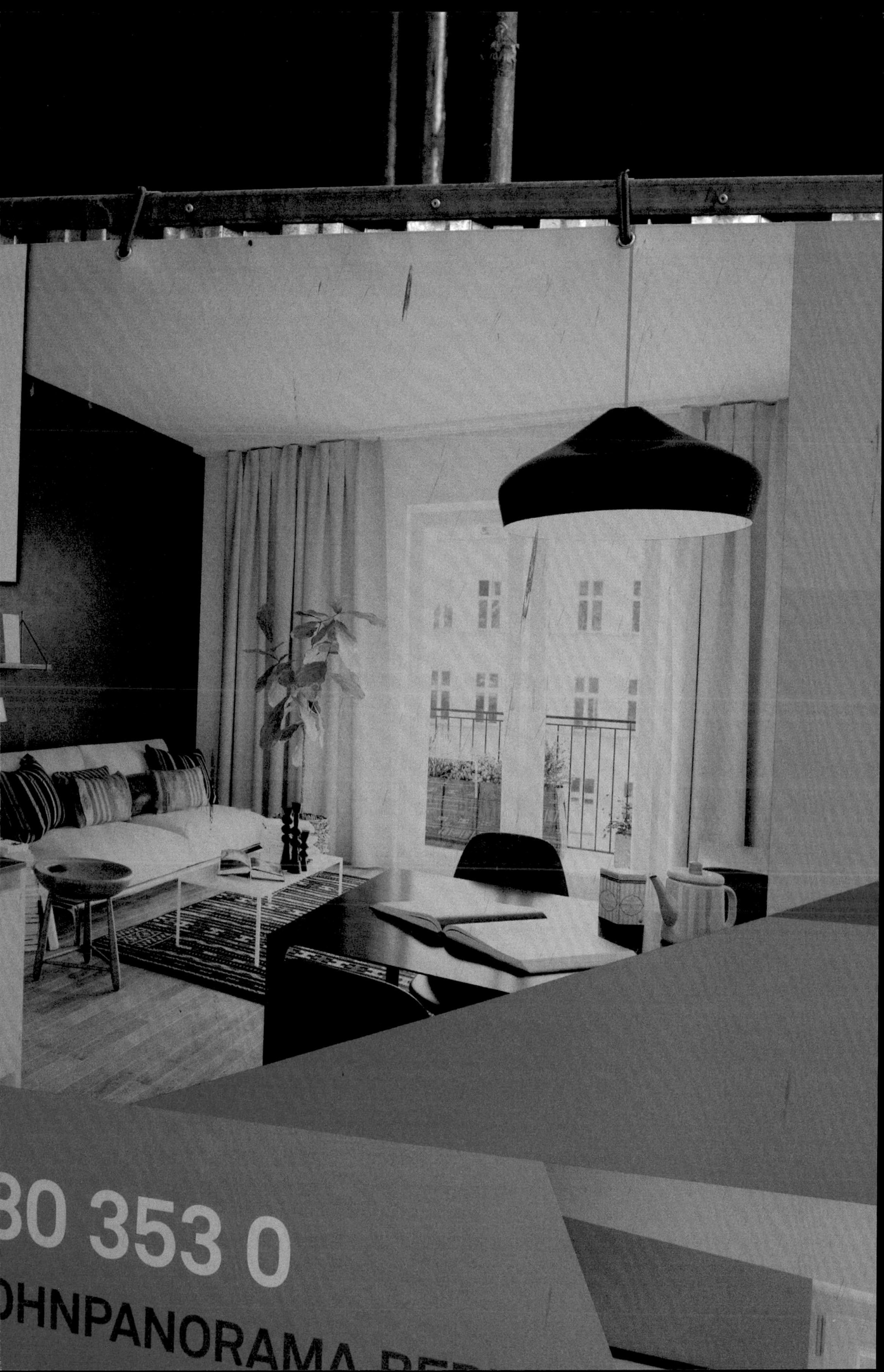
0 353 0
HNPANORAMA

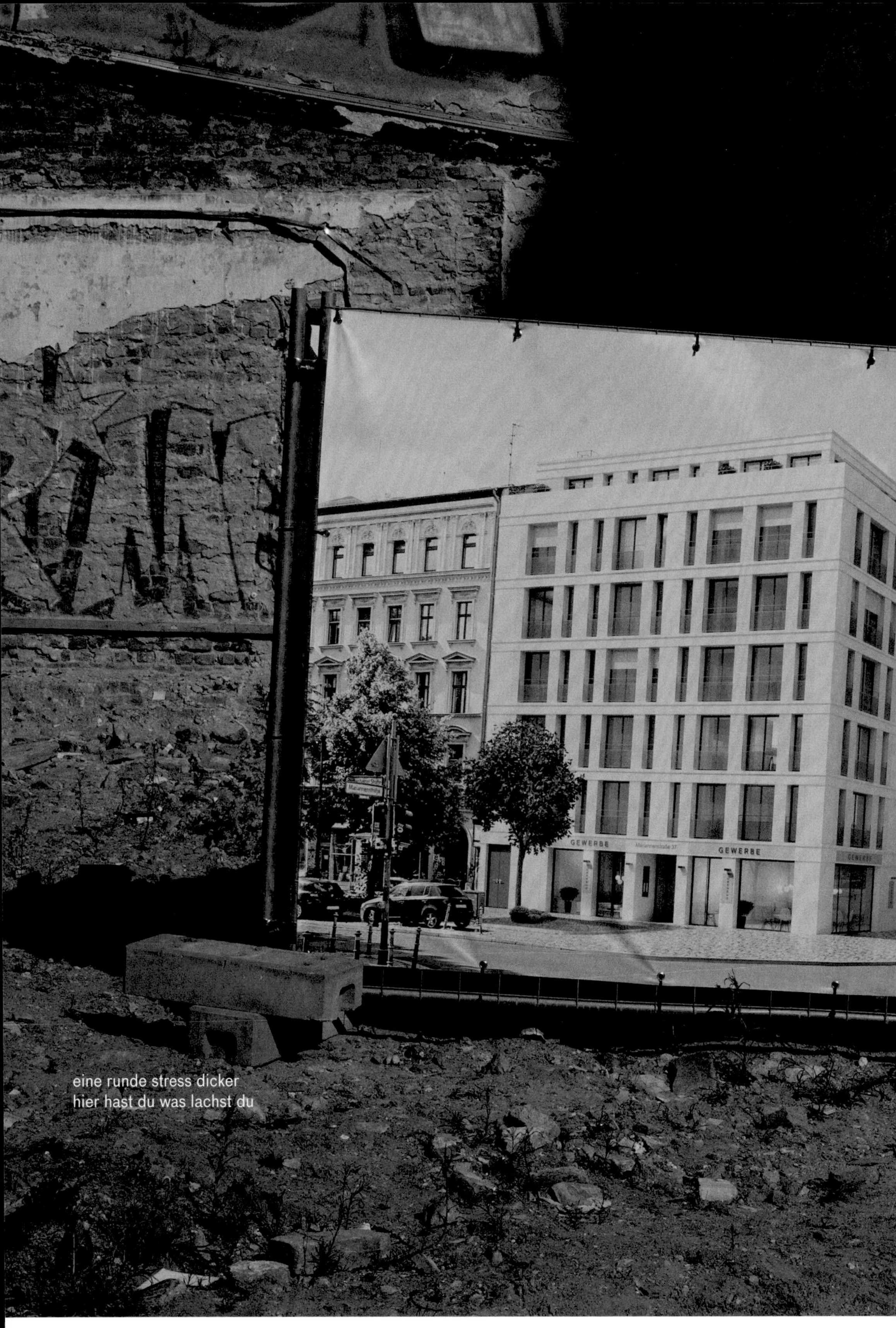

eine runde stress dicker
hier hast du was lachst du

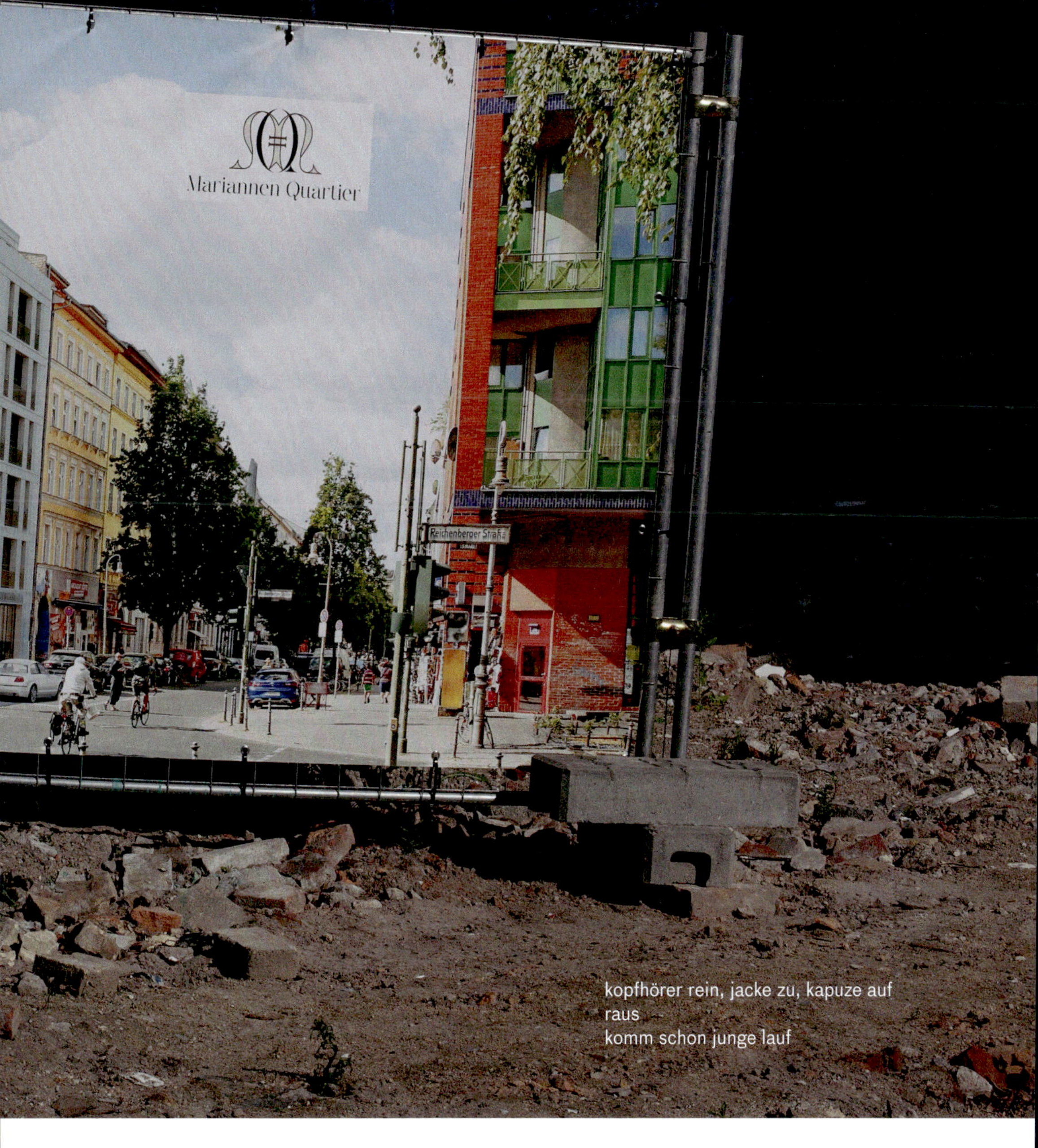

kopfhörer rein, jacke zu, kapuze auf
raus
komm schon junge lauf

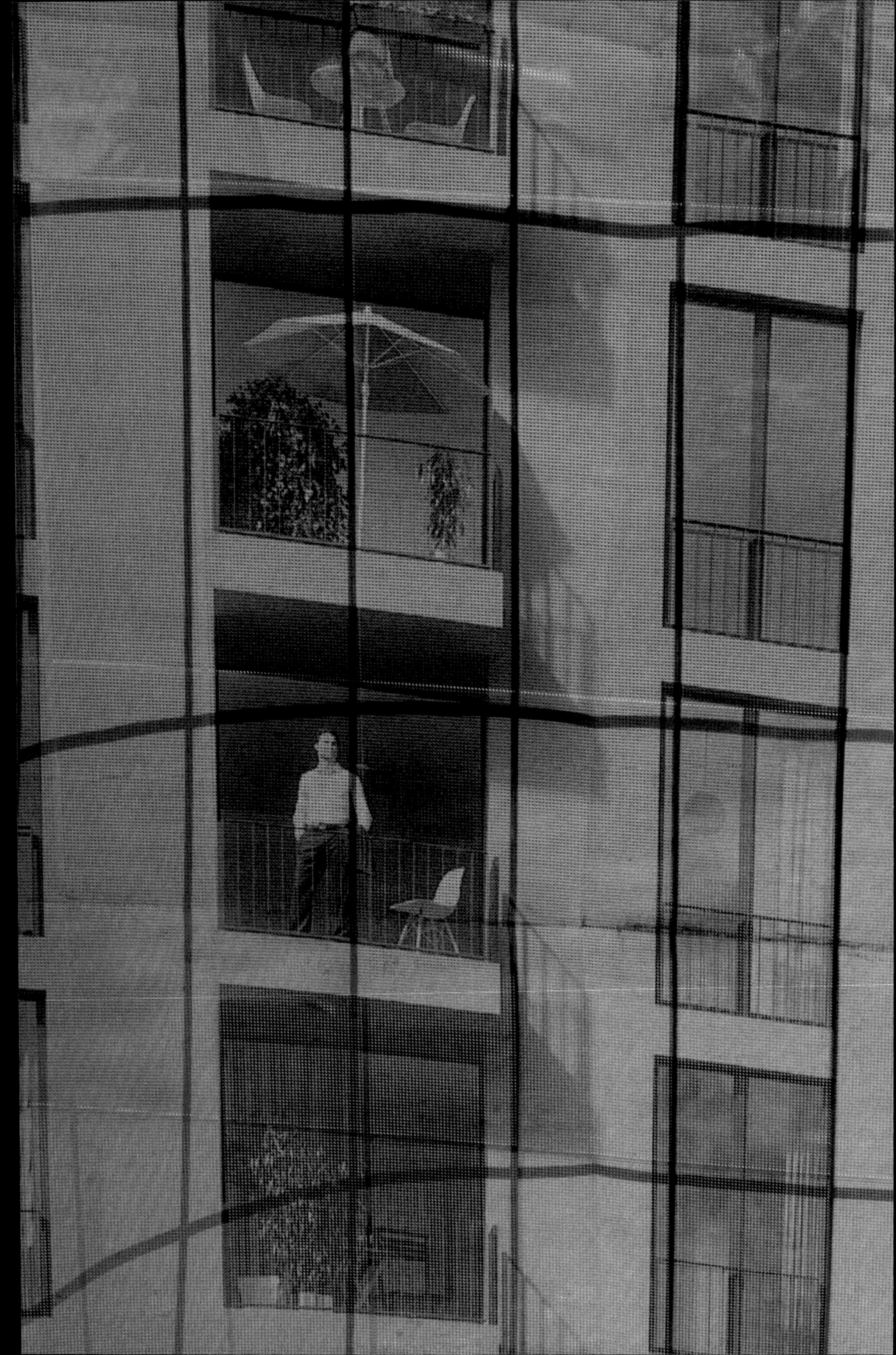

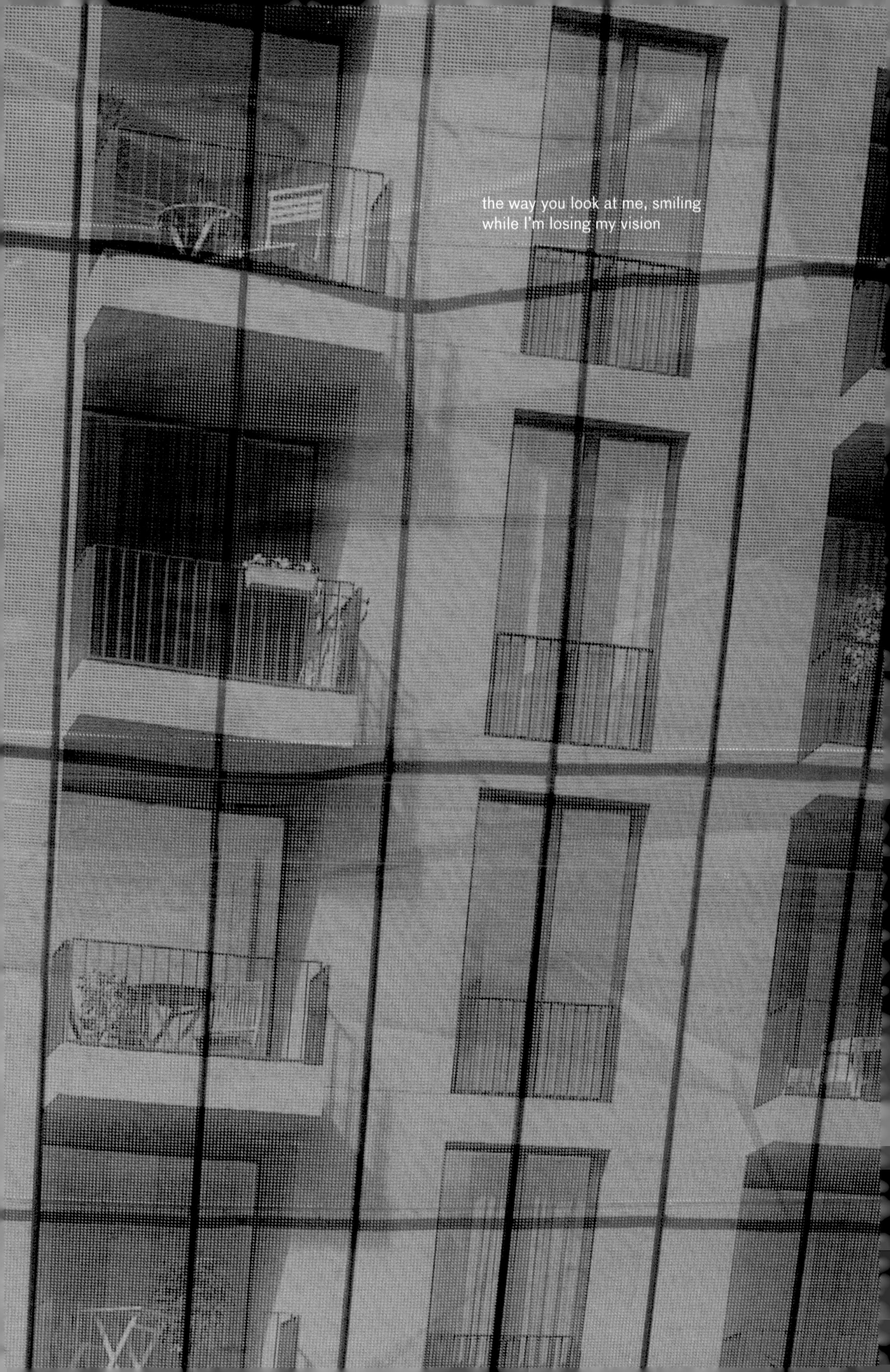
the way you look at me, smiling
while I'm losing my vision

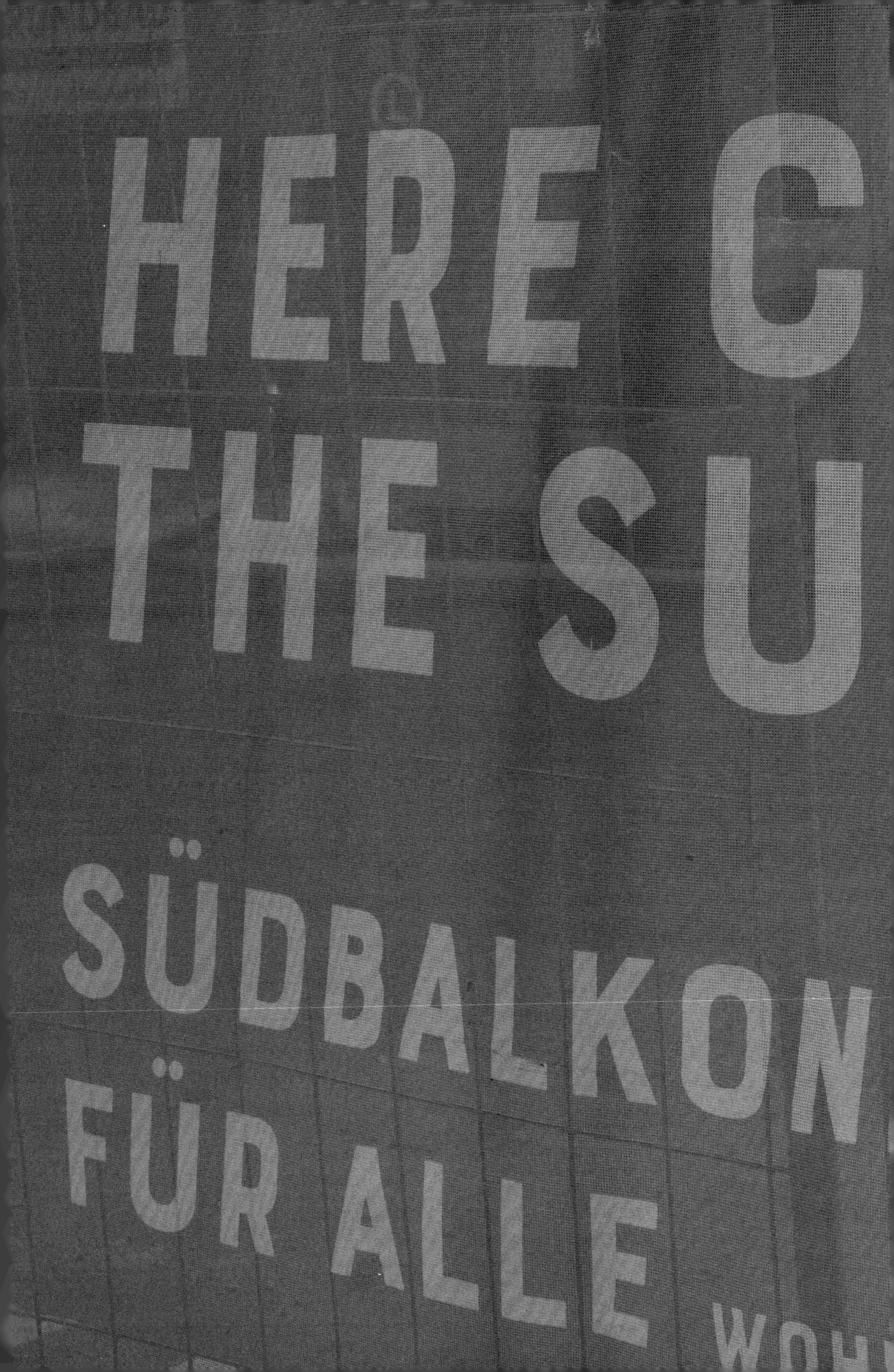

HERE C
THE SU

SÜDBALKON
FÜR ALLE
WOH

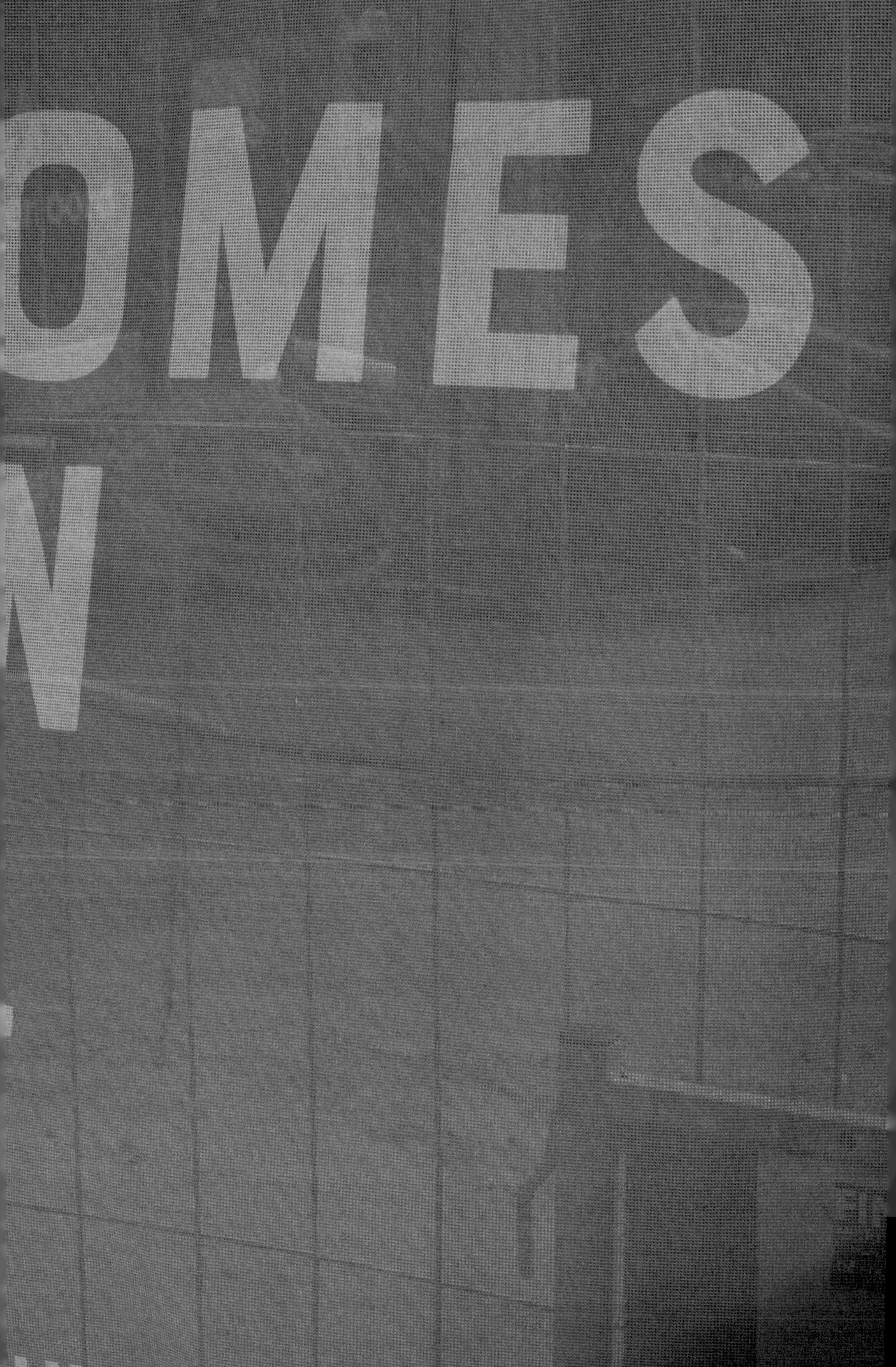
OMES

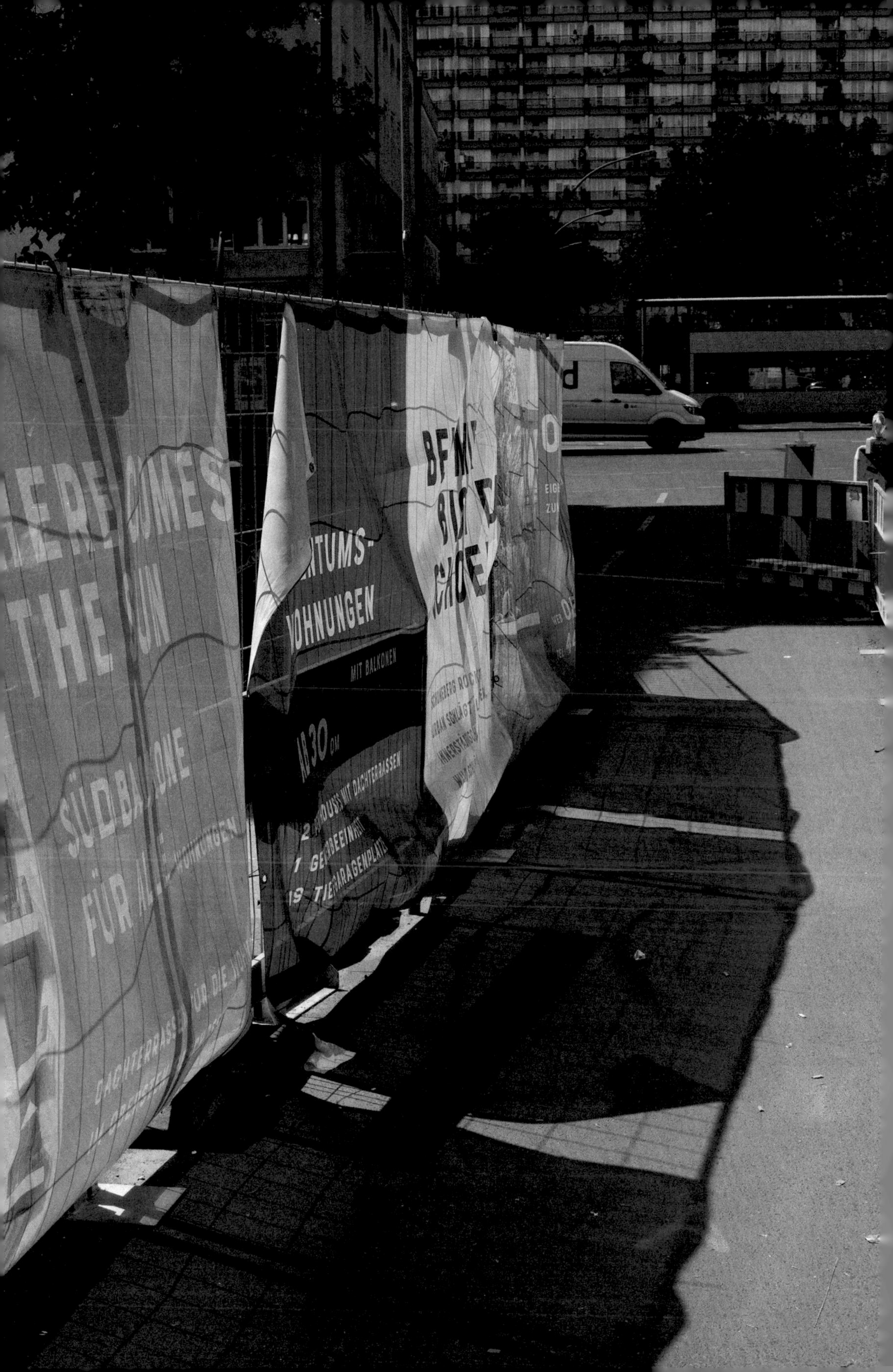
THE
MIT BALKONEN
DACHTERRASSEN

COMMERCIAL

Hier kannst Du
bald arbeiten.

Fertigstellung 2020

ca. 8.000 m²
Office
zu vermieten

20 34 60

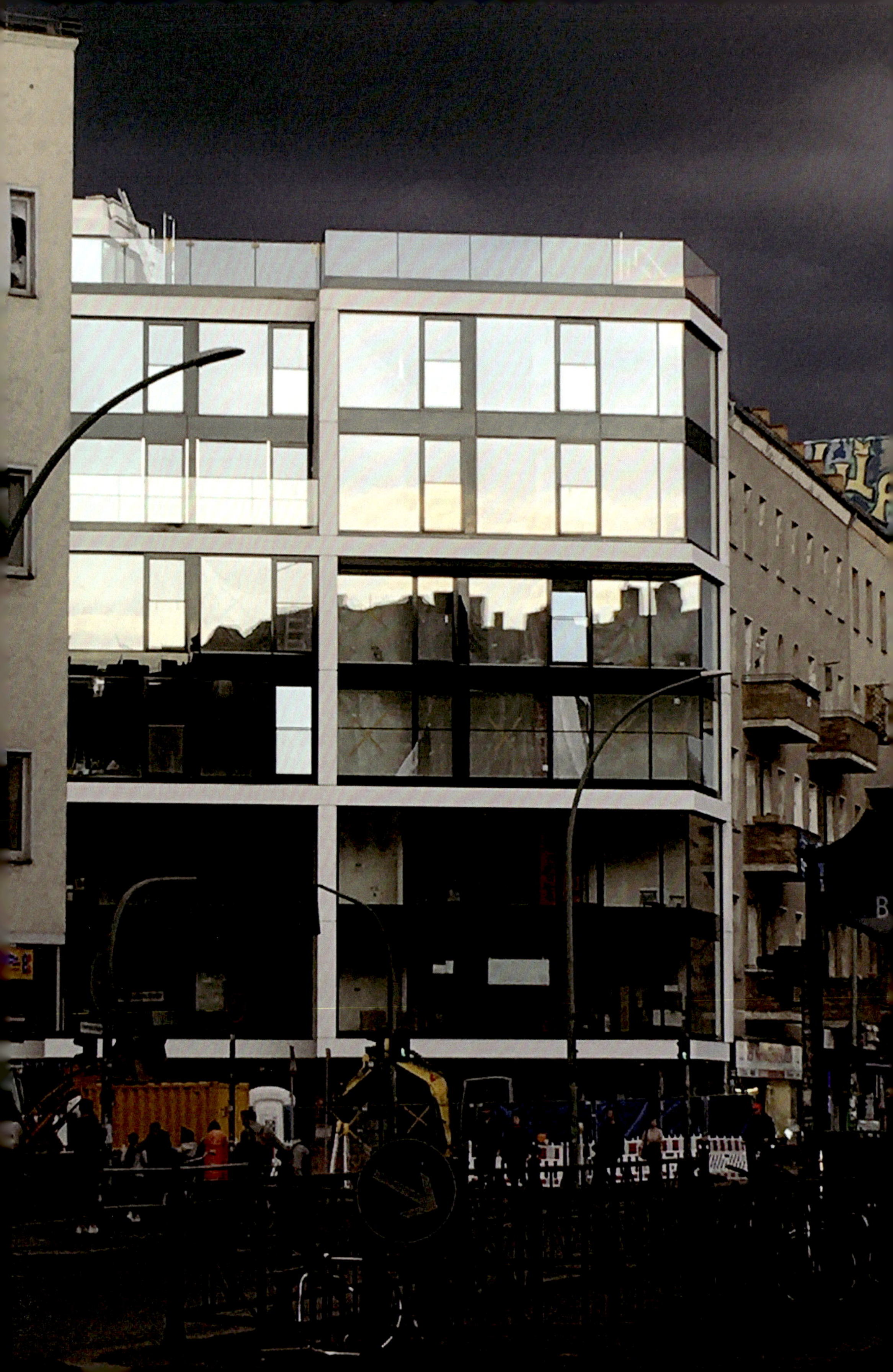

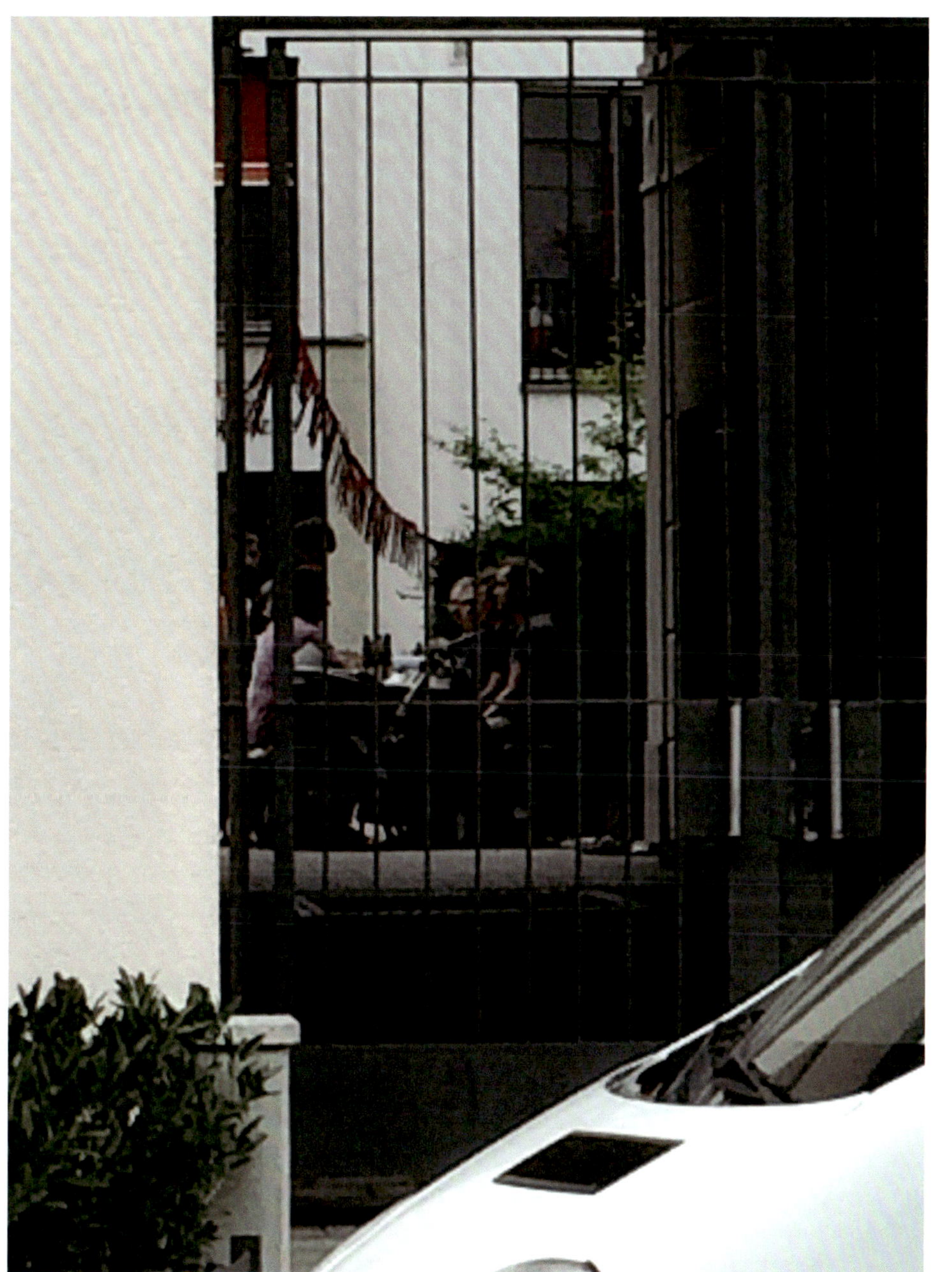

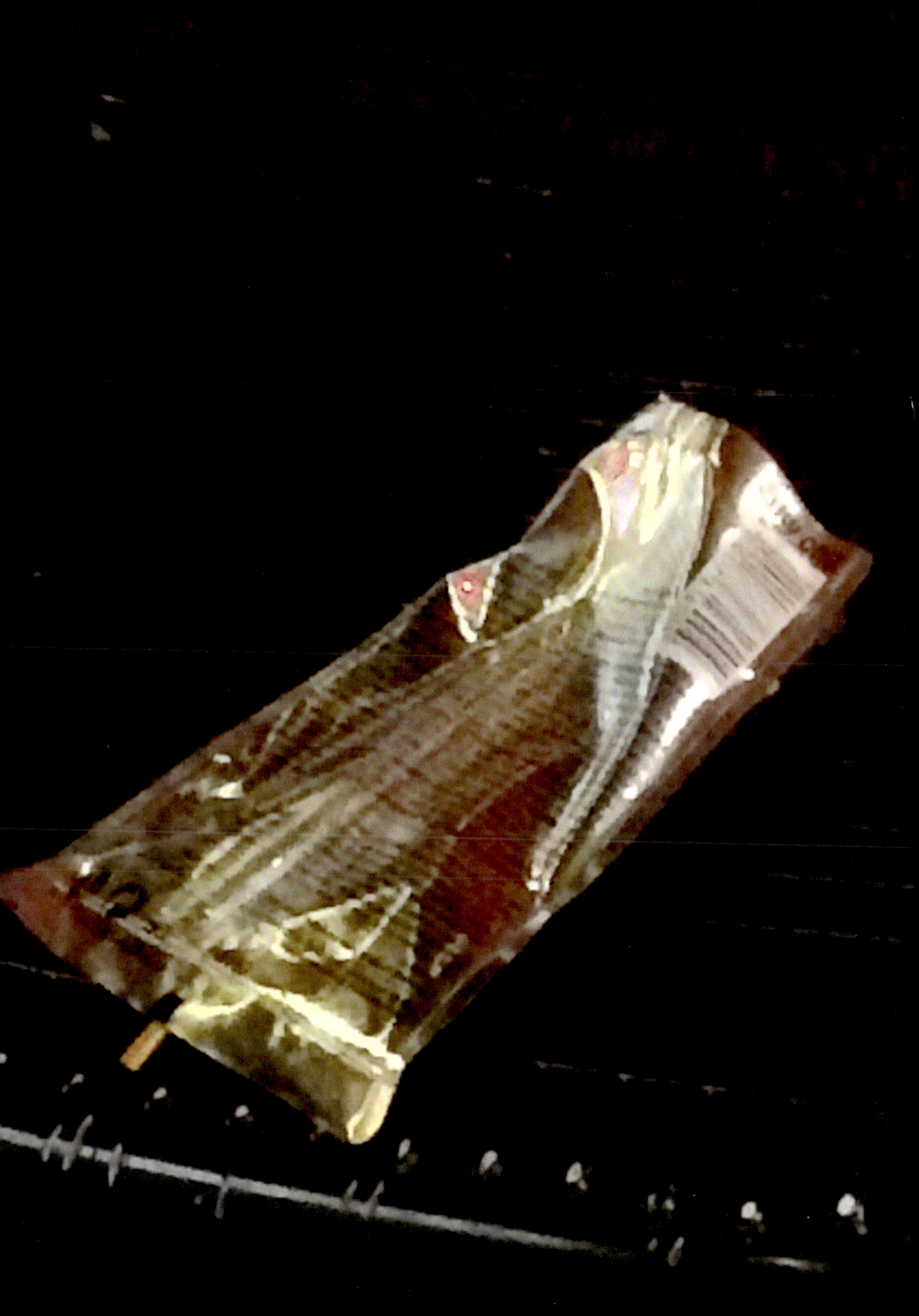

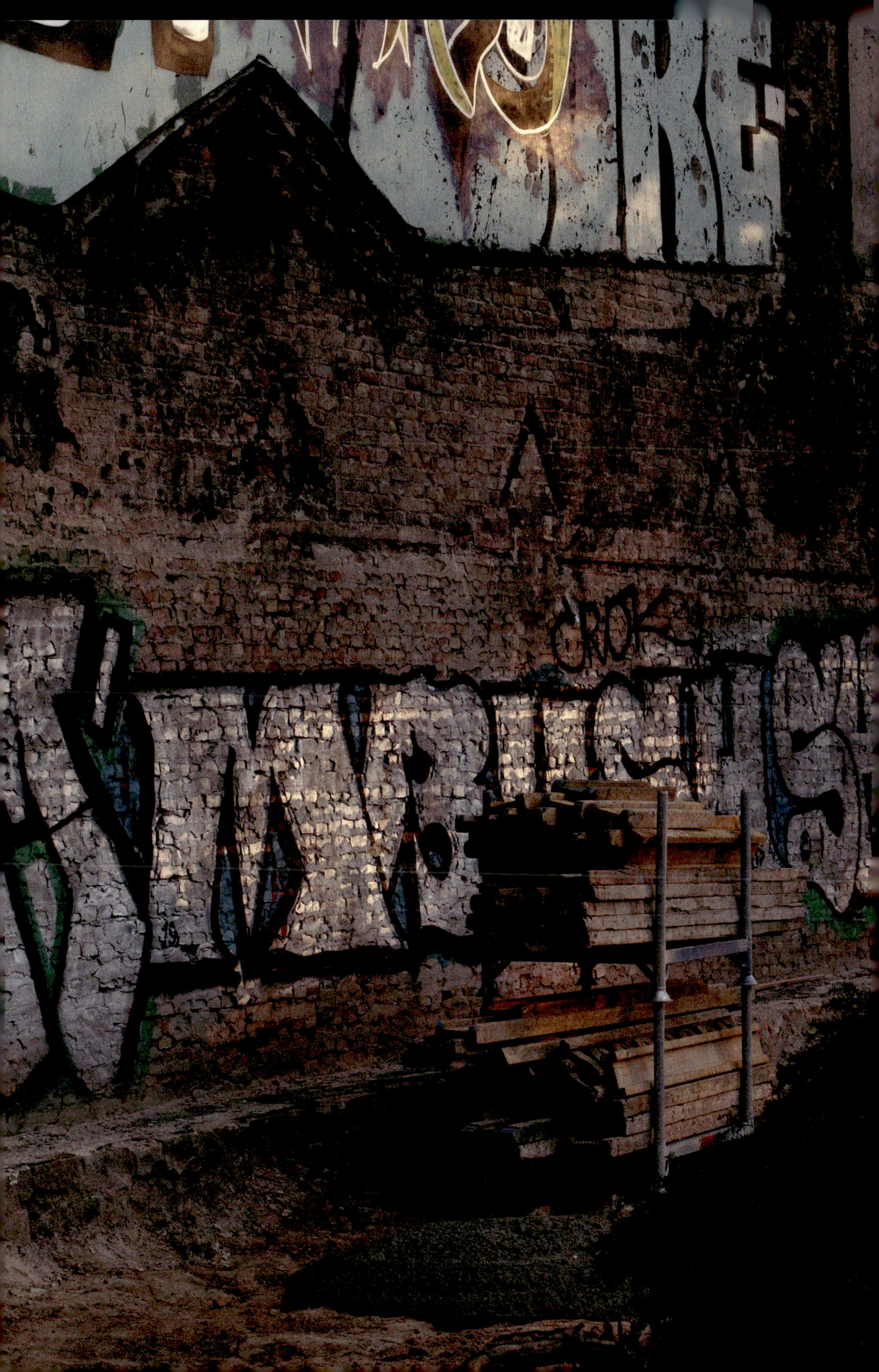

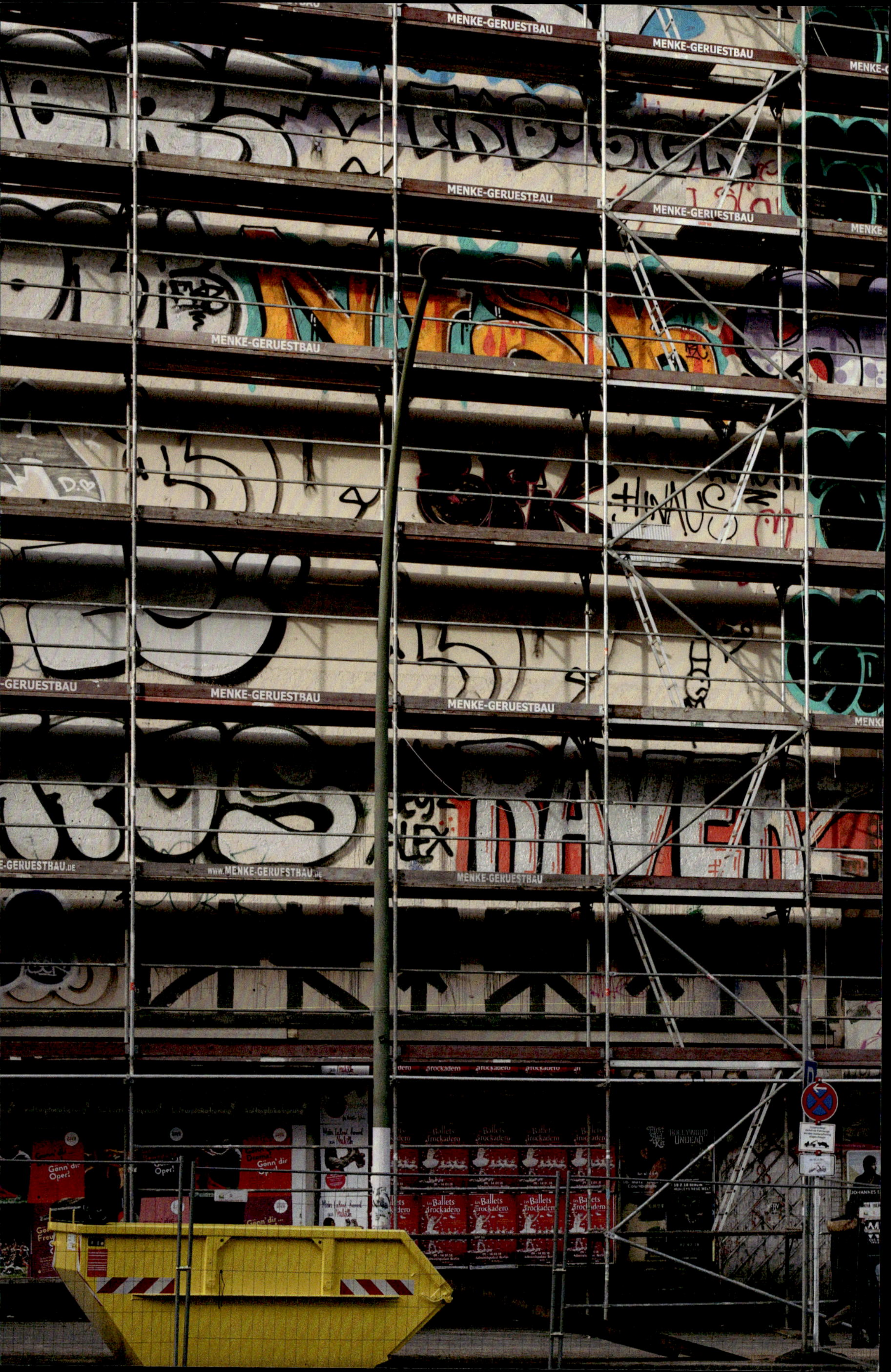
MENKE-GERUESTBAU
www.MENKE-GERUESTBAU.de
Gönn' dir Oper!
Ballets Trockadero
HOLLYWOOD UNDEAD

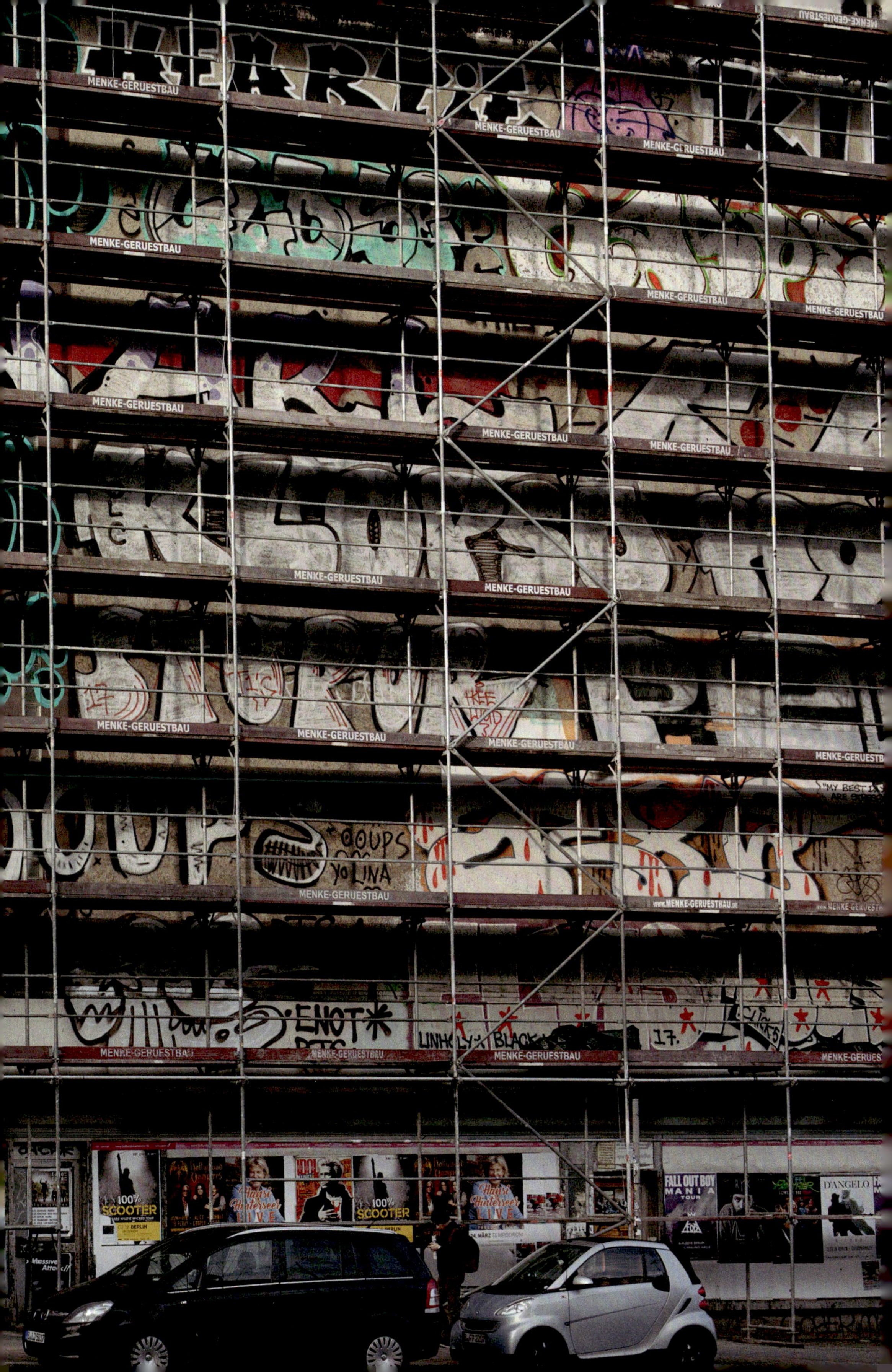
MENKE-GERUESTBAU
WWW.MENKE-GERUESTBAU.DE
OOUPS
yo LINA
ENOT
17.
100% SCOOTER
Hansi Hinterseer LIVE
FALL OUT BOY MANIA TOUR
D'ANGELO

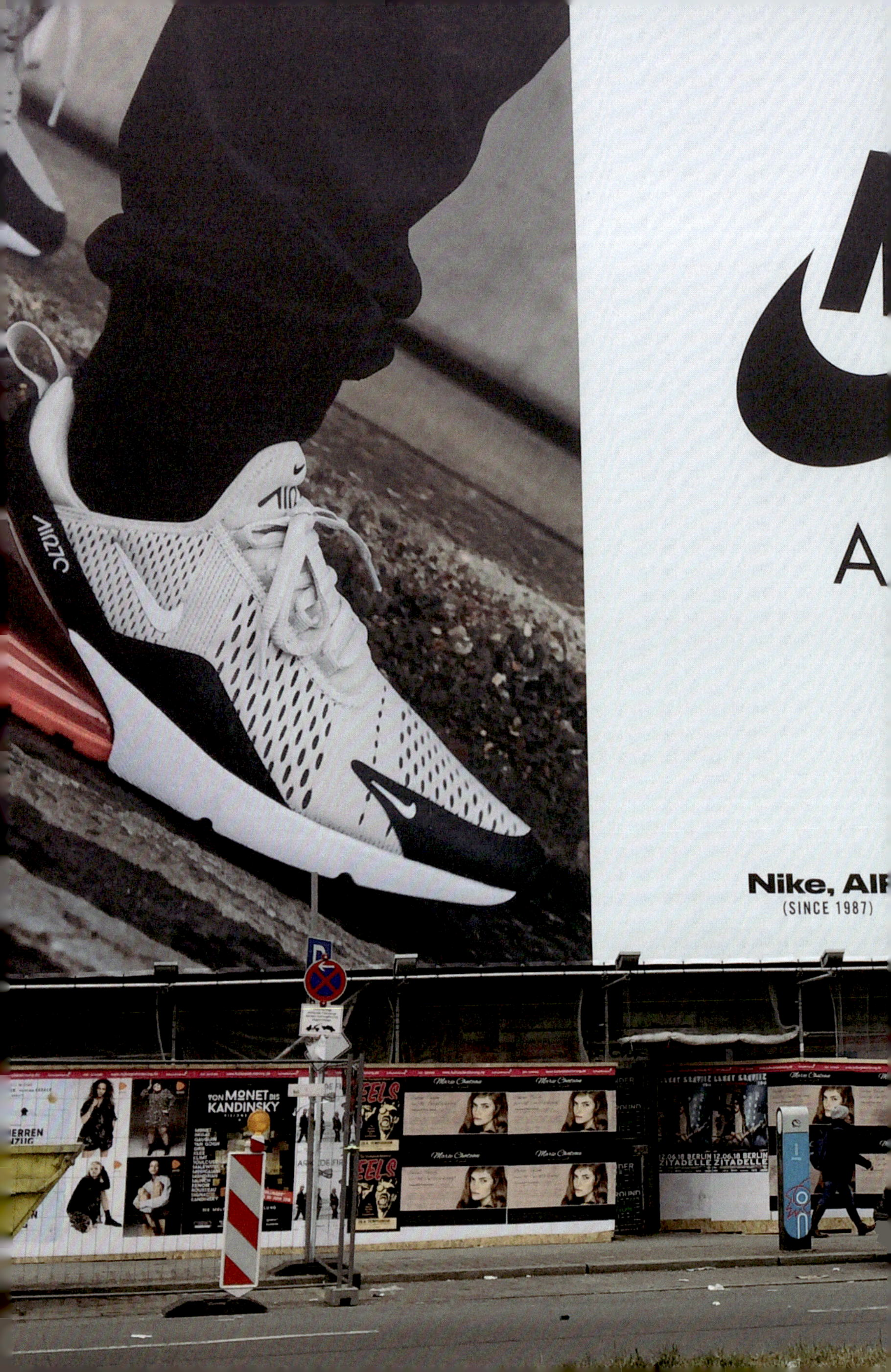

A
Nike, AI
(SINCE 1987)
VON MONET BIS
KANDINSKY
12.06.18 BERLIN 12.06.18 BERLIN
ZITADELLE ZITADELLE

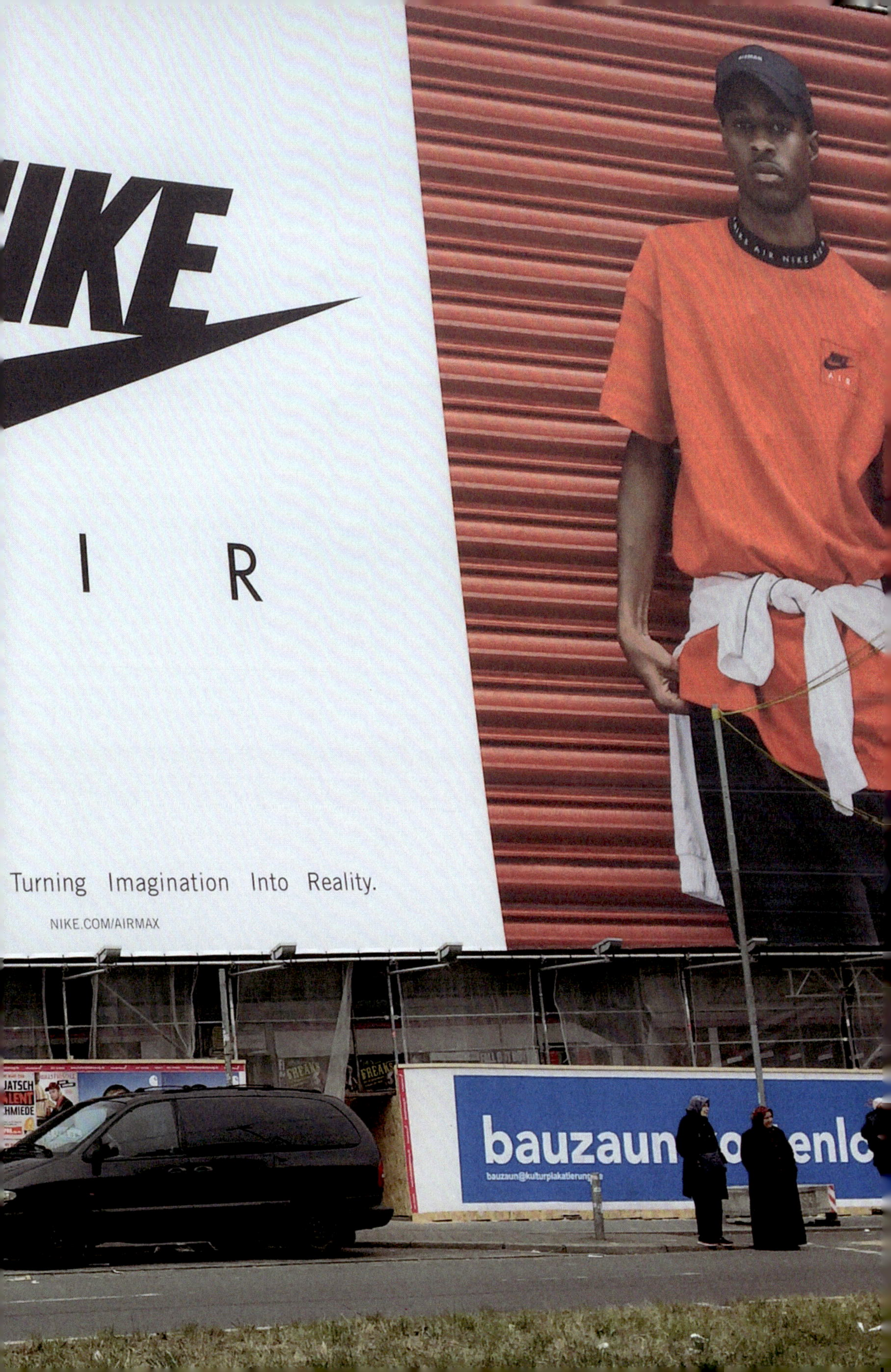
IKE
I R
Turning Imagination Into Reality.
NIKE.COM/AIRMAX
bauzaun

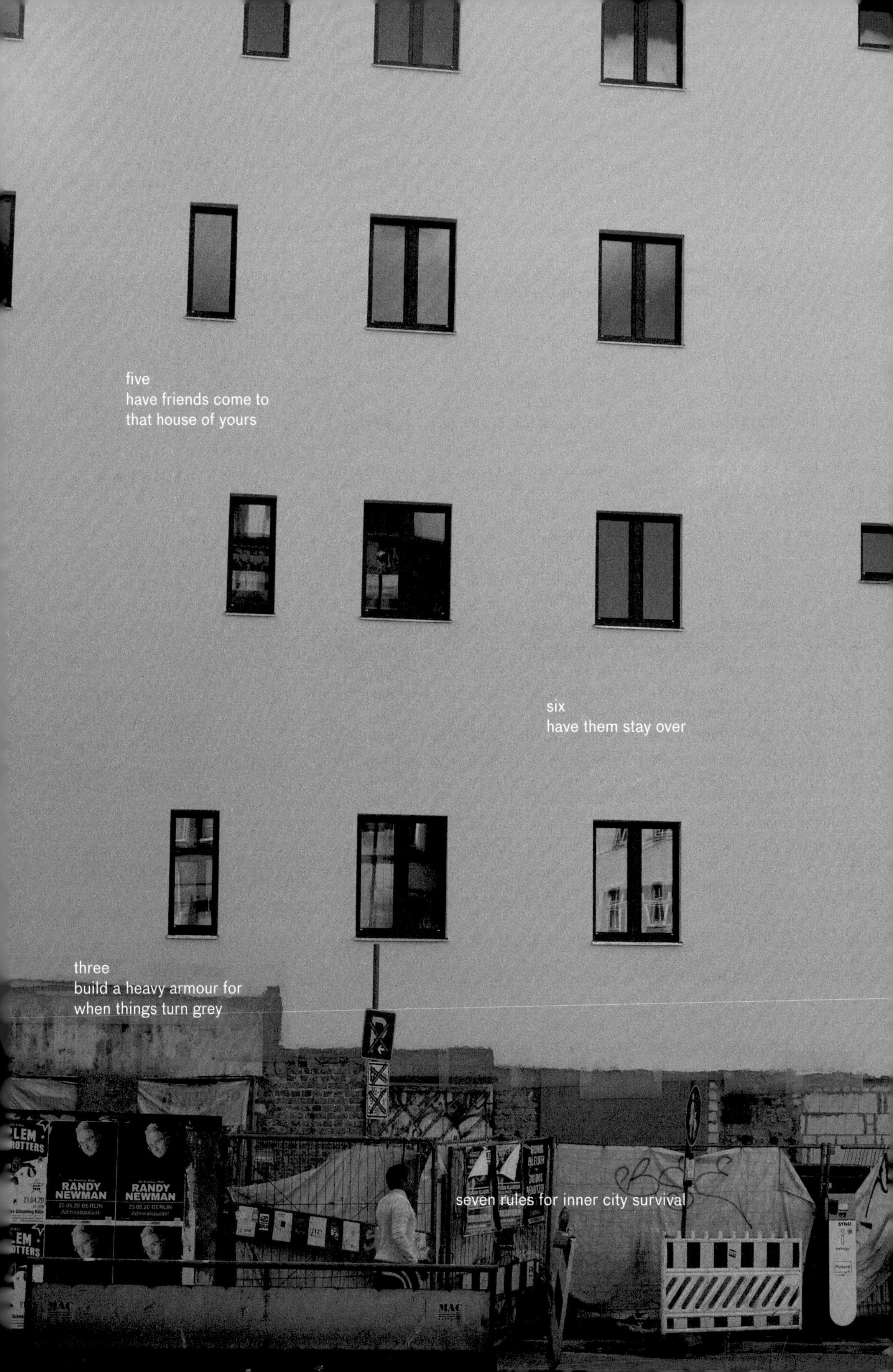

five
have friends come to
that house of yours

six
have them stay over

three
build a heavy armour for
when things turn grey

seven rules for inner city survival

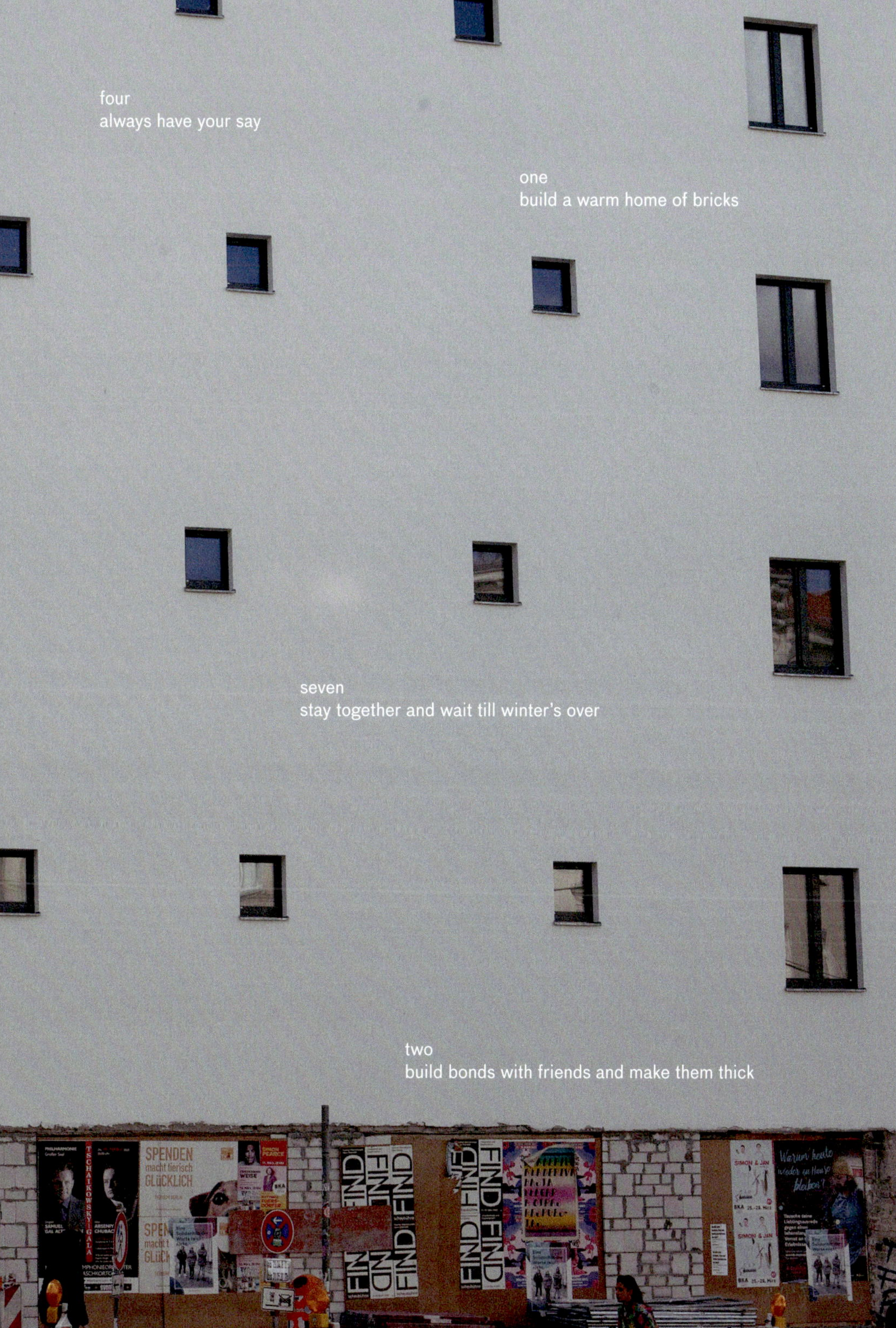

four
always have your say

one
build a warm home of bricks

seven
stay together and wait till winter's over

two
build bonds with friends and make them thick

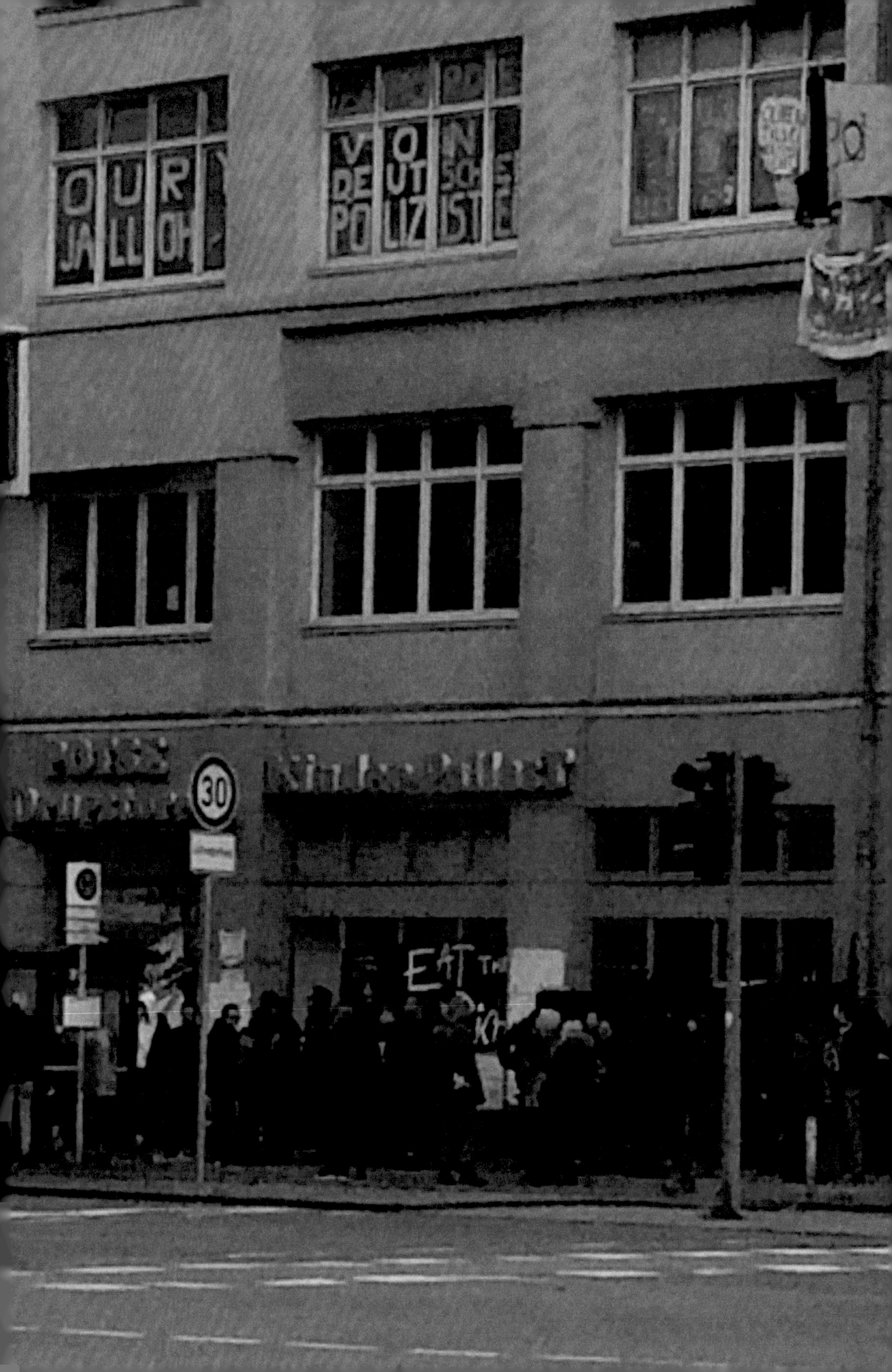

OURY
JALLOH
VON
DEUTSCHE
POLIZISTE
30
EAT

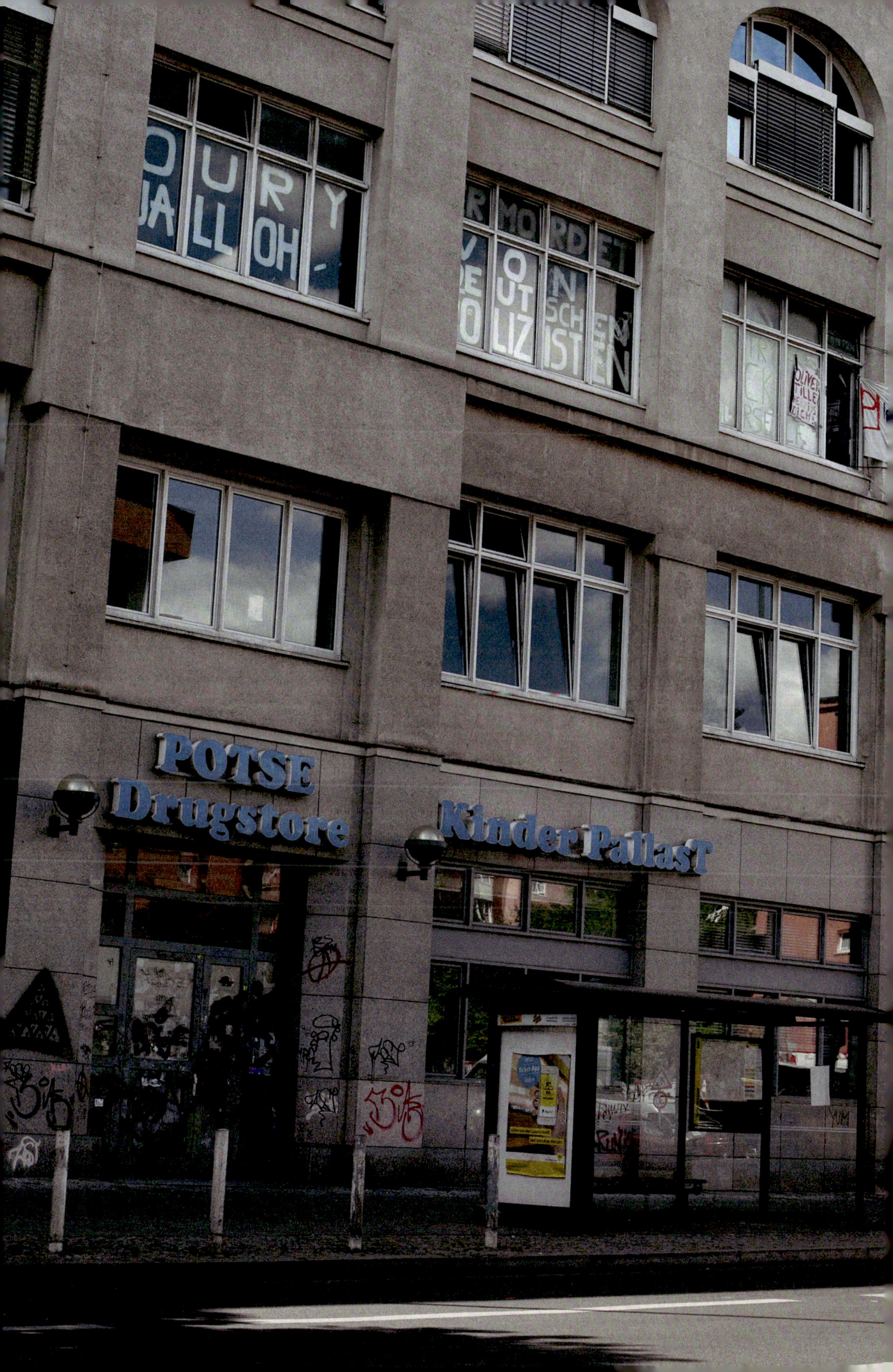
OURY
JALLOH -
POTSE
Drugstore
Kinder PallasT

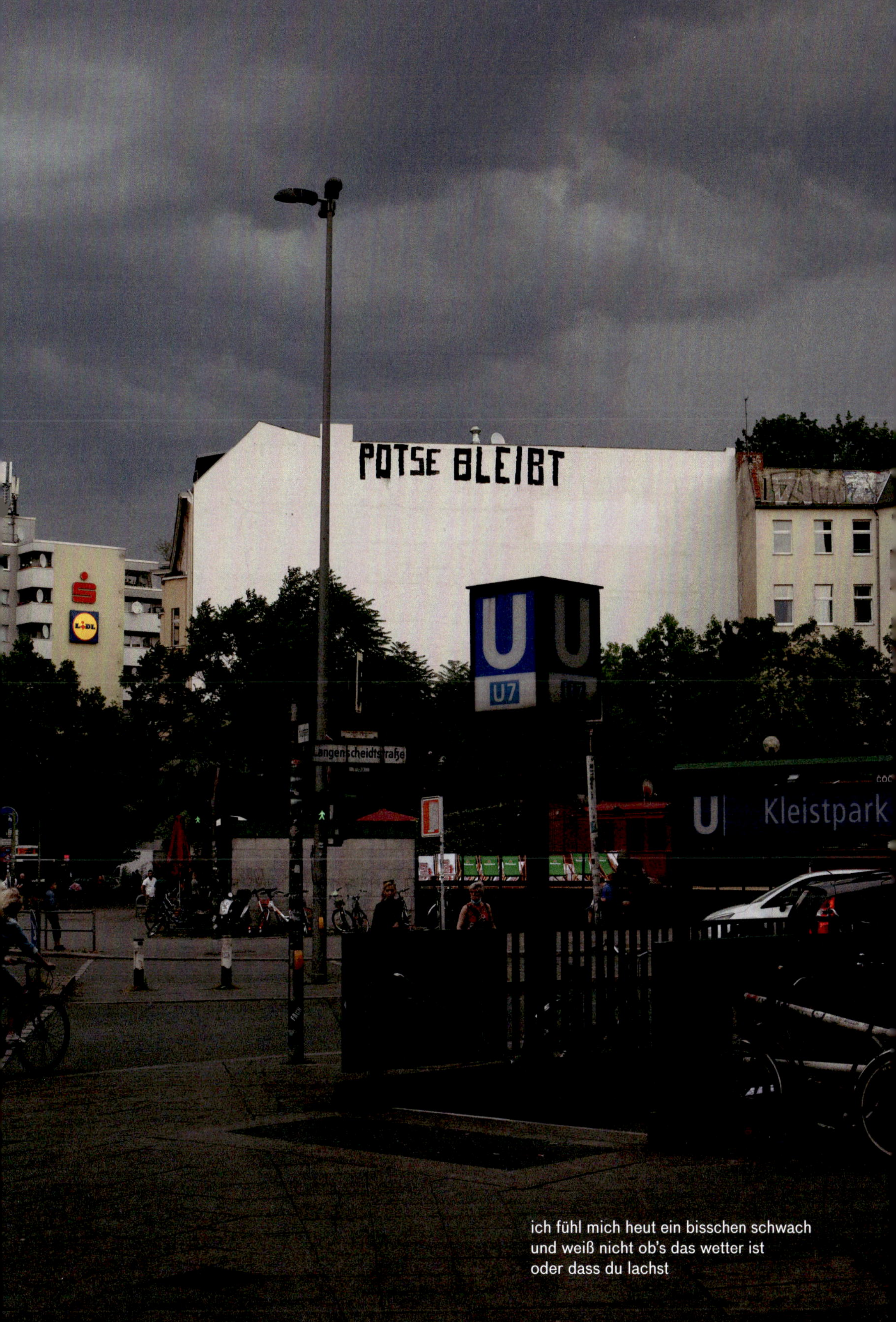

ich fühl mich heut ein bisschen schwach
und weiß nicht ob's das wetter ist
oder dass du lachst

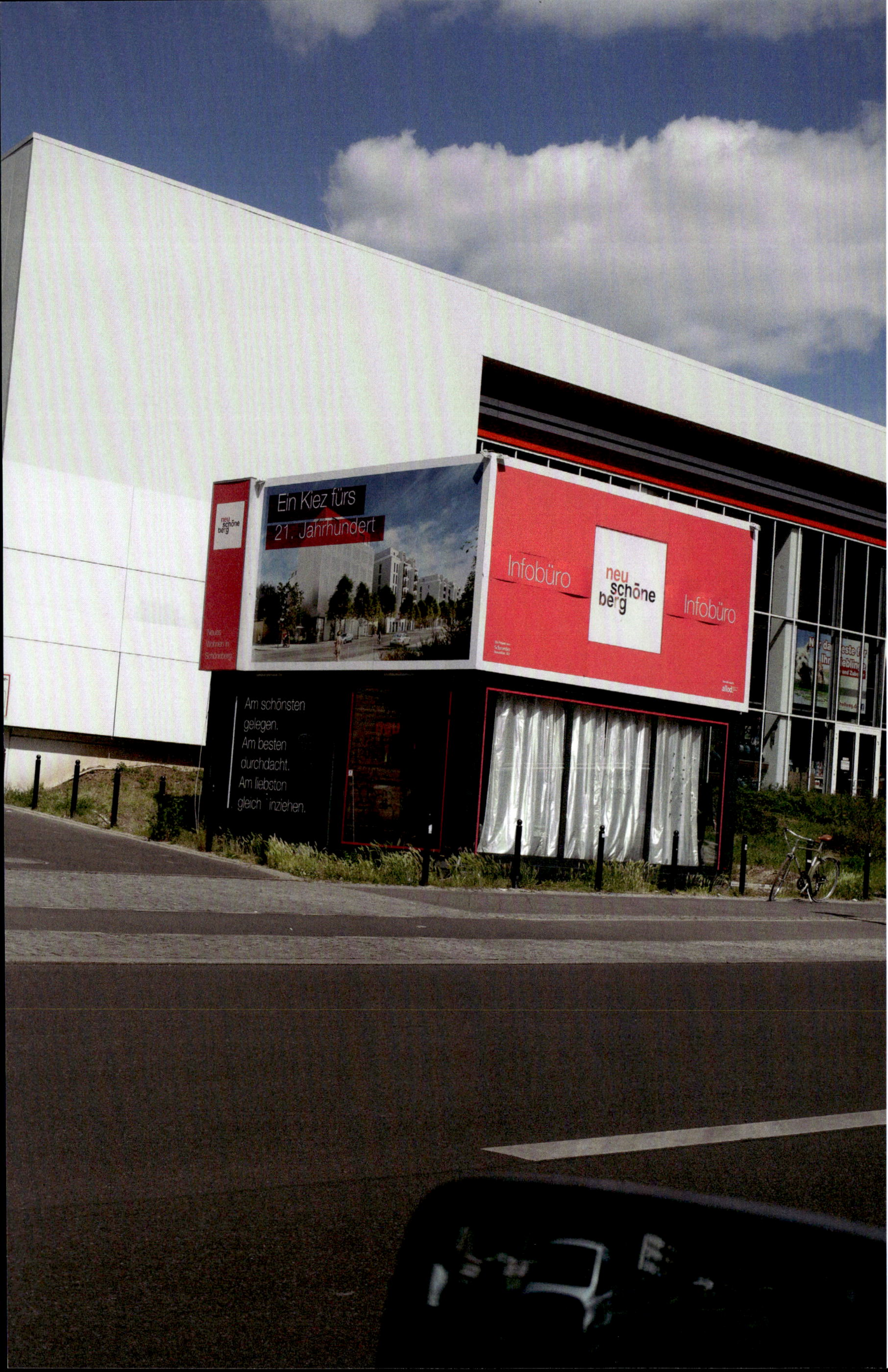
Ein Kiez fürs
21. Jahrhundert
neu schöne berg
Infobüro
neu schöne berg
Infobüro
Am schönsten gelegen.
Am besten durchdacht.
Am liebsten gleich einziehen.

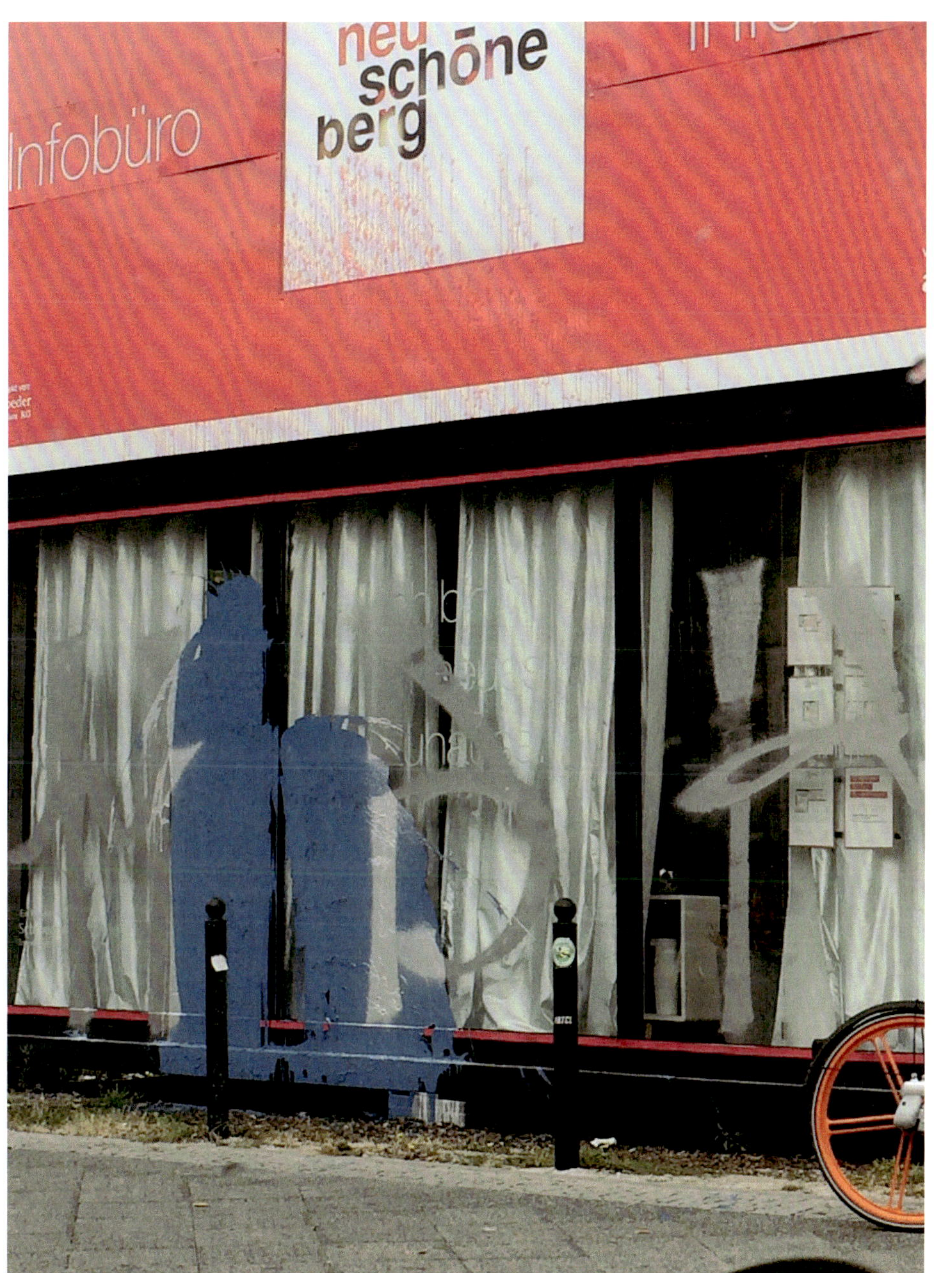
Infobüro
neu
schöne
berg

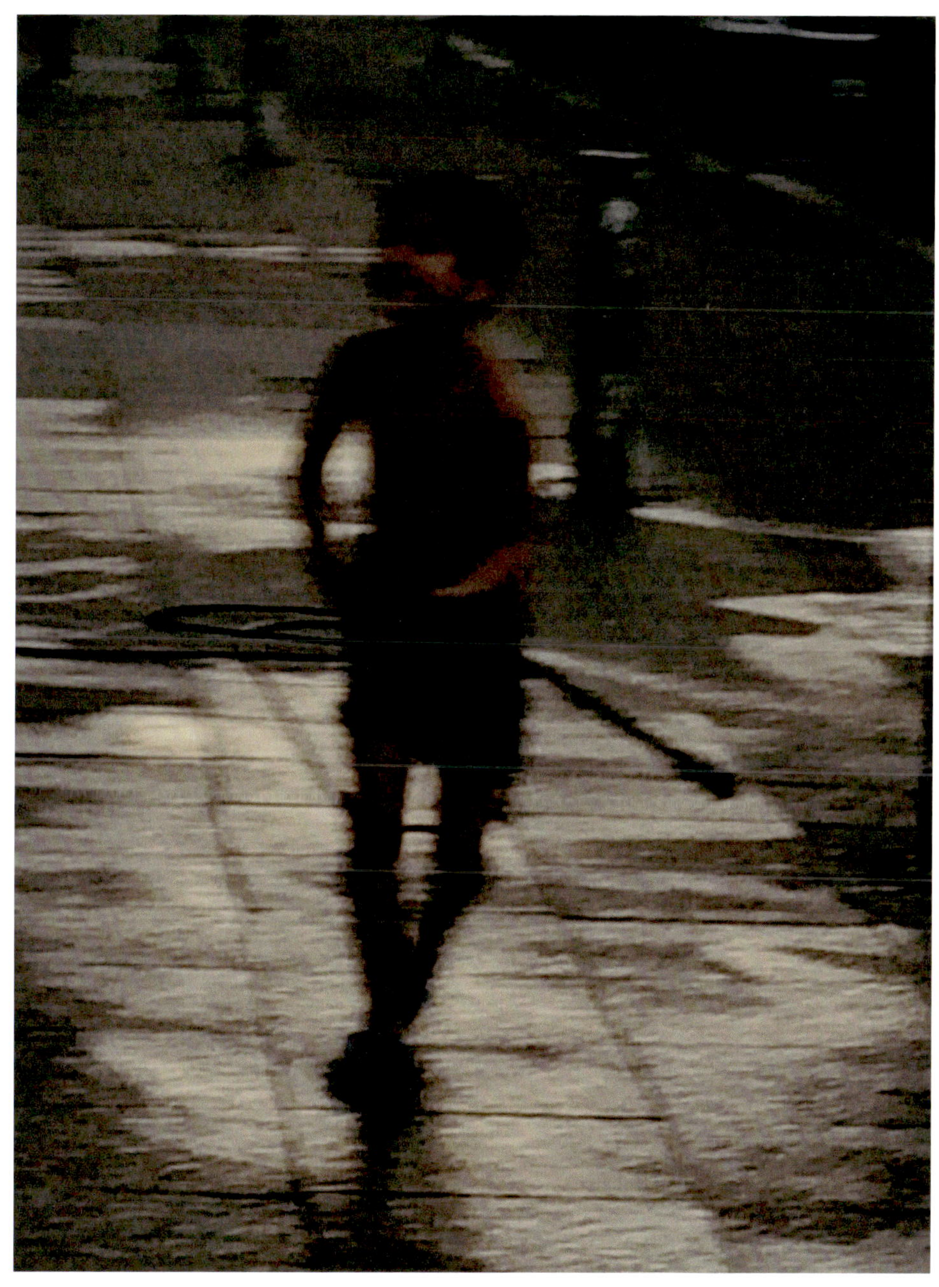

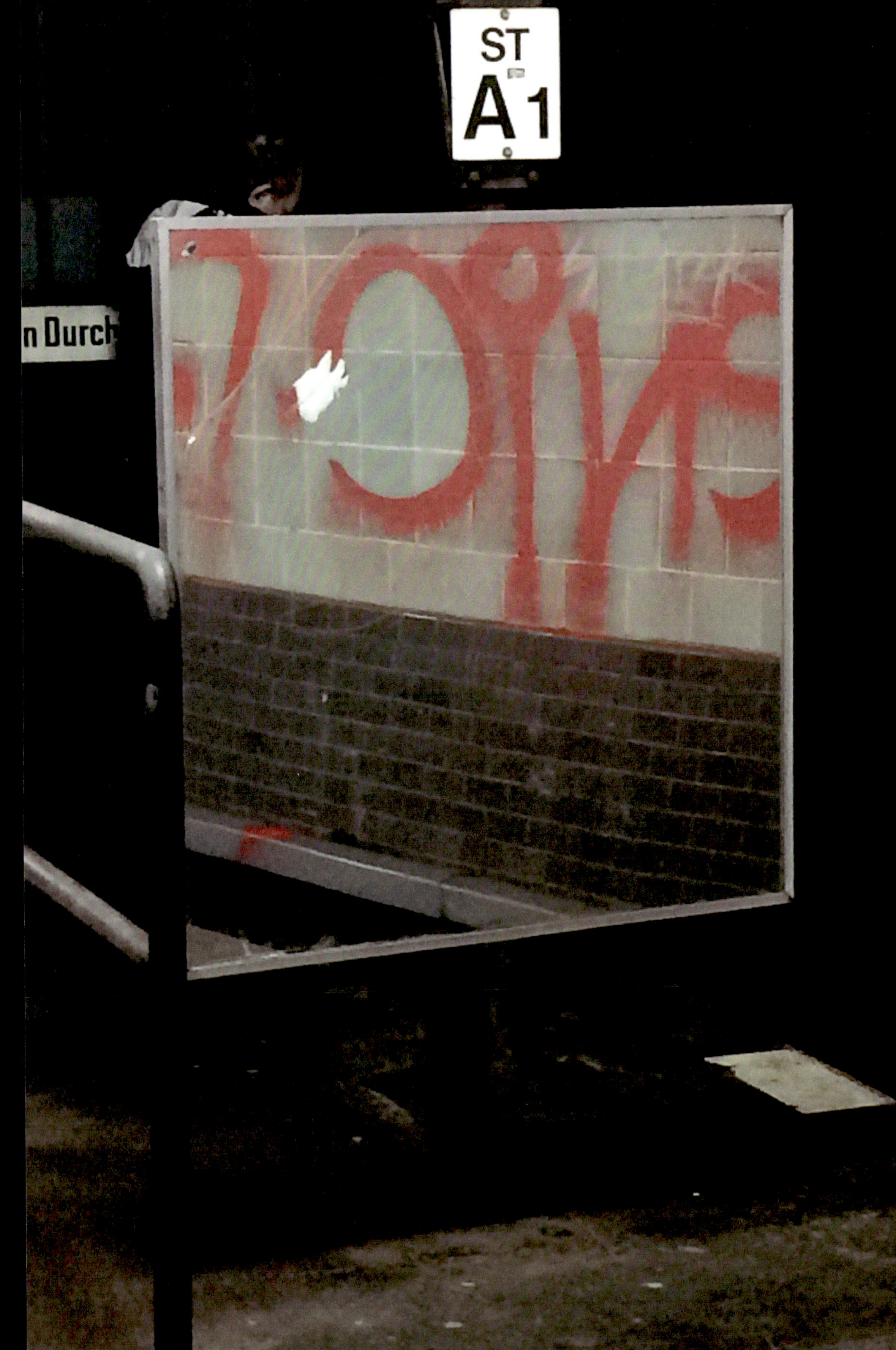
ST
A1
n Durch

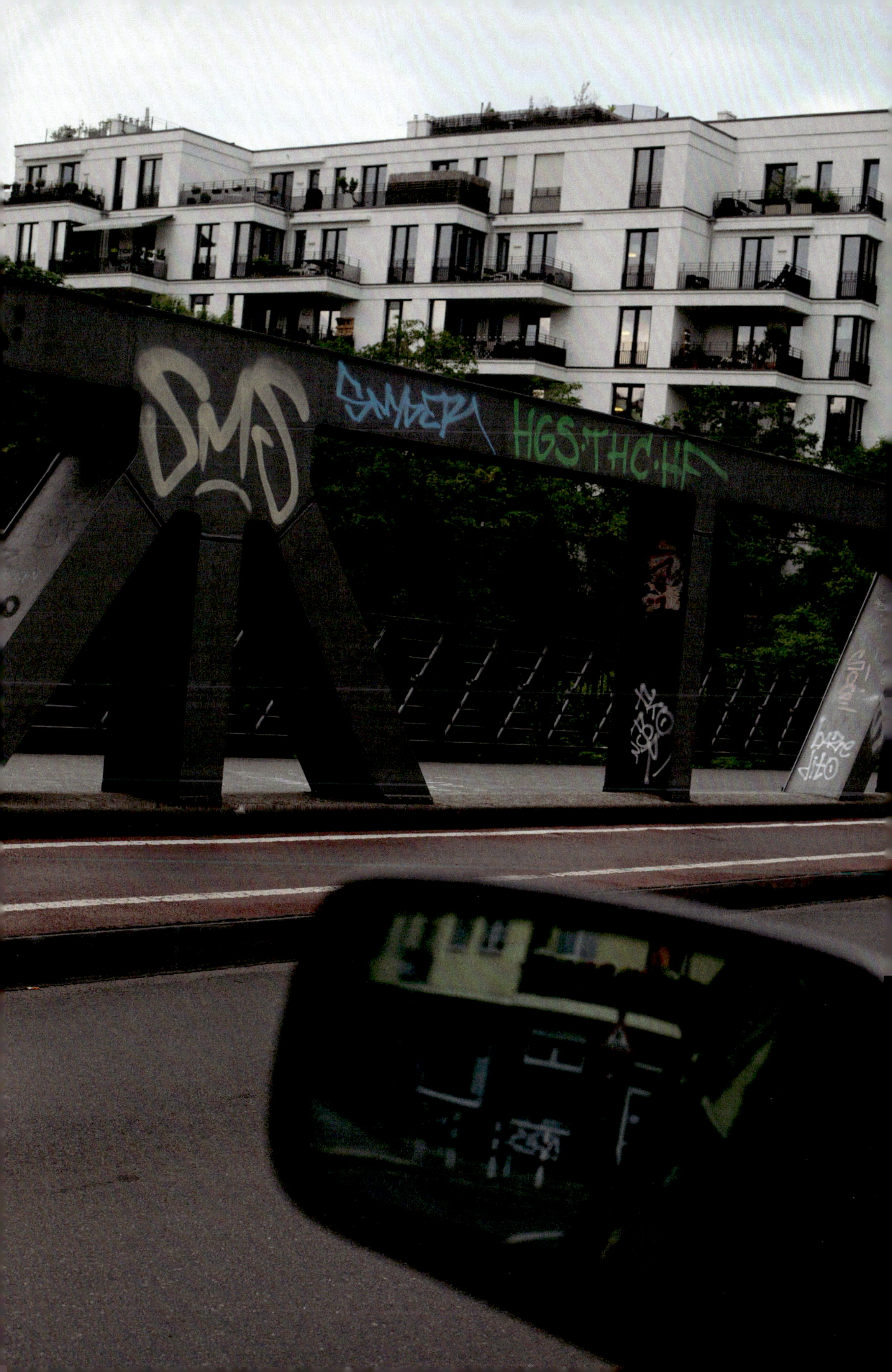
HGS·THC·HF

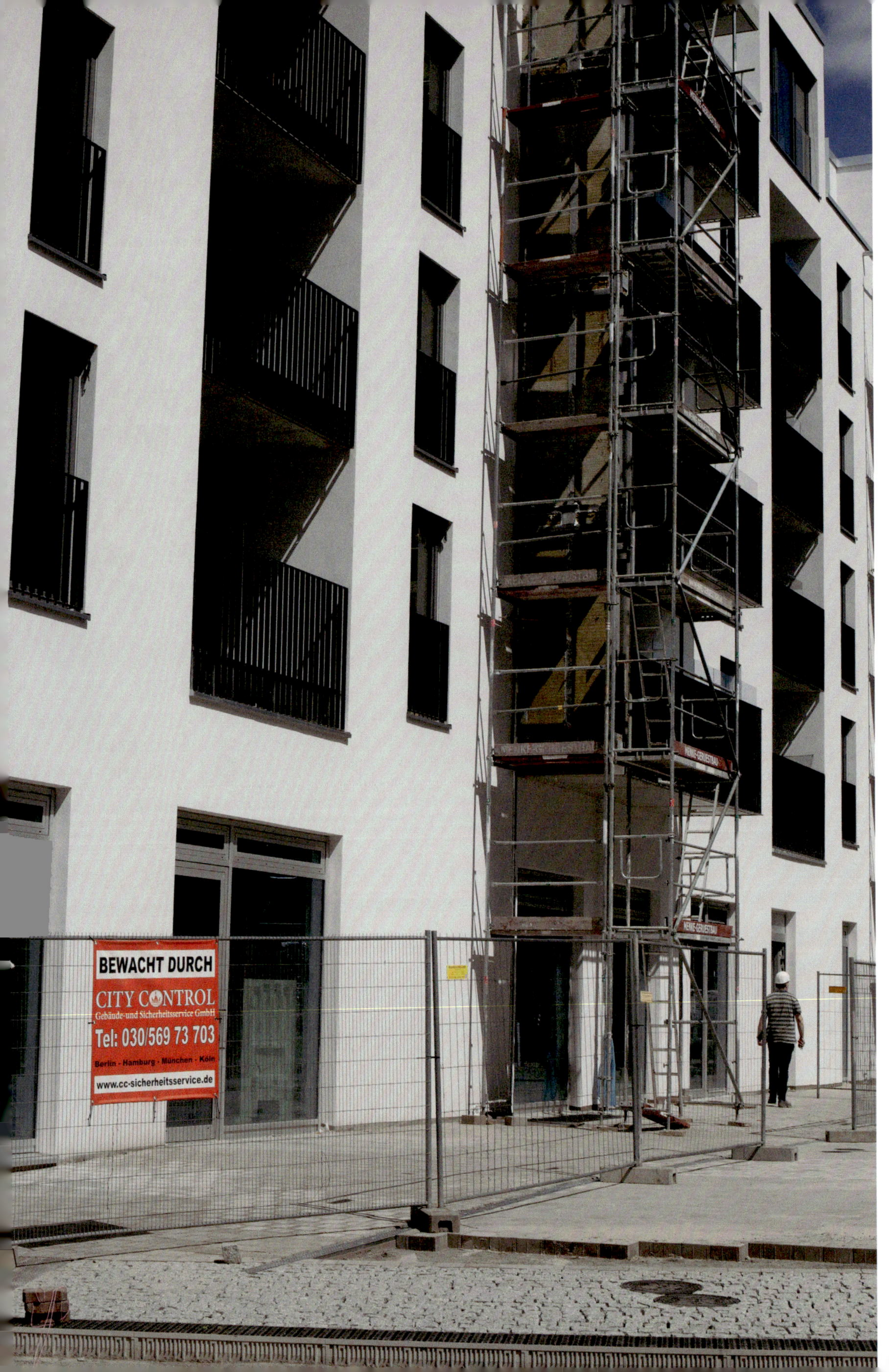
BEWACHT DURCH
CITY CONTROL
Gebäude-und Sicherheitsservice GmbH
Tel: 030/569 73 703
Berlin · Hamburg · München · Köln
www.cc-sicherheitsservice.de

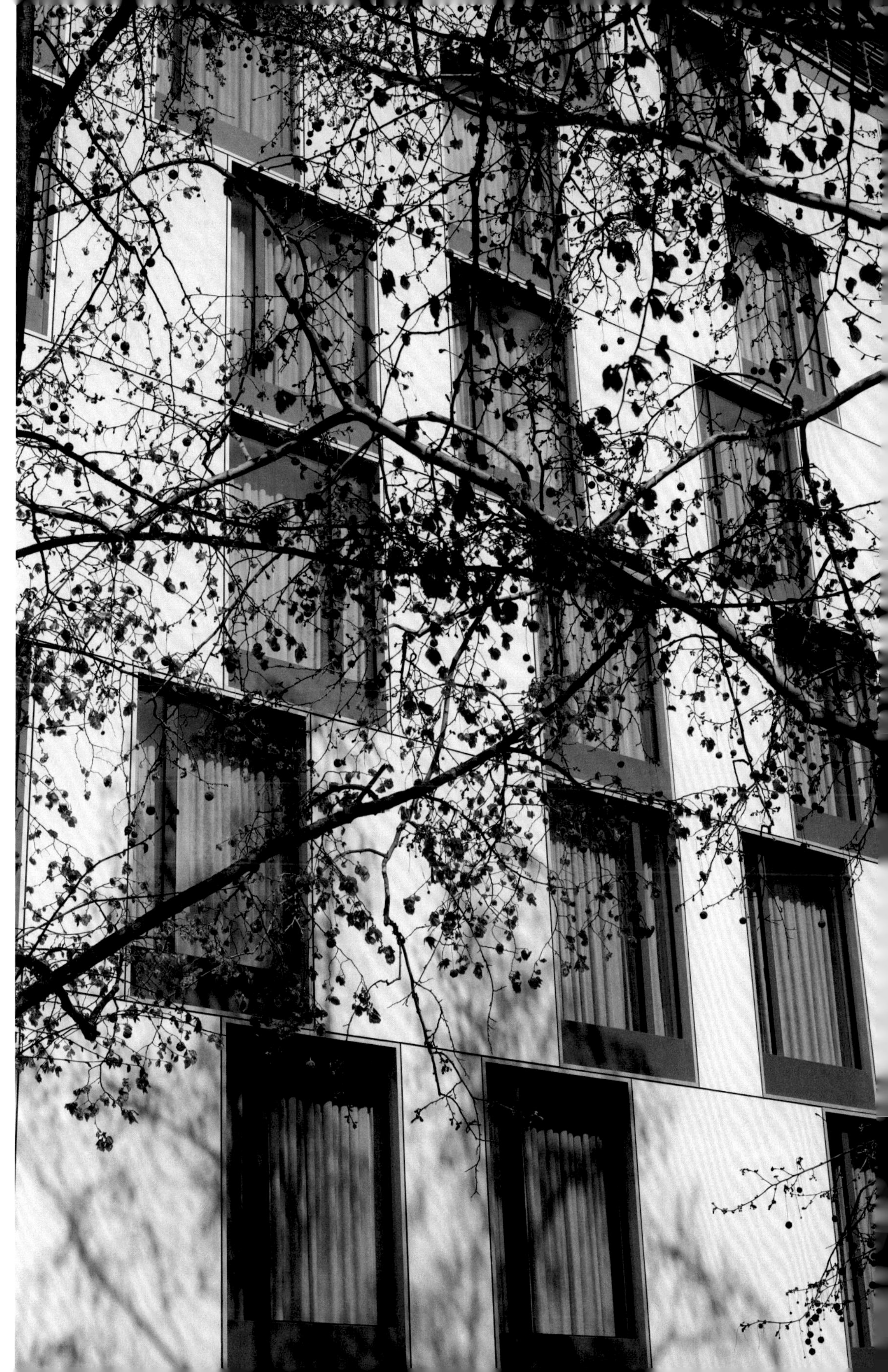

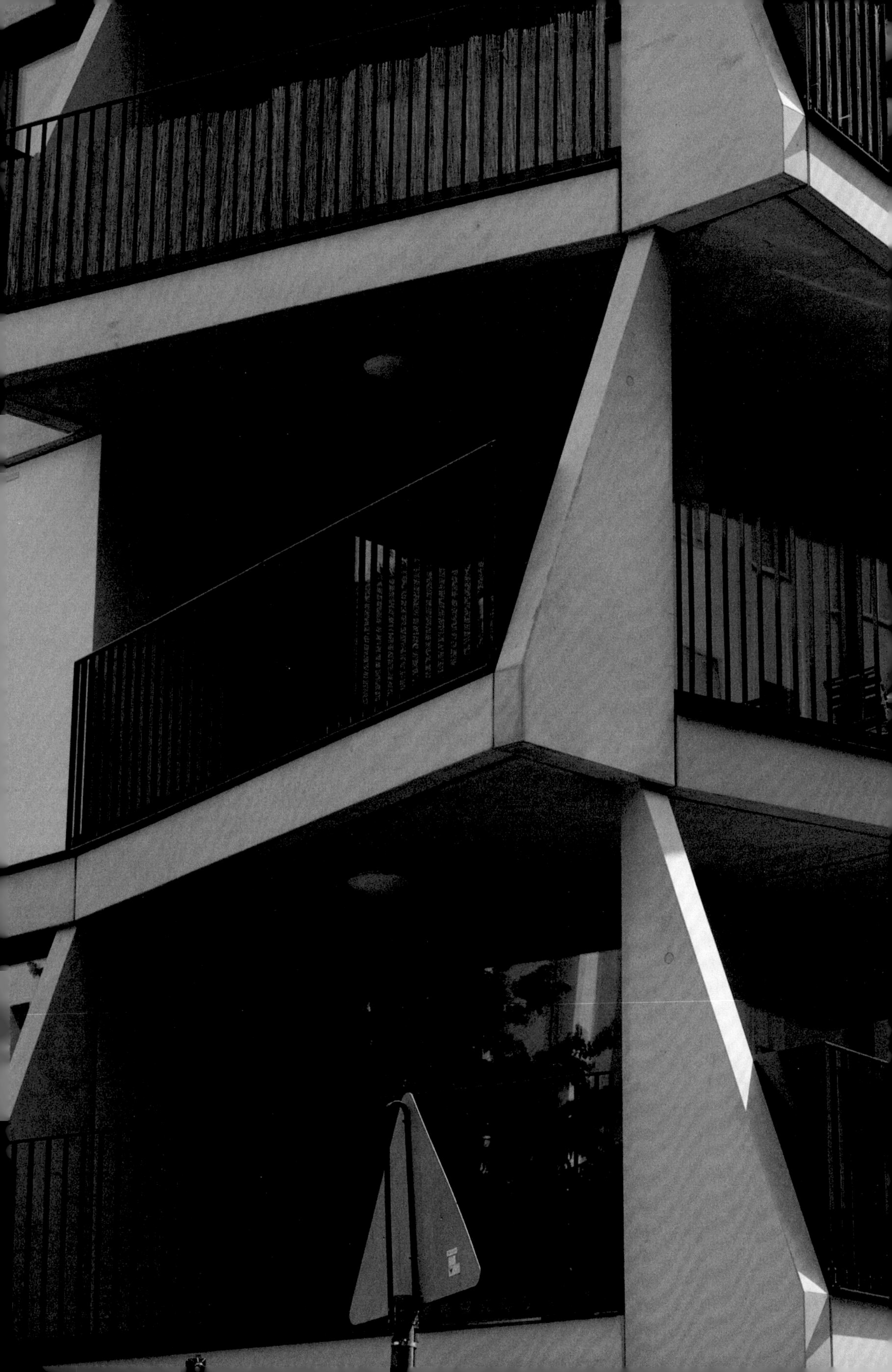

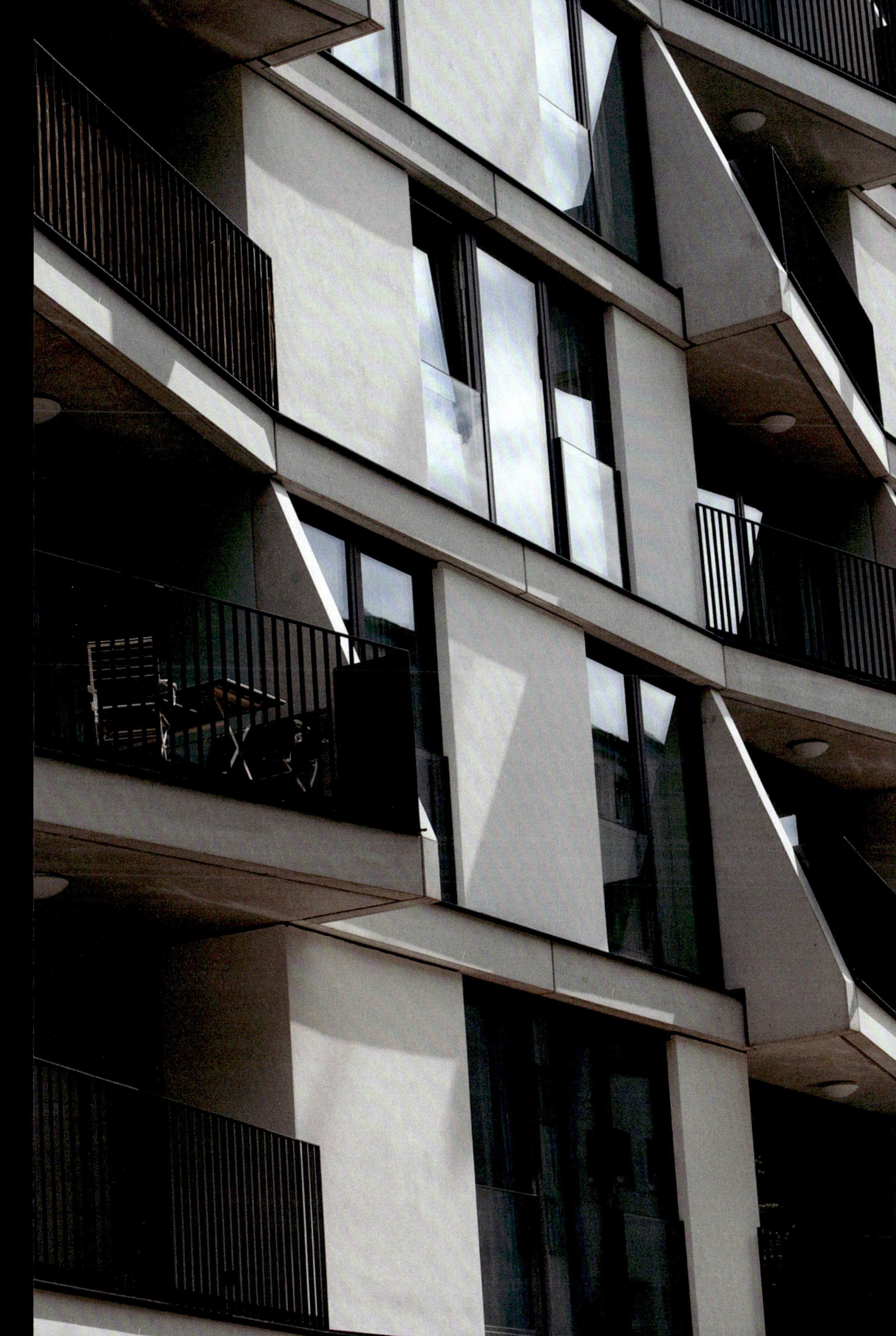

wenn ich wieder hauptstraße auf dich warte

and is it good for all or good for nothing? three tinfoil dreams ago you saw it coming. three tinfoil dreams ago you saw them laughing. during the wake nights and the boredom, during the wanting to have some more done. now it's time to stand up, tall, say it all. in their faces and down their throats. shut em up, boy, shut em up. move, stall, move. forward it goes.

there's only so much you can do in a day, and so little to be done in a night. there's selfish whisperers waiting with their minds aching. remember that time you were watching the rain turn cold. why not be bold? in this mess and this grit, toying the sick, pleasing the rich. you've had it.

now dodge their traps, and read their codes. speak to the young, and listen to the old. eye for eye, until they fold. how about beating the system. how about leaving it to them.

they keep on holding you down, boy, they keep on holding you down. keep on dragging you back to those blue nights, keep on pushing you over because they know you won't last their spite. won't get up after the fight. looking back at those three tinfoil dreams, you realise whatever's ahead won't be bright.

still believing
it's okay to be not quite right.

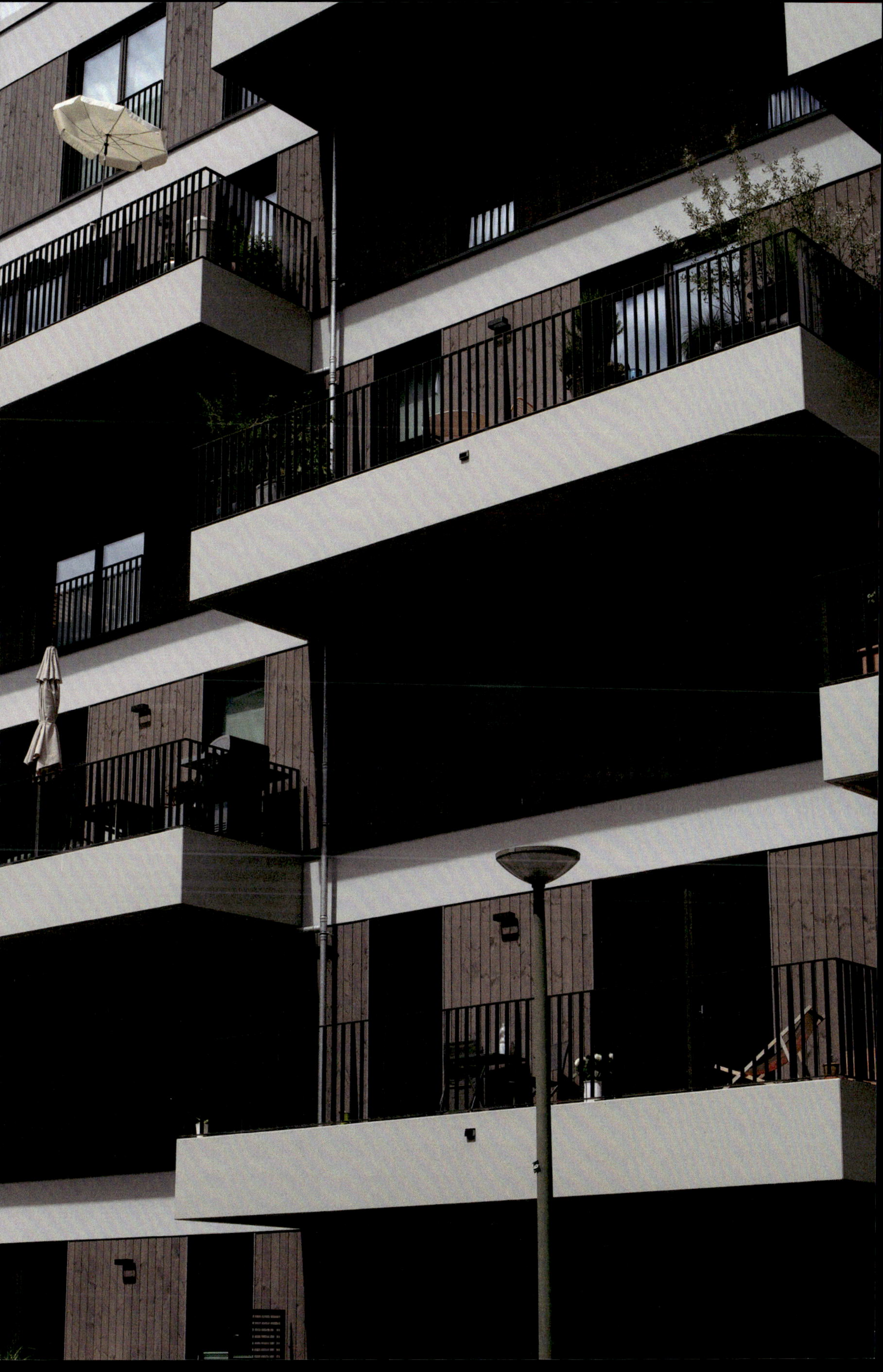

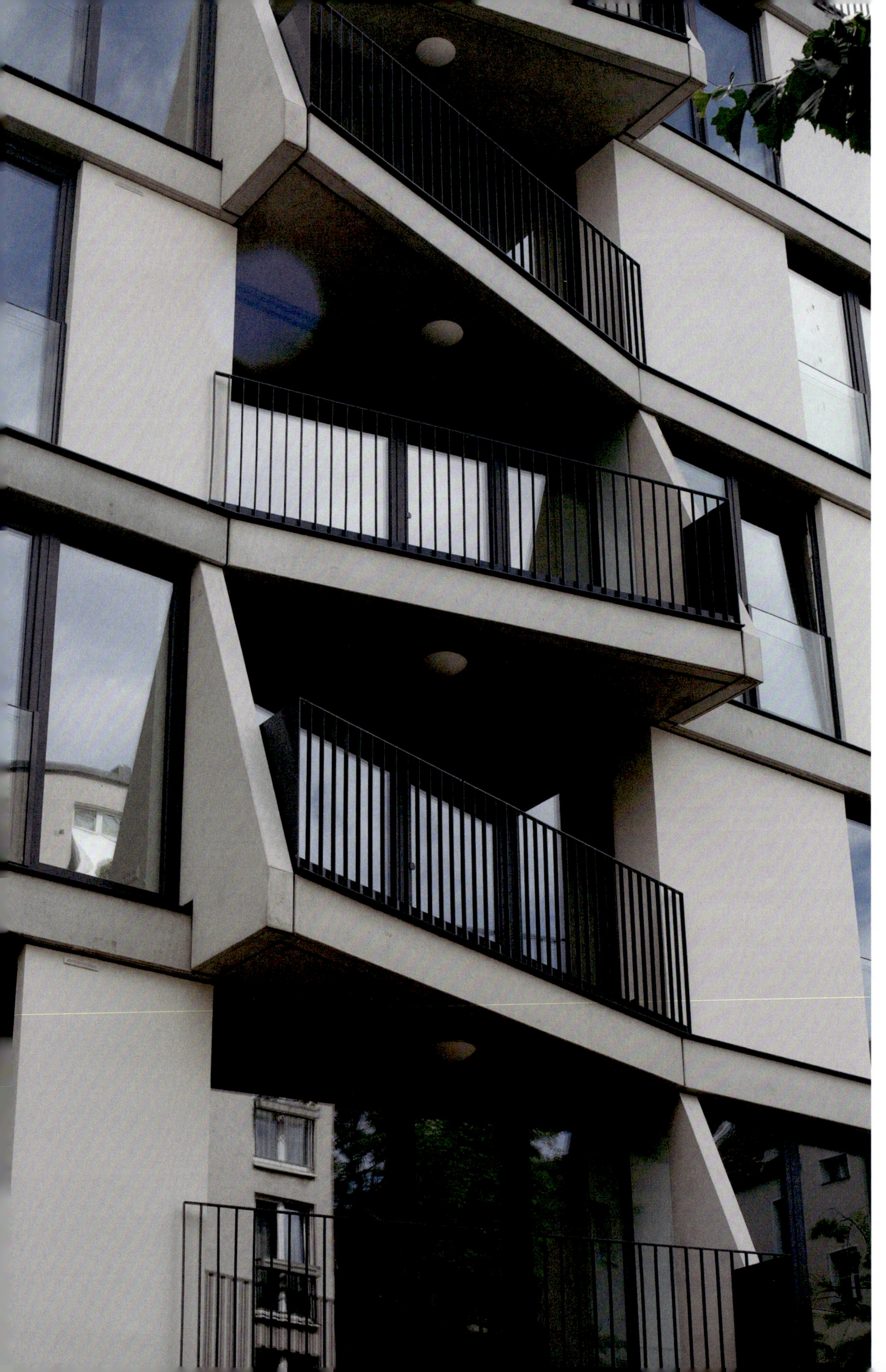

und ich vergess immer dass du lügst
weil's sich nach zuhause anfühlt

entschuldige mann ich weiß grad nicht wohin es geht
wenn ich wieder in meinen träumen leb
keine ahnung ob ihr das versteht
aber ich find's für den moment noch so okay

takes a thief to catch a thief
and a hundred liars to silence a poet

takes a new life to live don't you know it
you don't own it
you don't own me and my mind tonight
don't own me and none of the people I like
still understand why that silly boy always wants to fight
it makes him feel okay
makes him feel alright

the cutting looks of your eyes
are not what they appear
the harder you glance
the lesser my fear

exhausted from dreaming
sleepless from thinking
underage loners start drinking

street kid
with street wit

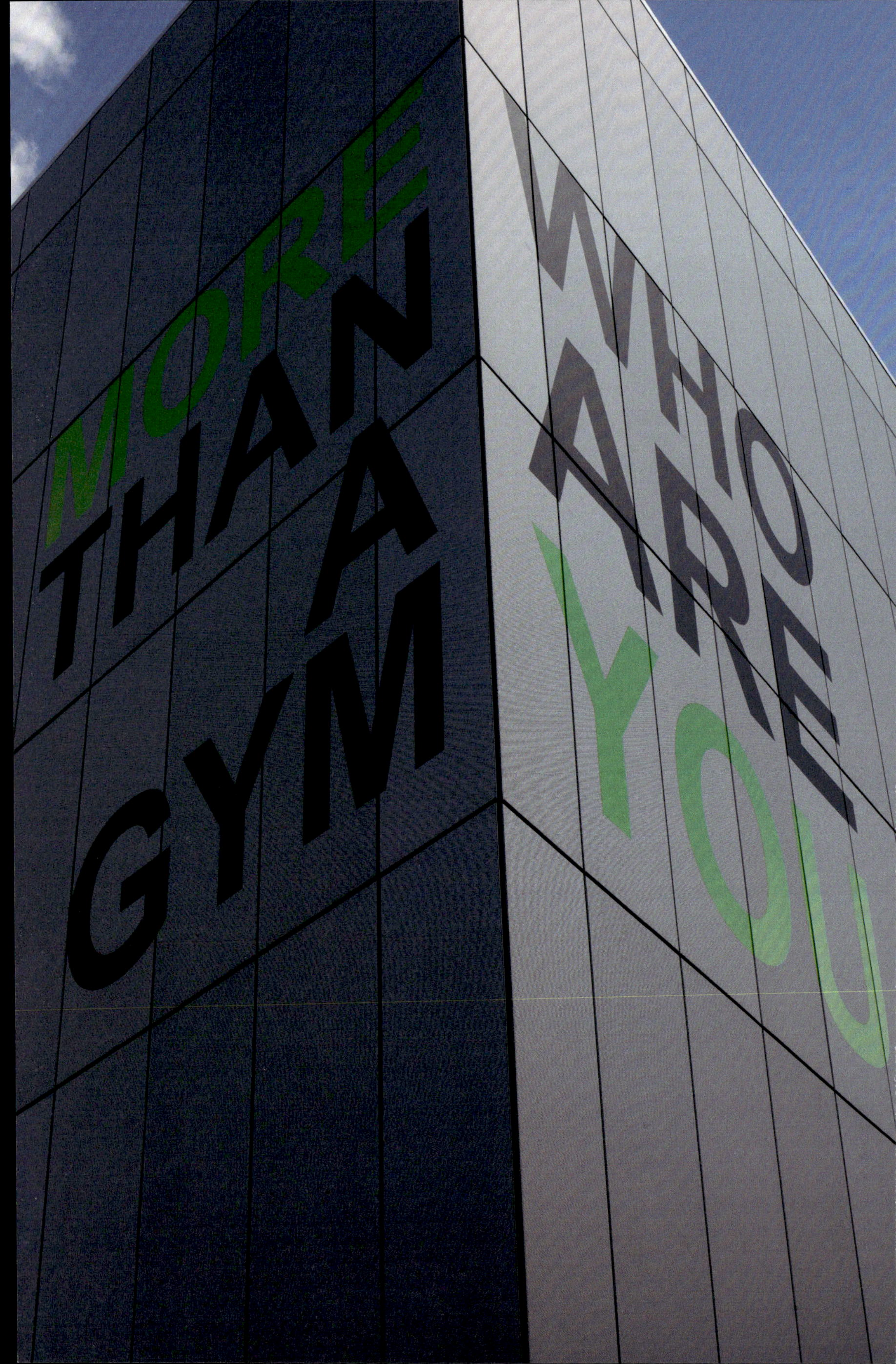
MORE
THAN
A
GYM
WHO
ARE
YOU

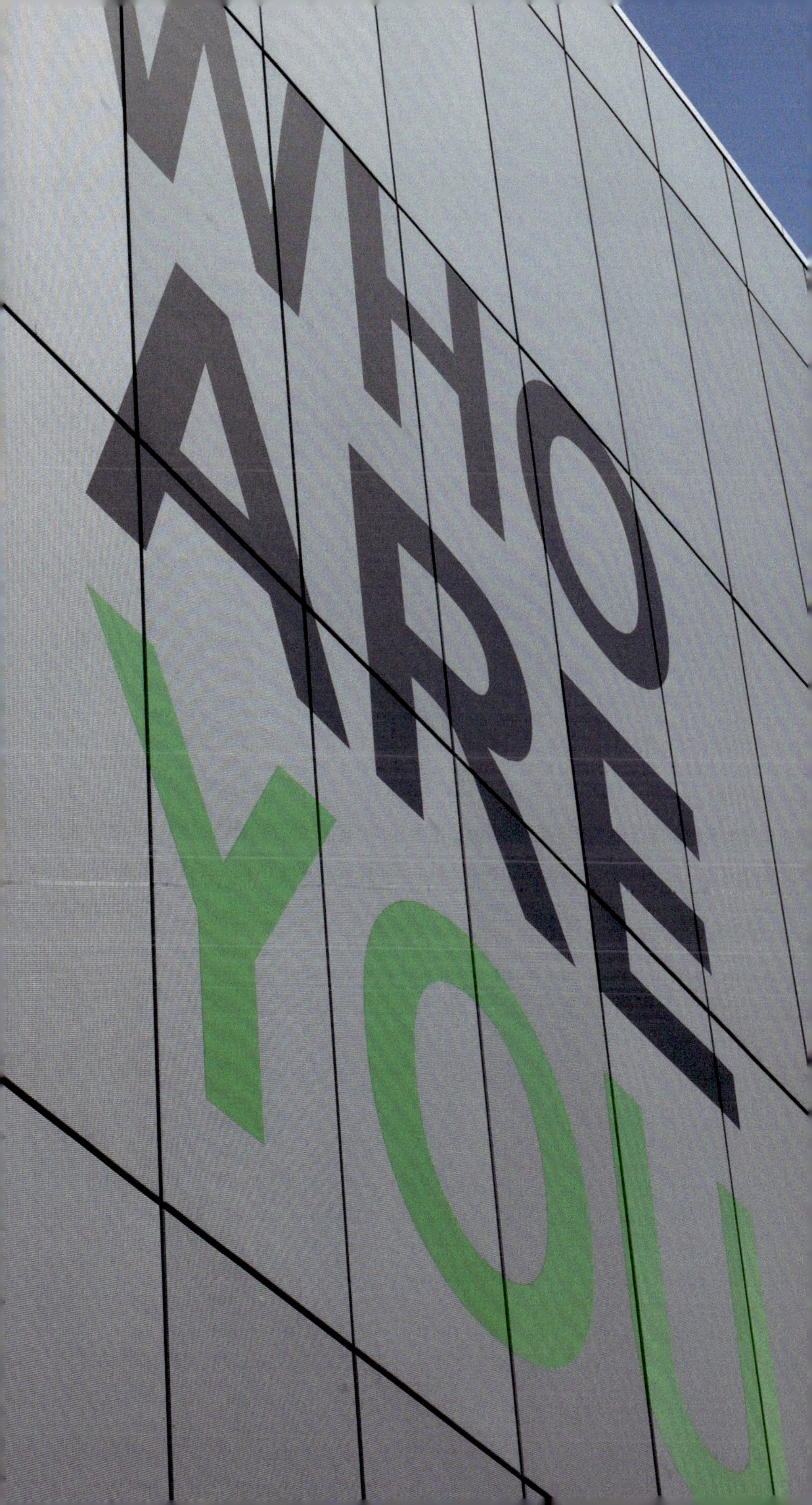
WHO
ARE
YOU

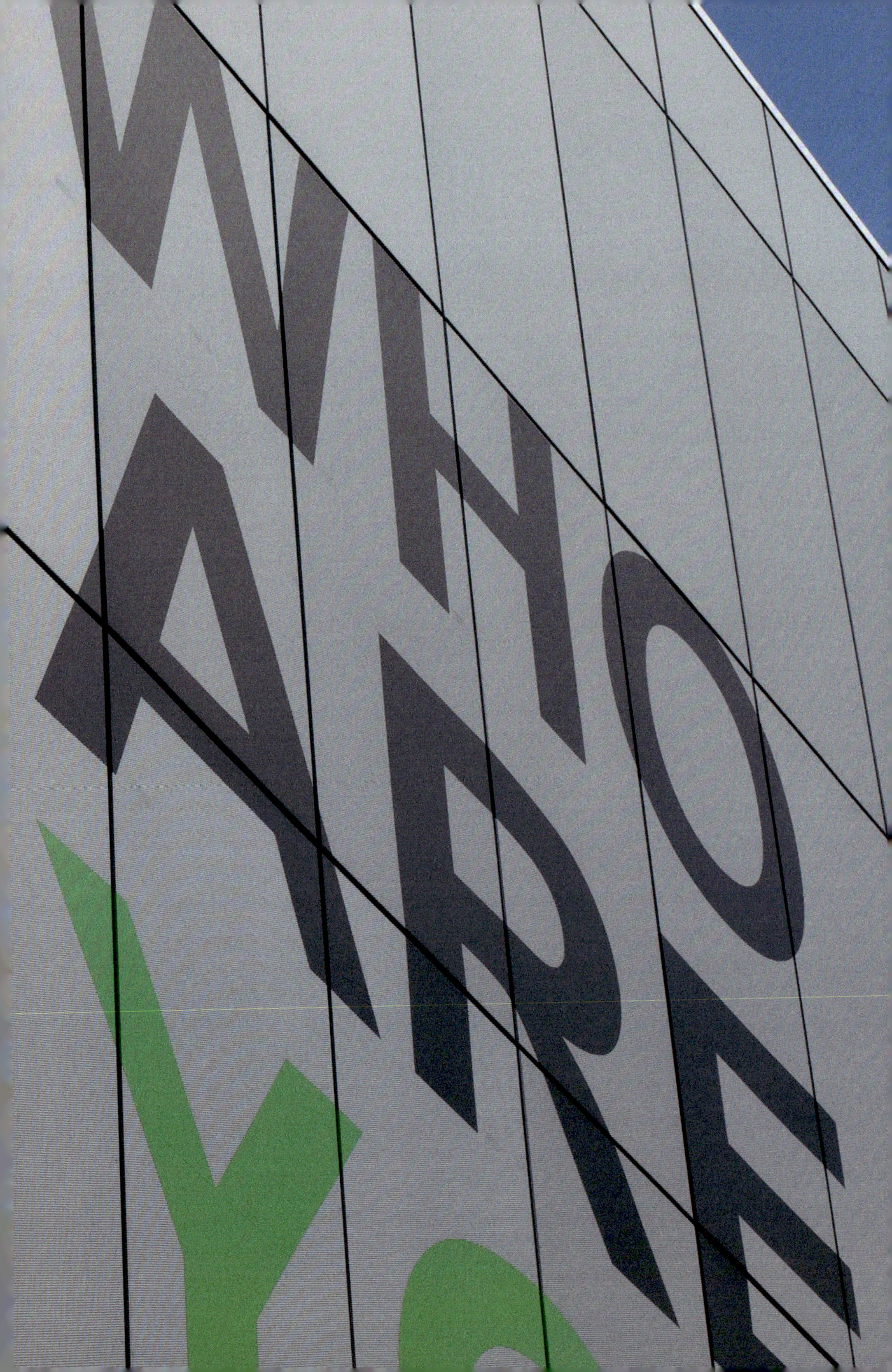
WHO
ARE

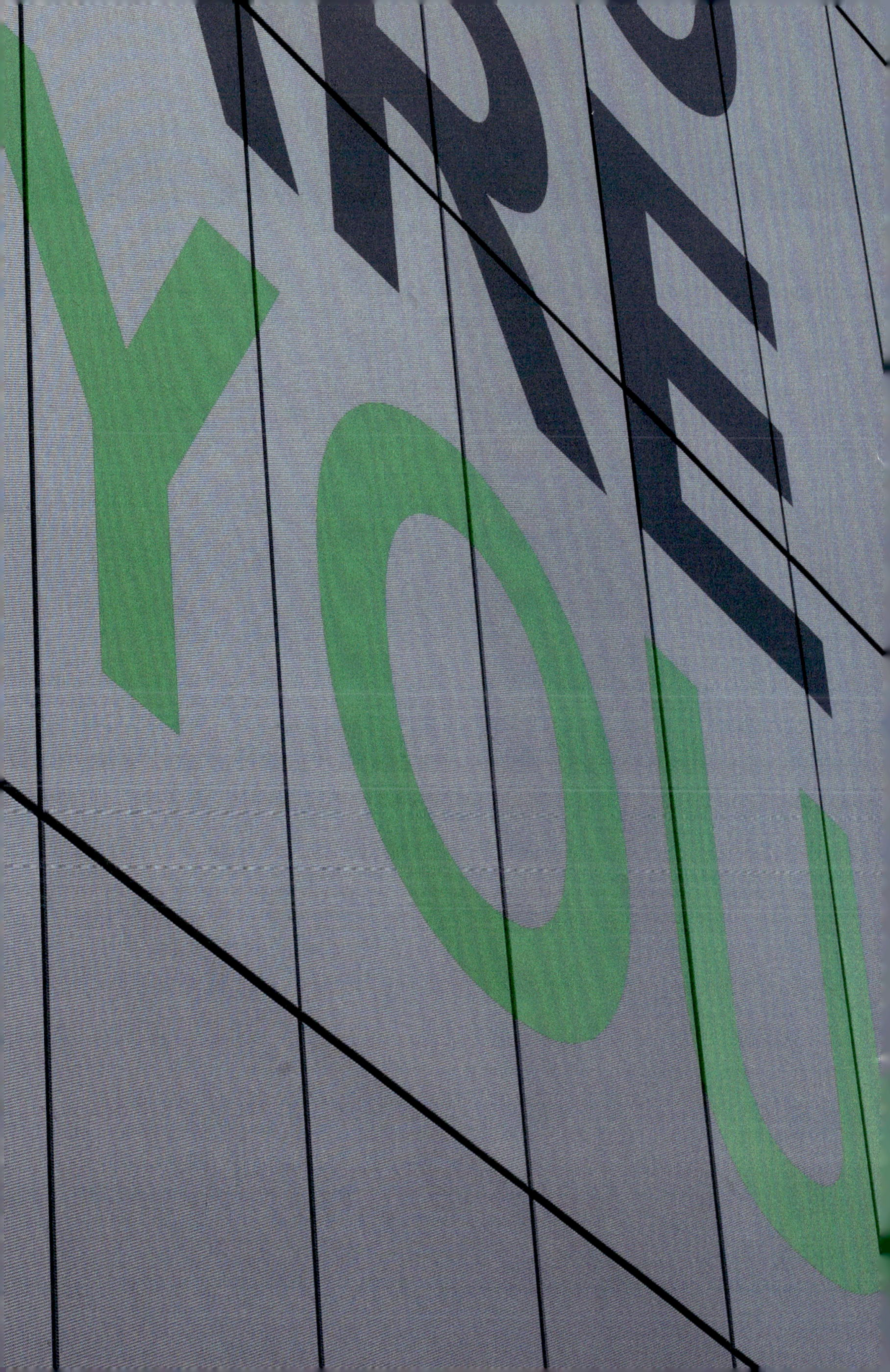
YOU

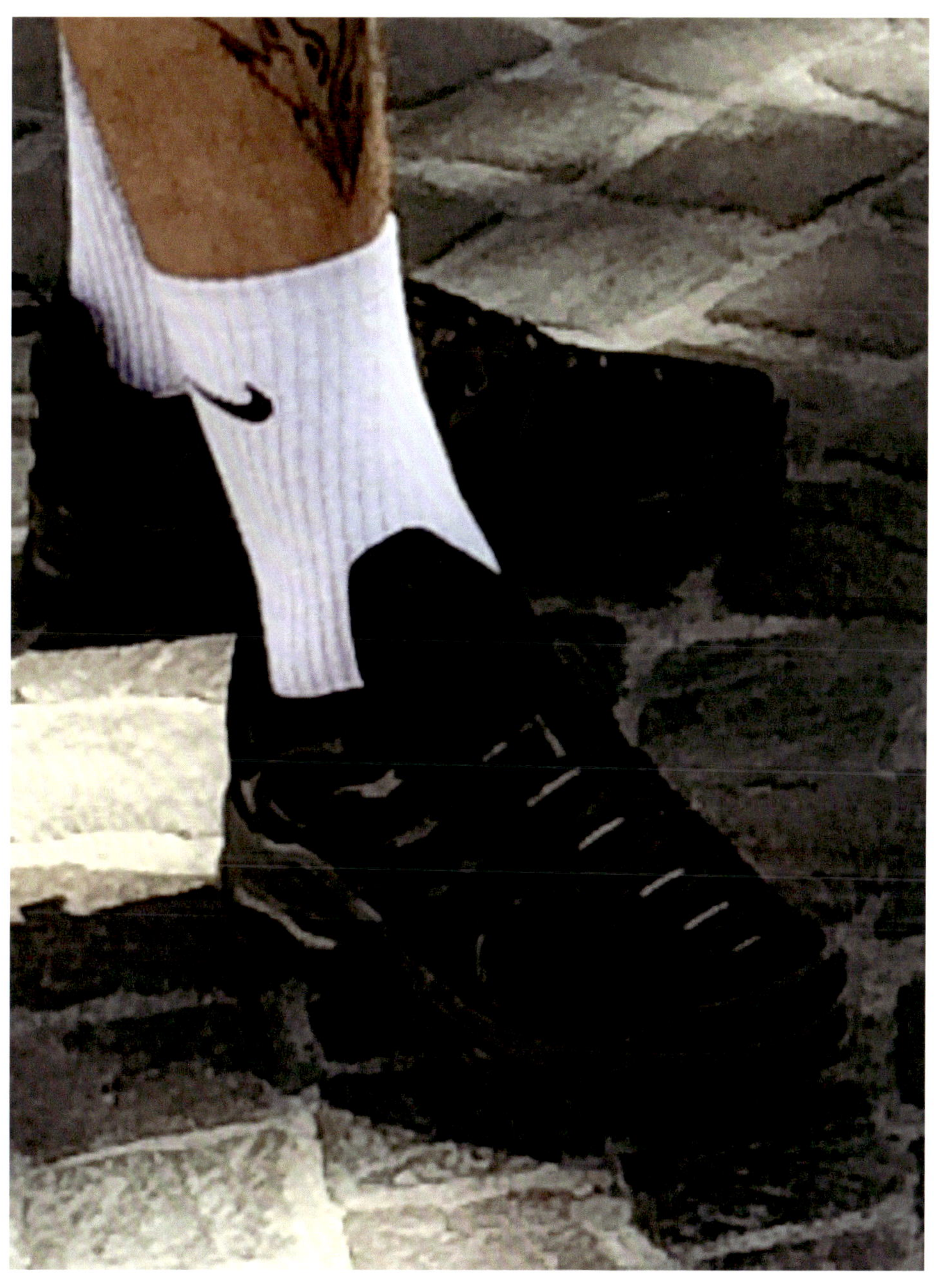

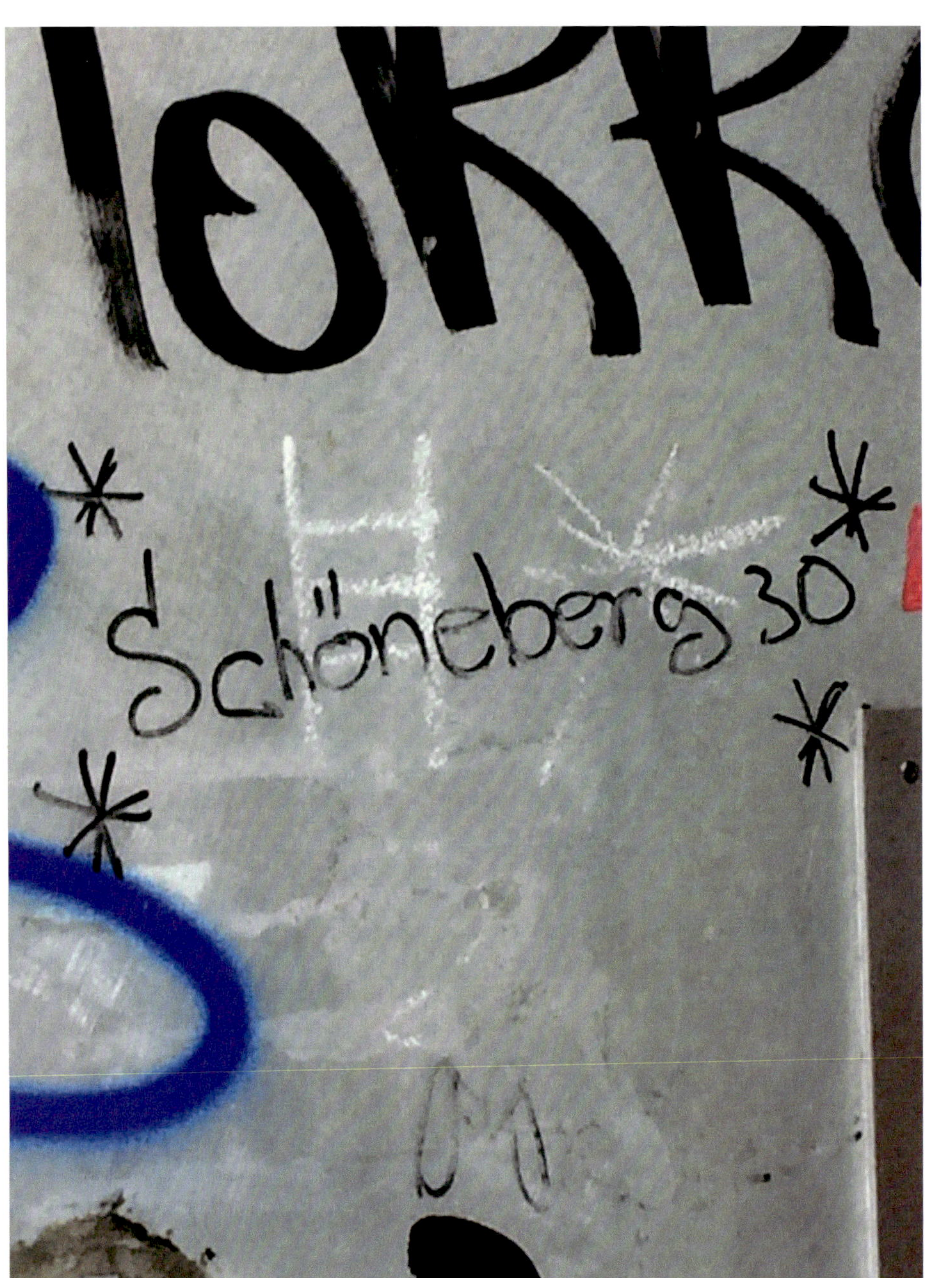
Schöneberg 30

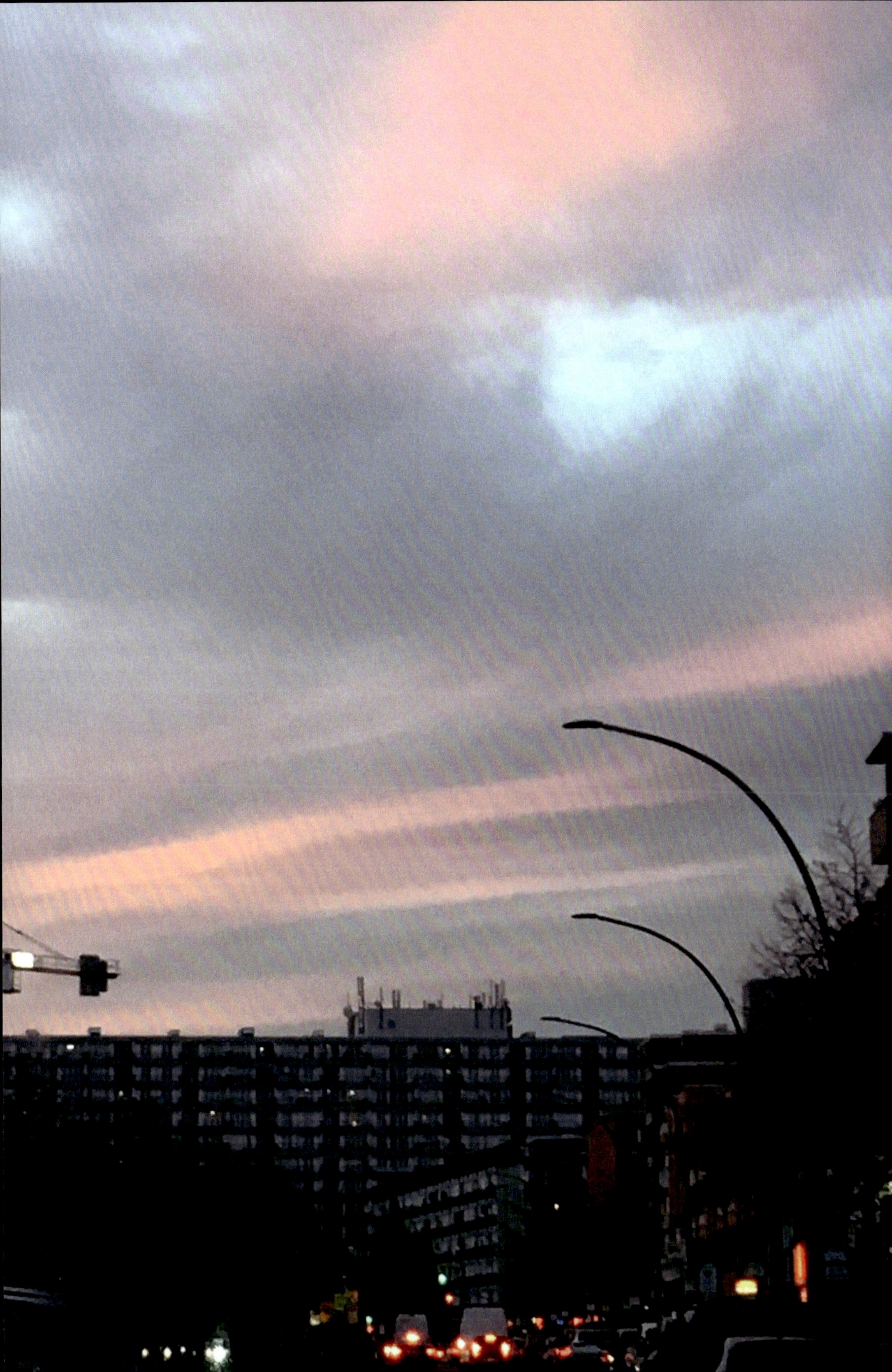

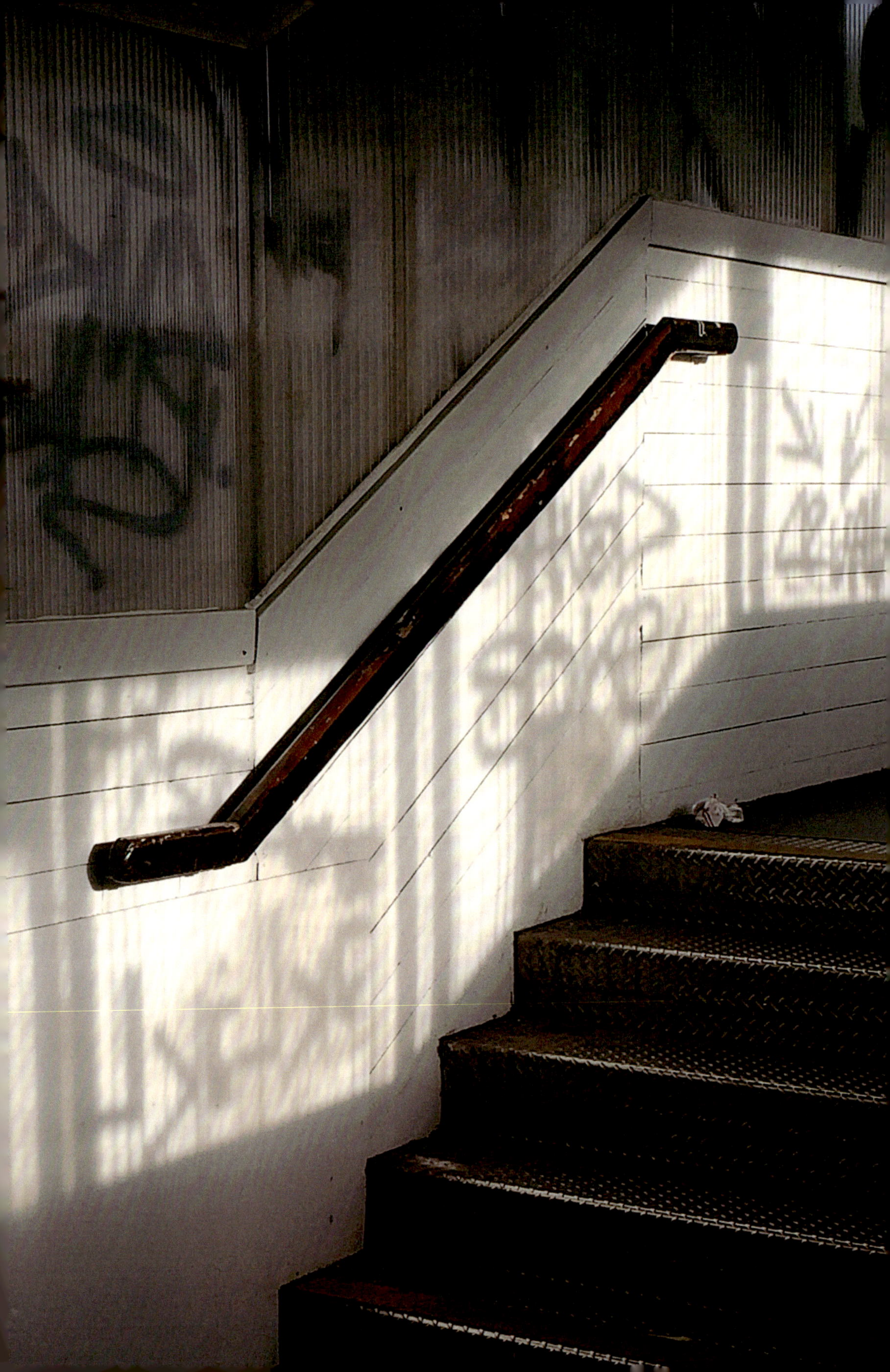

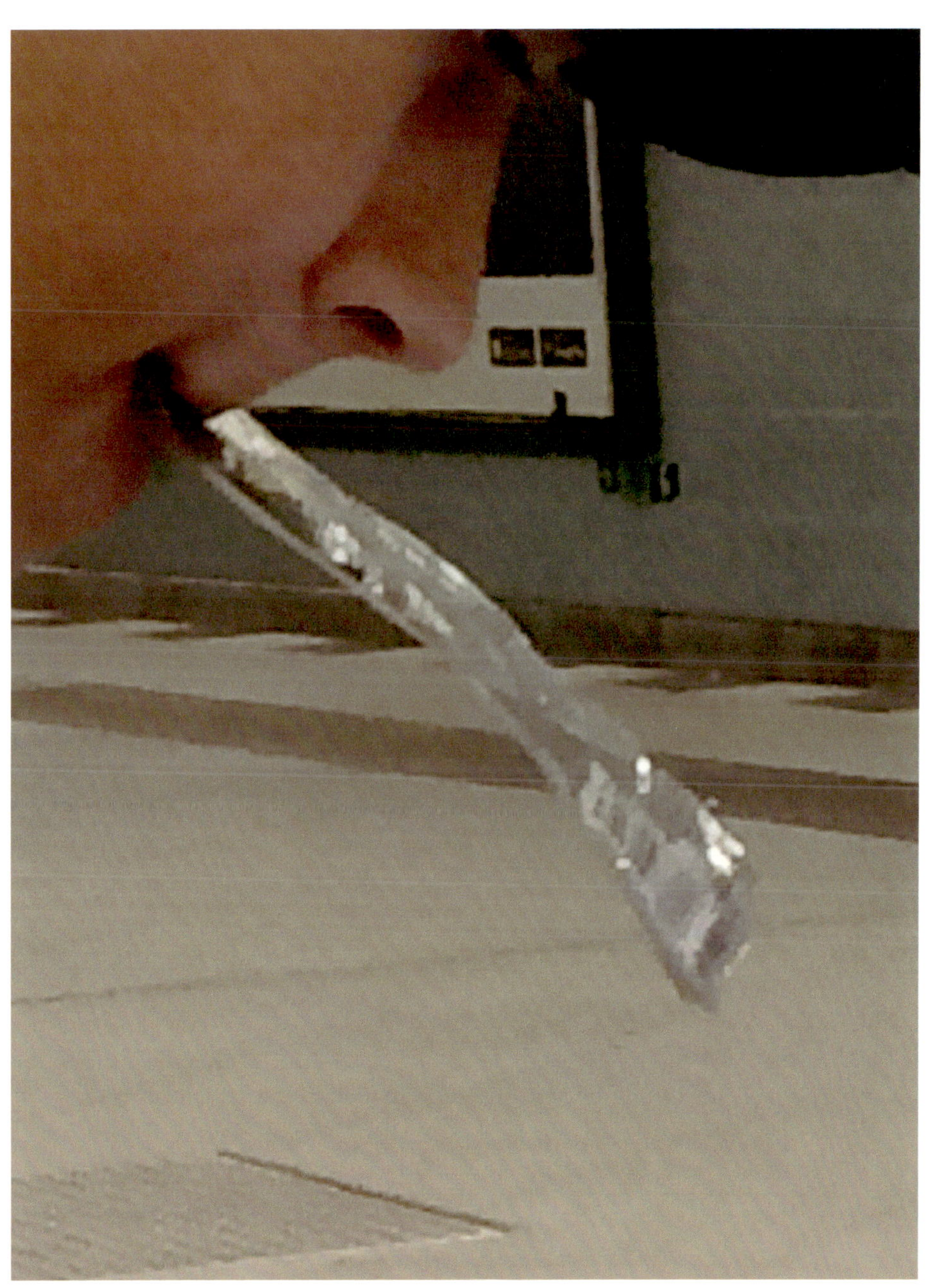

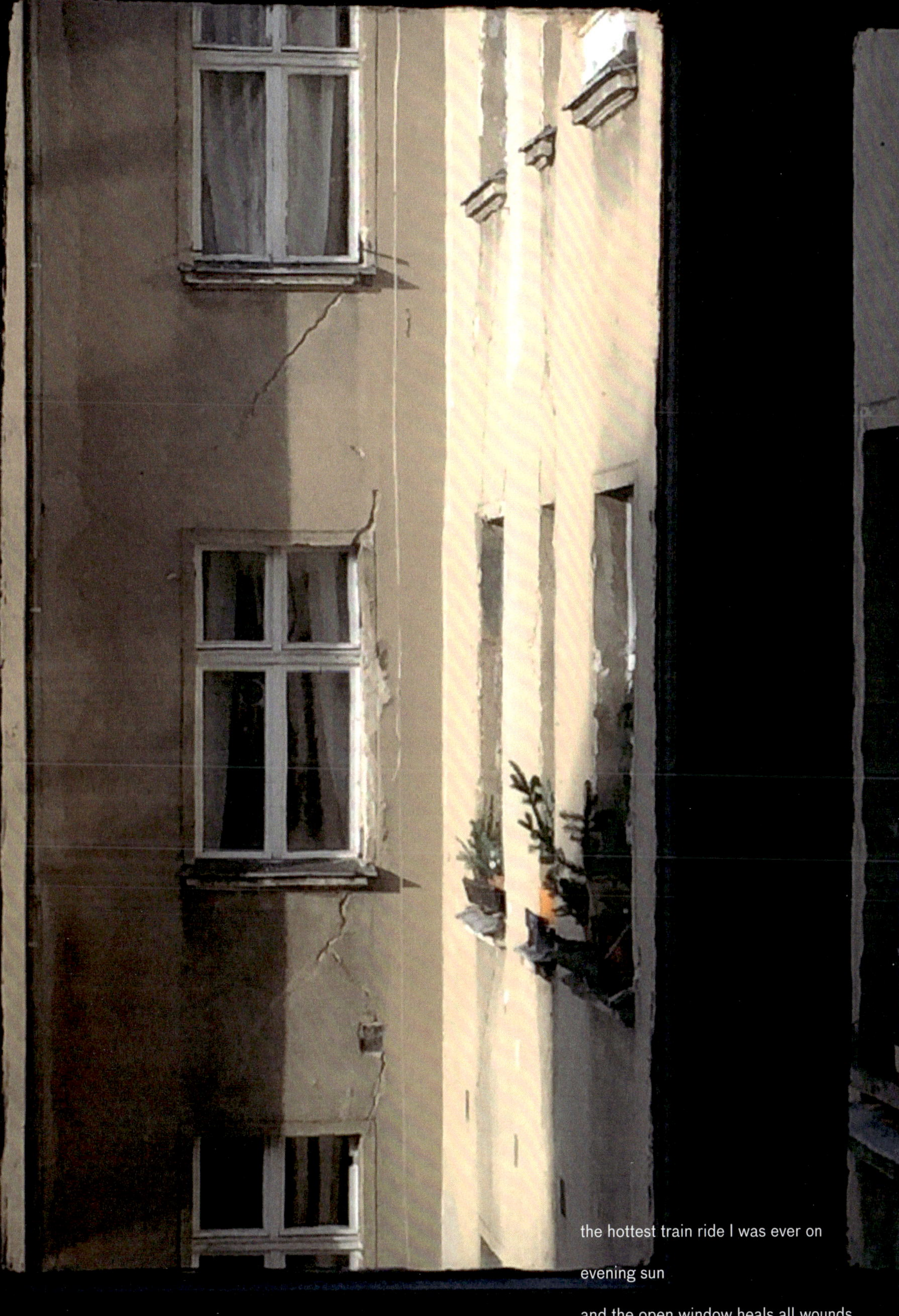

the hottest train ride I was ever on

evening sun

and the open window heals all wounds

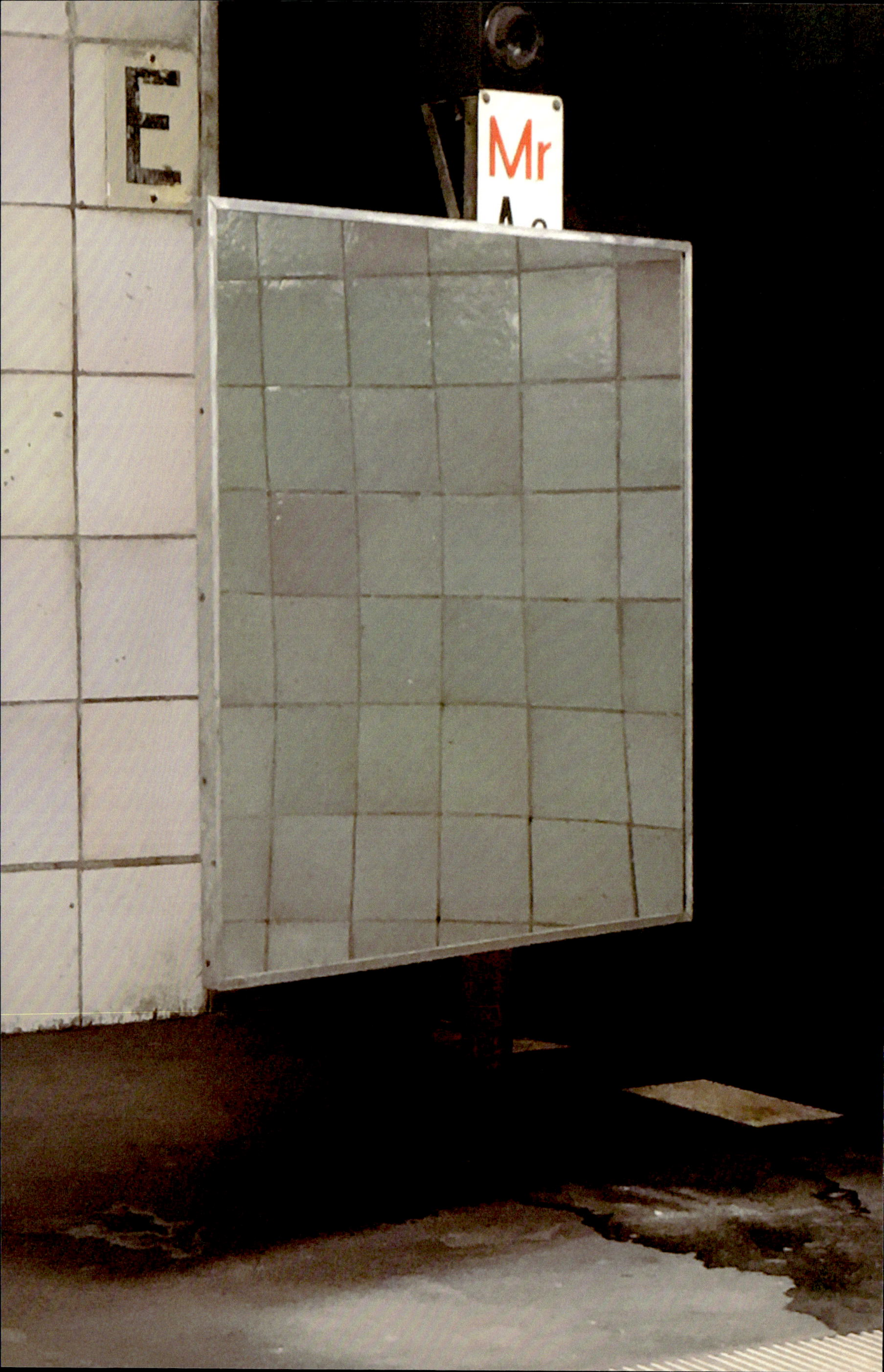
E
Mr

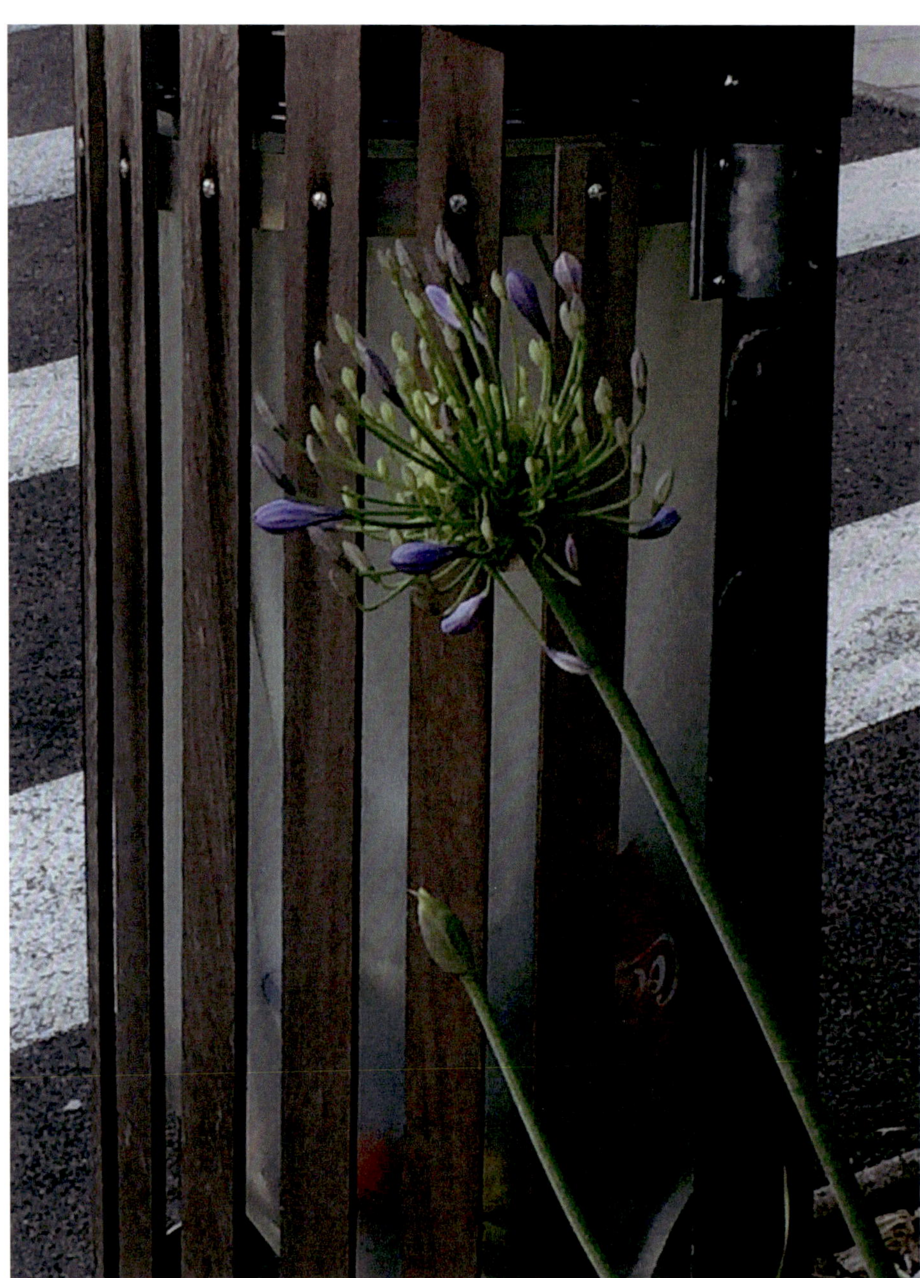

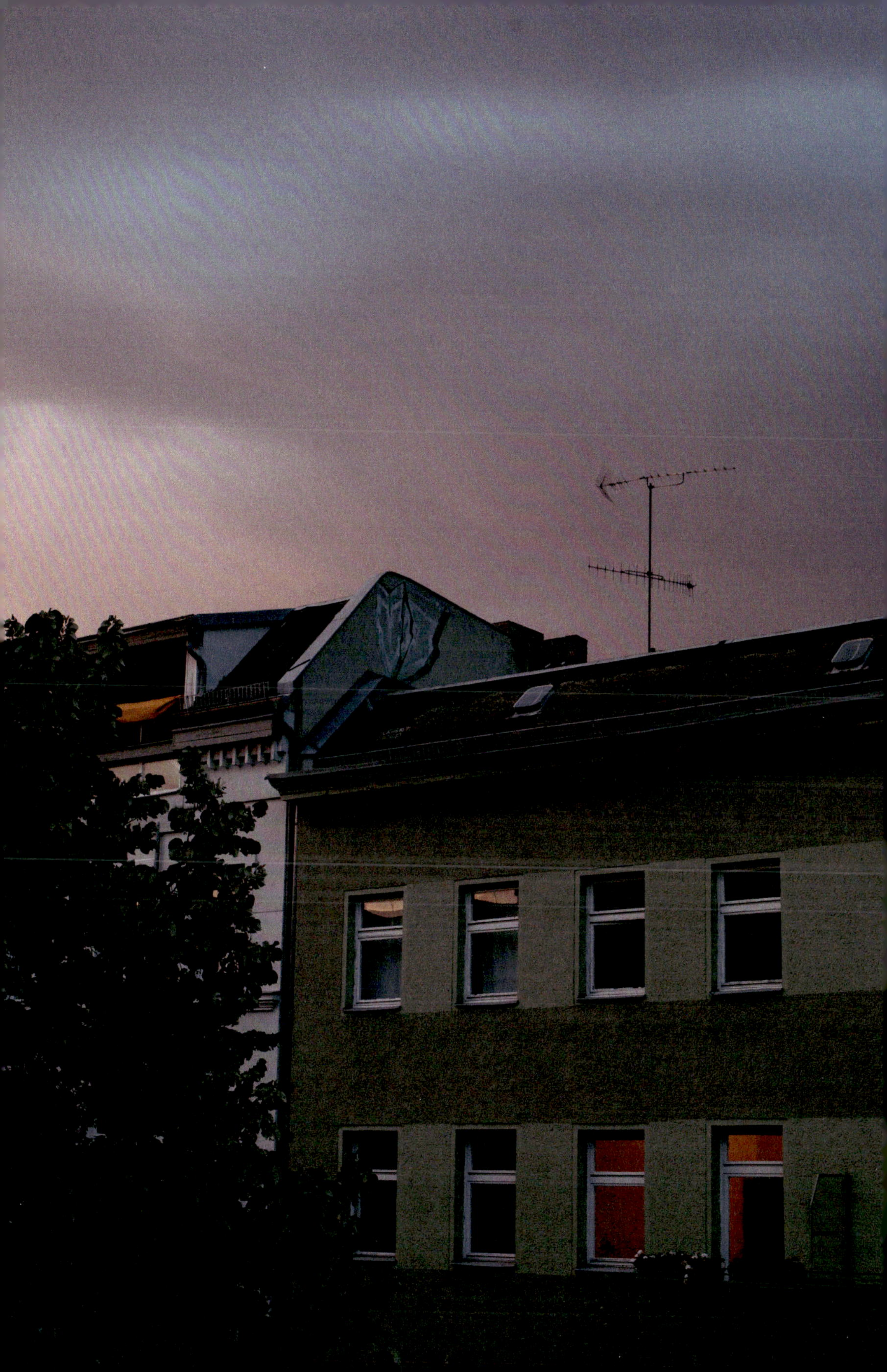

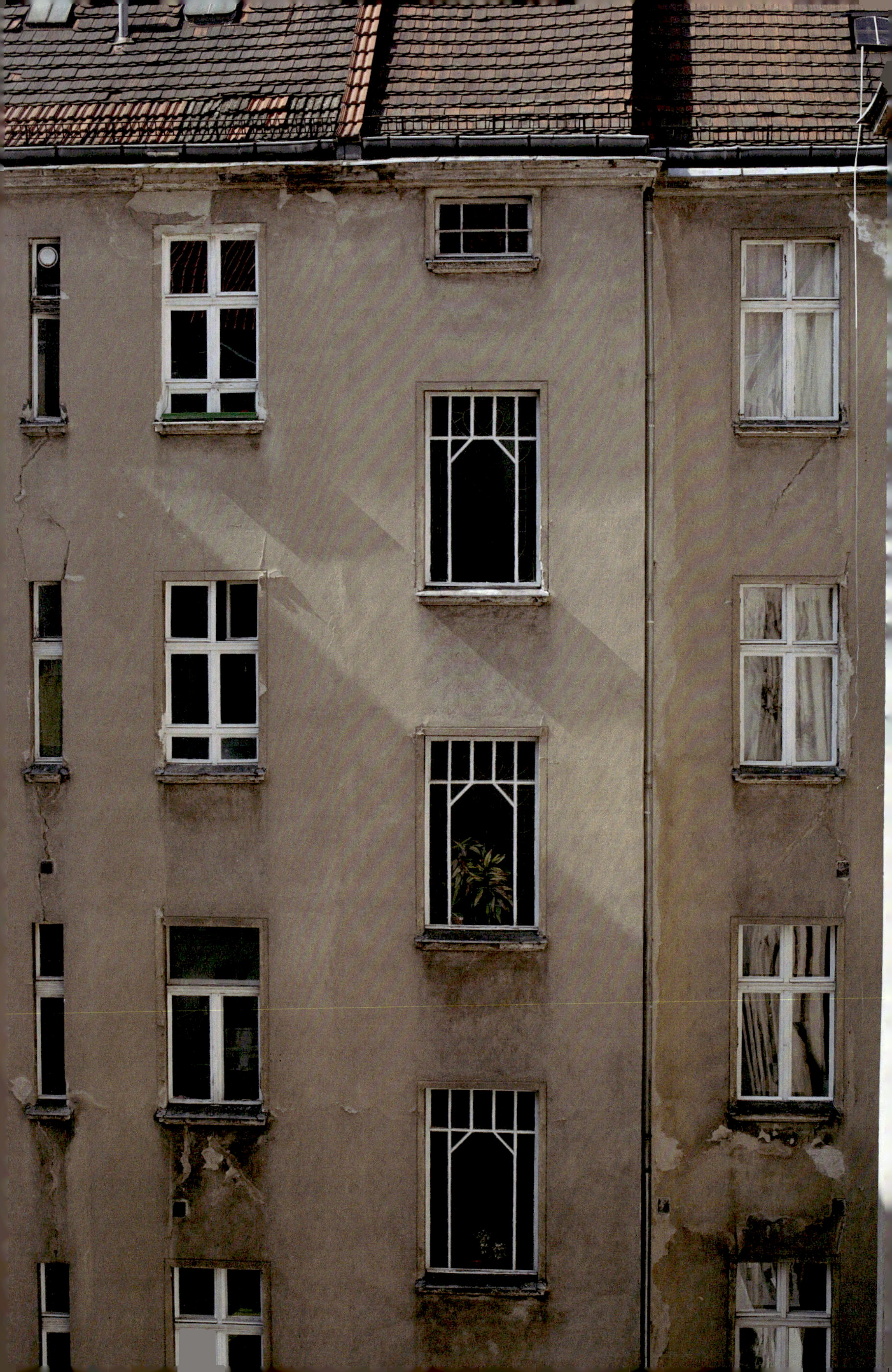

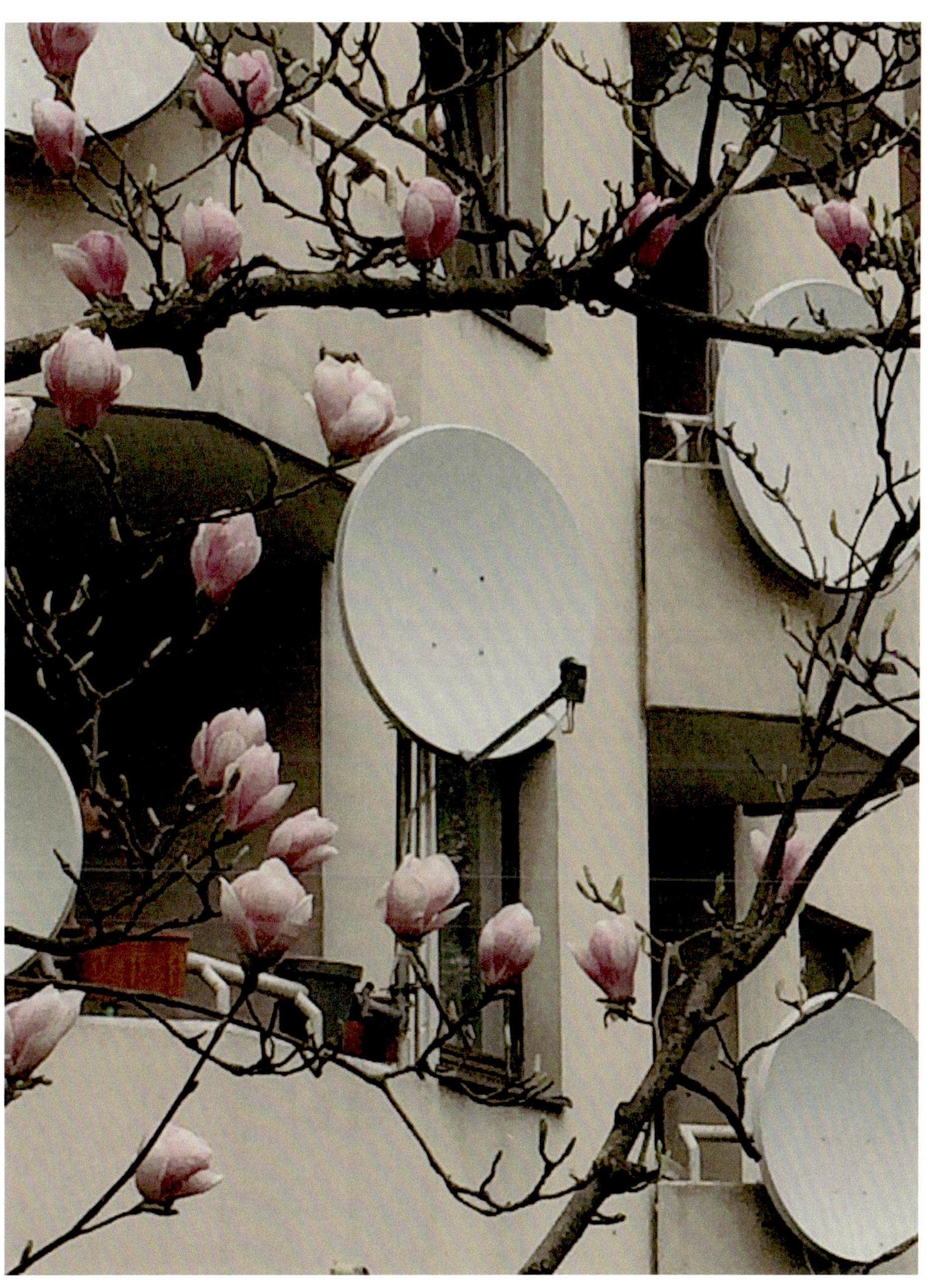

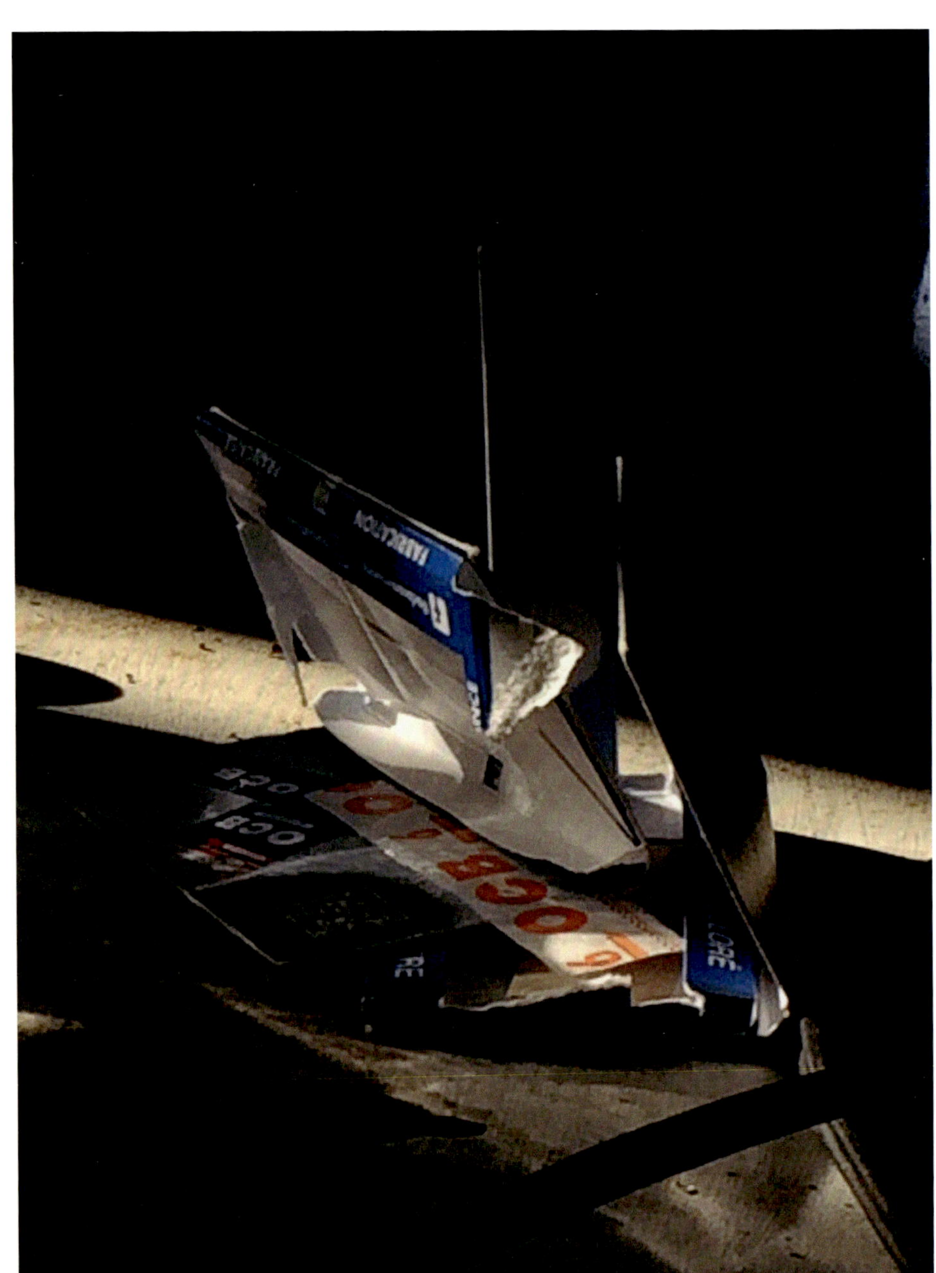

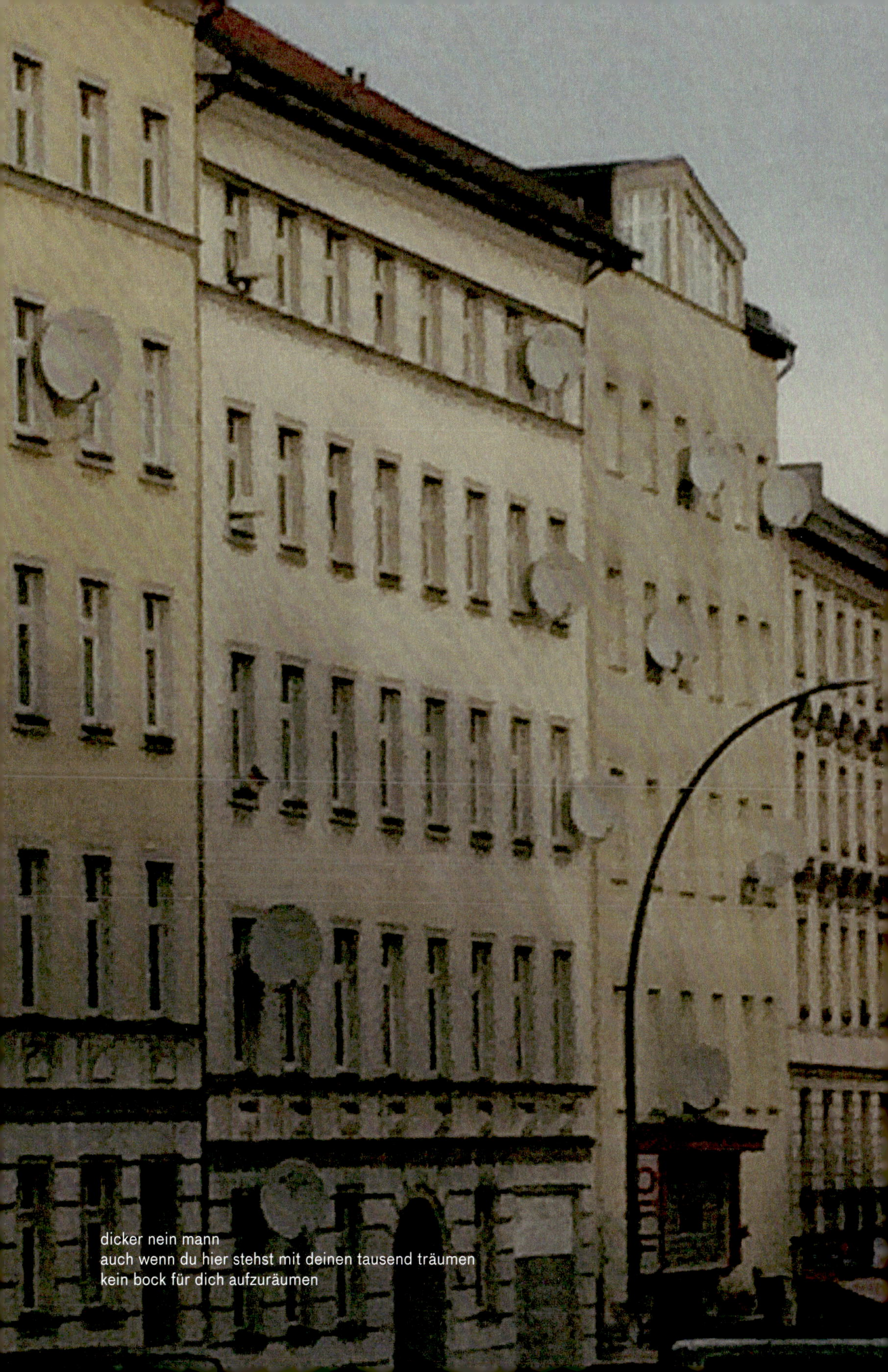
dicker nein mann
auch wenn du hier stehst mit deinen tausend träumen
kein bock für dich aufzuräumen

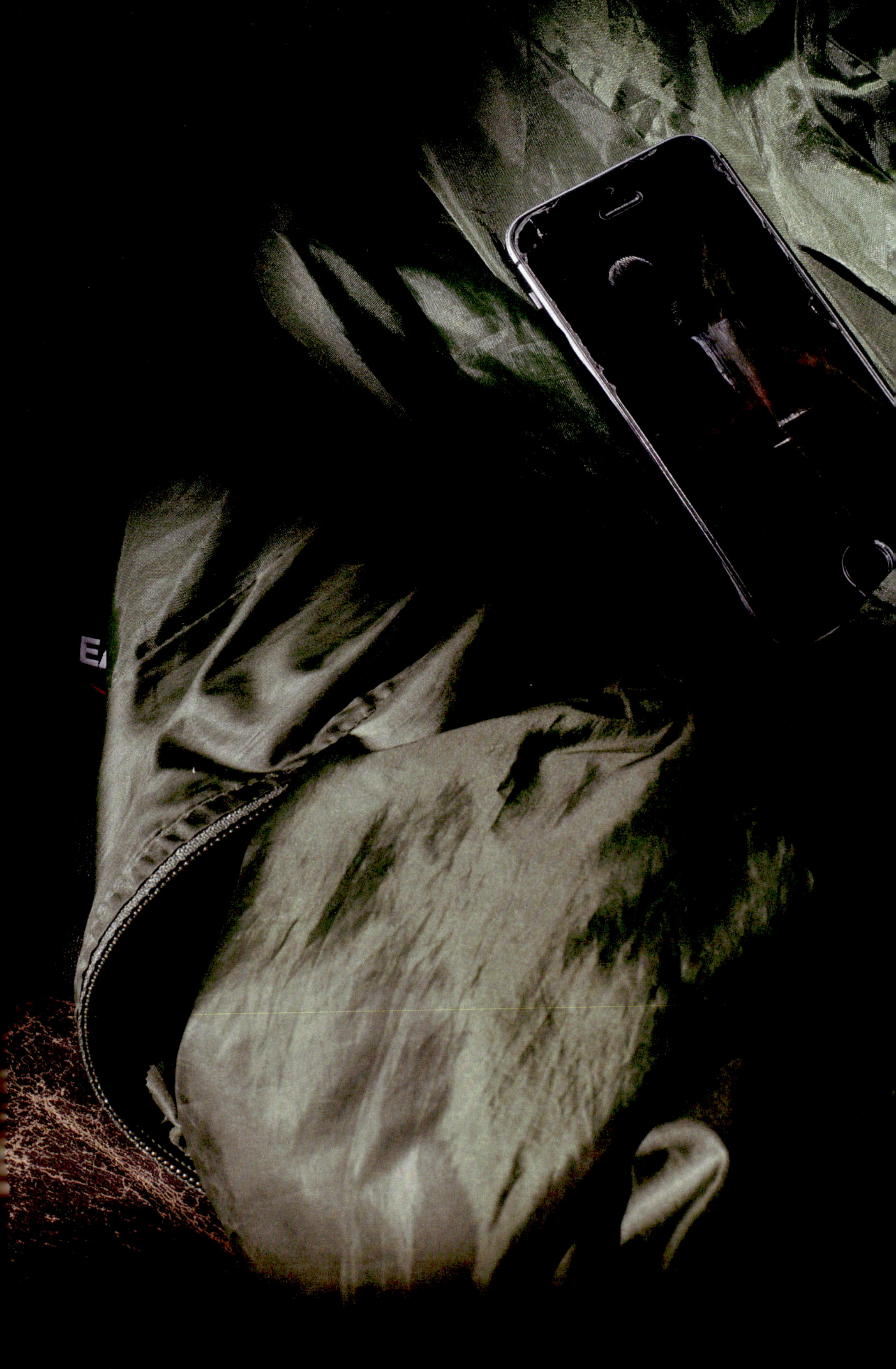

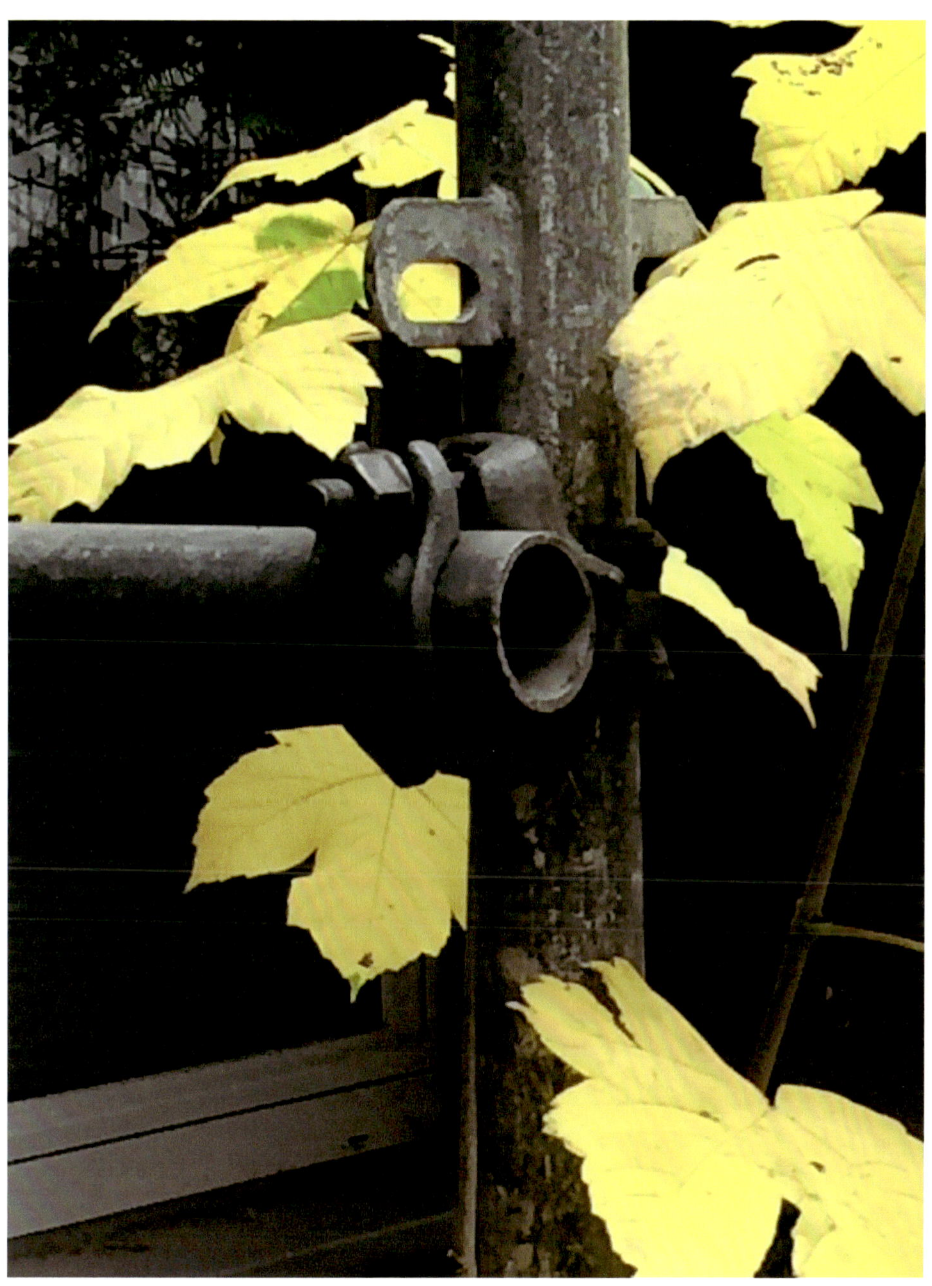

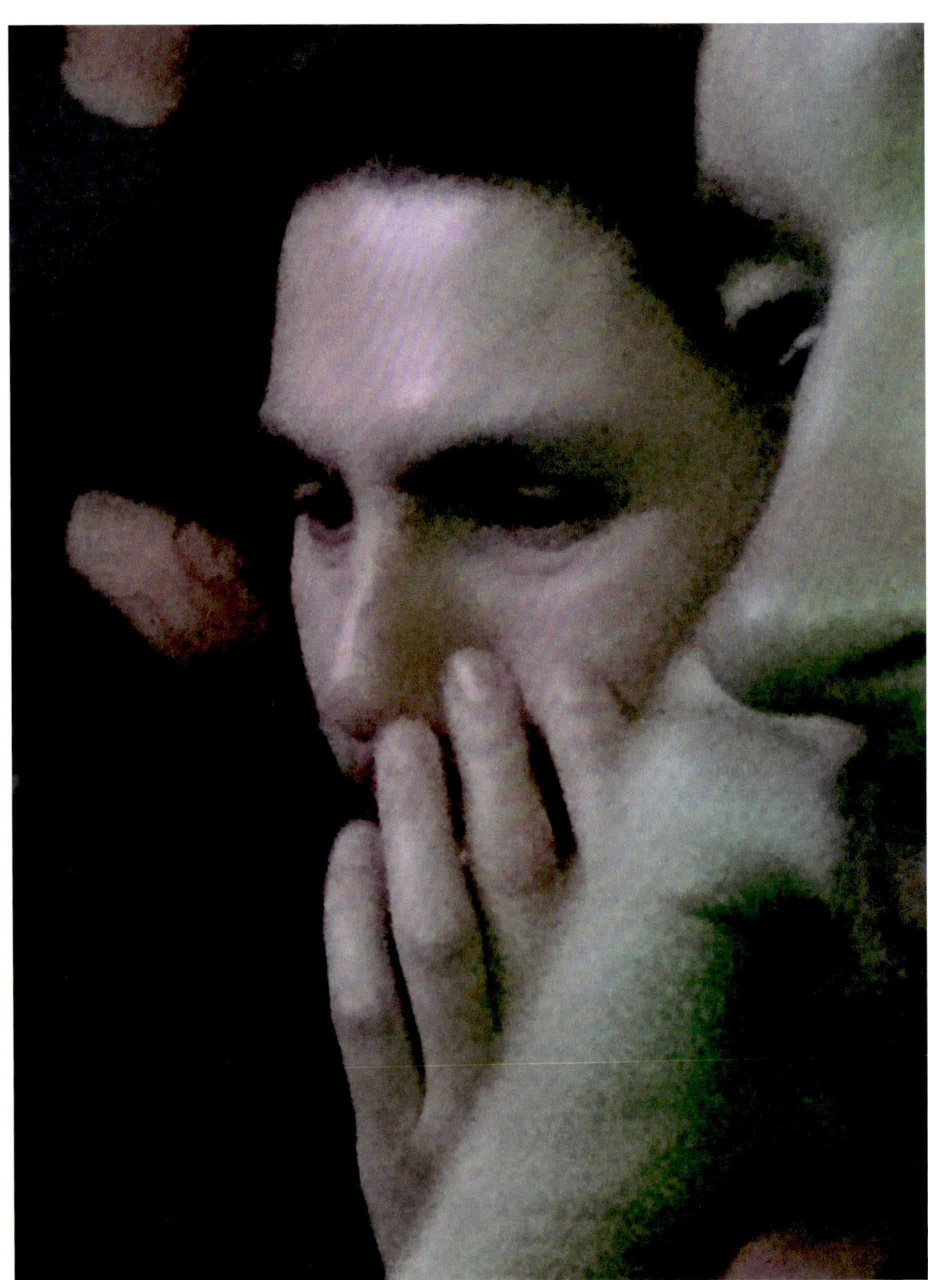

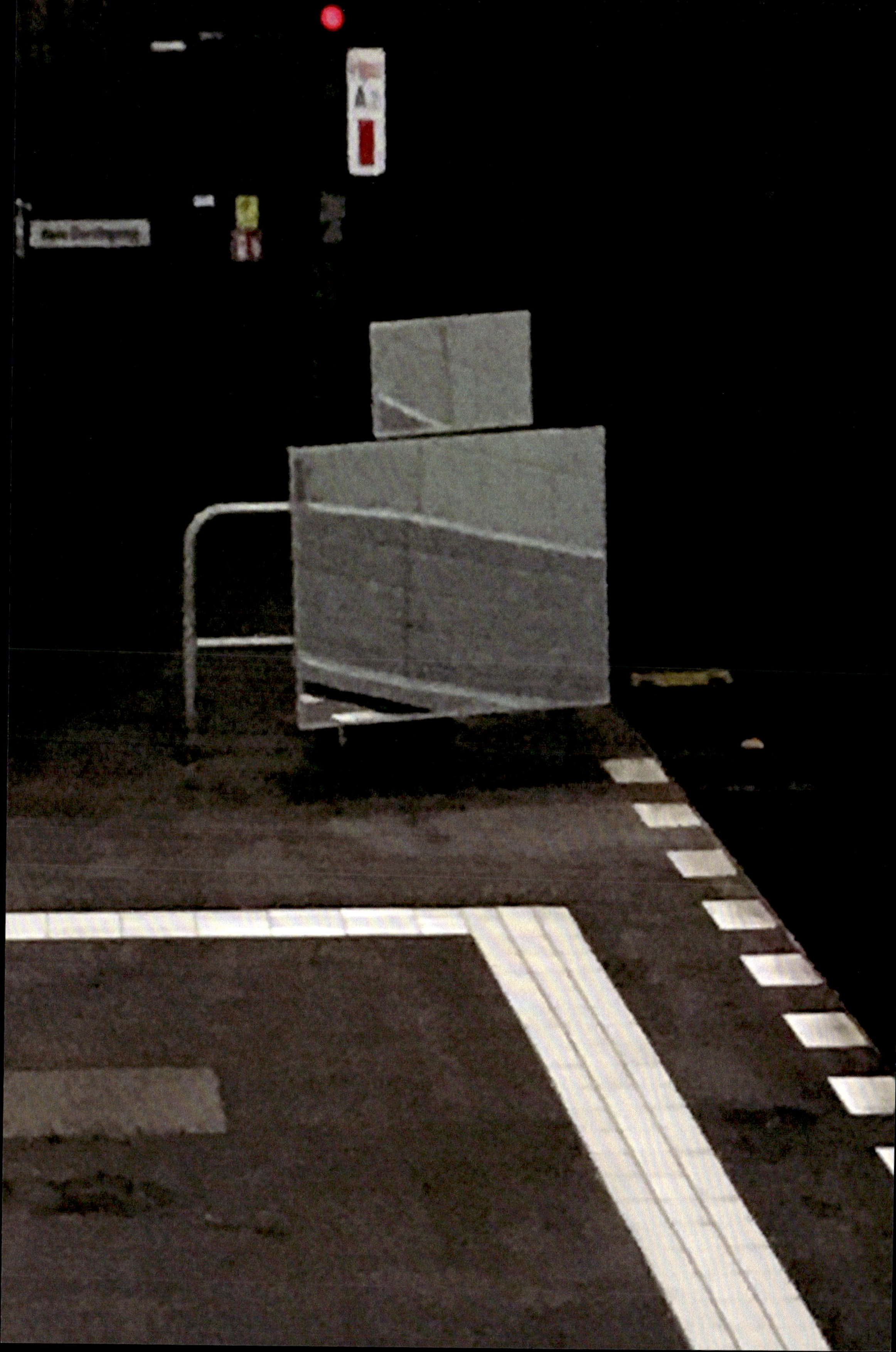

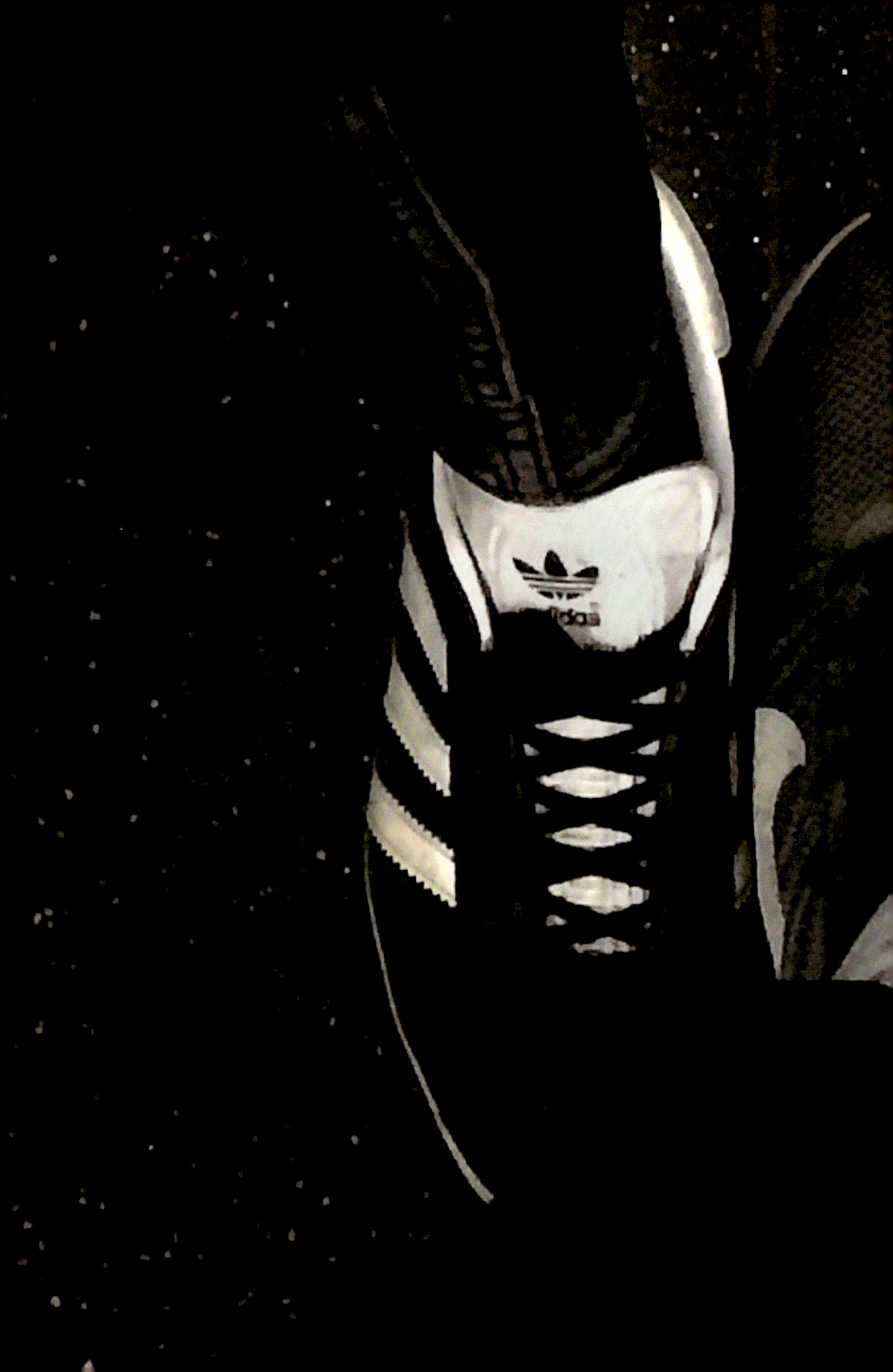

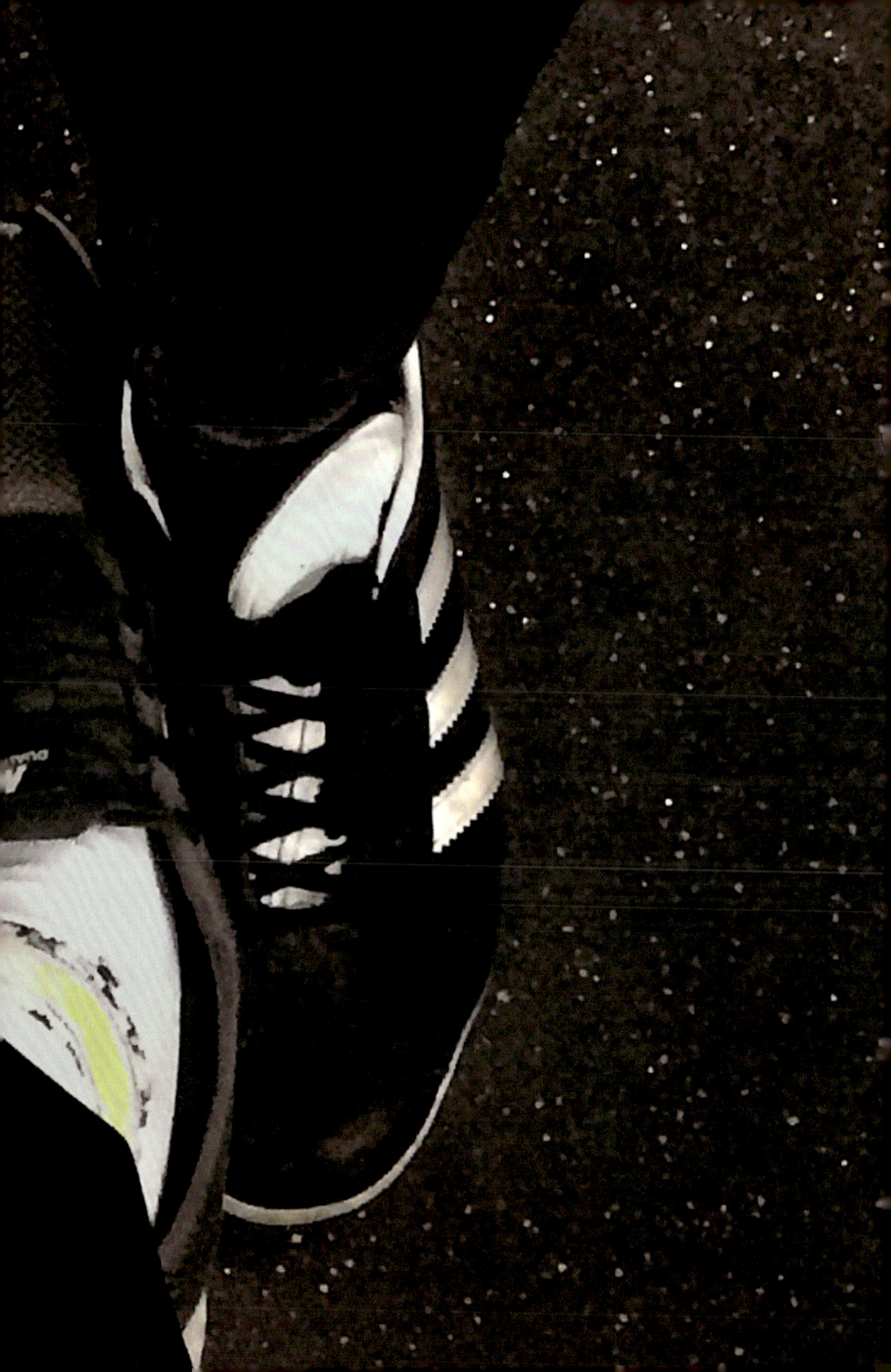

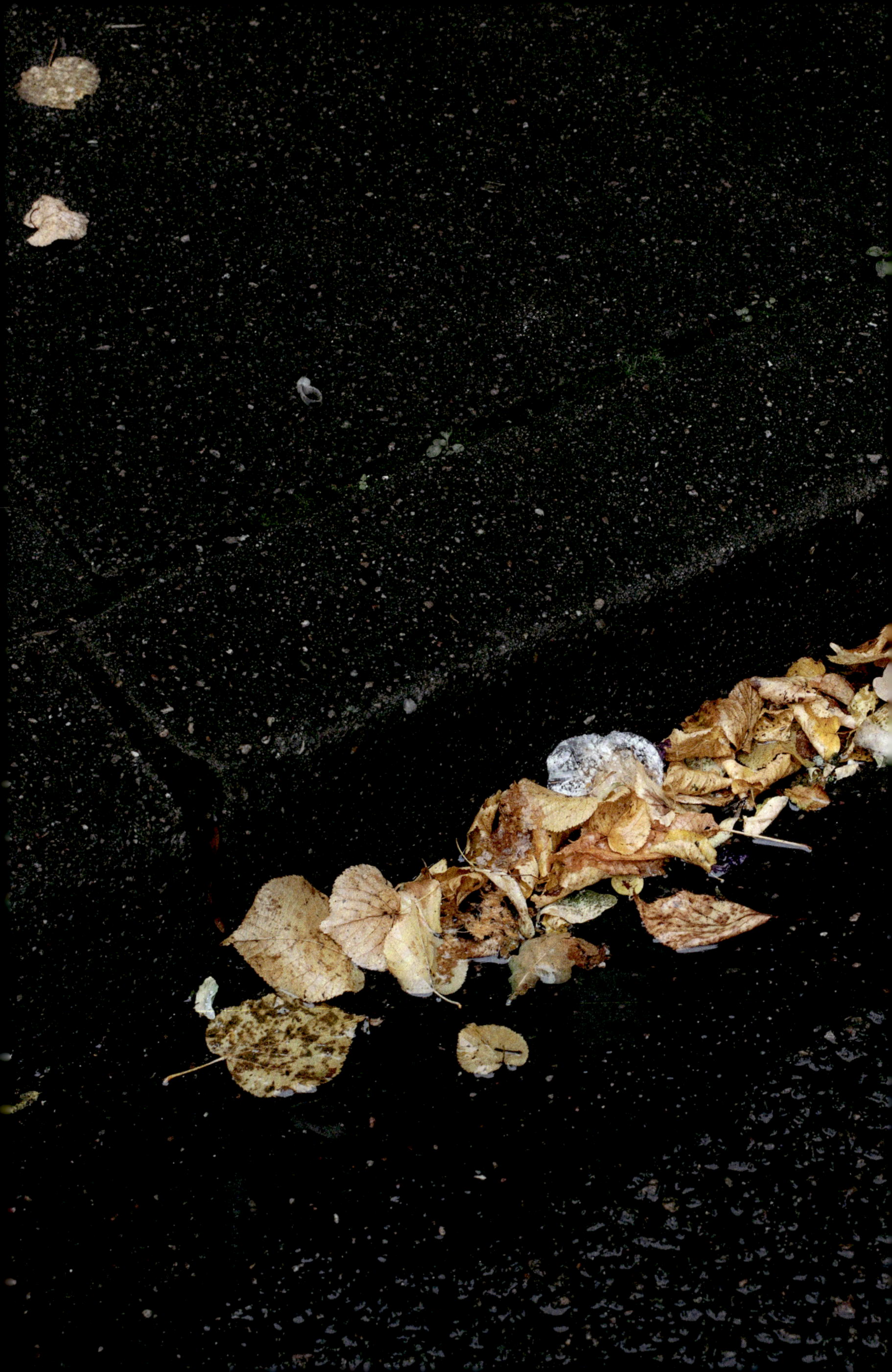

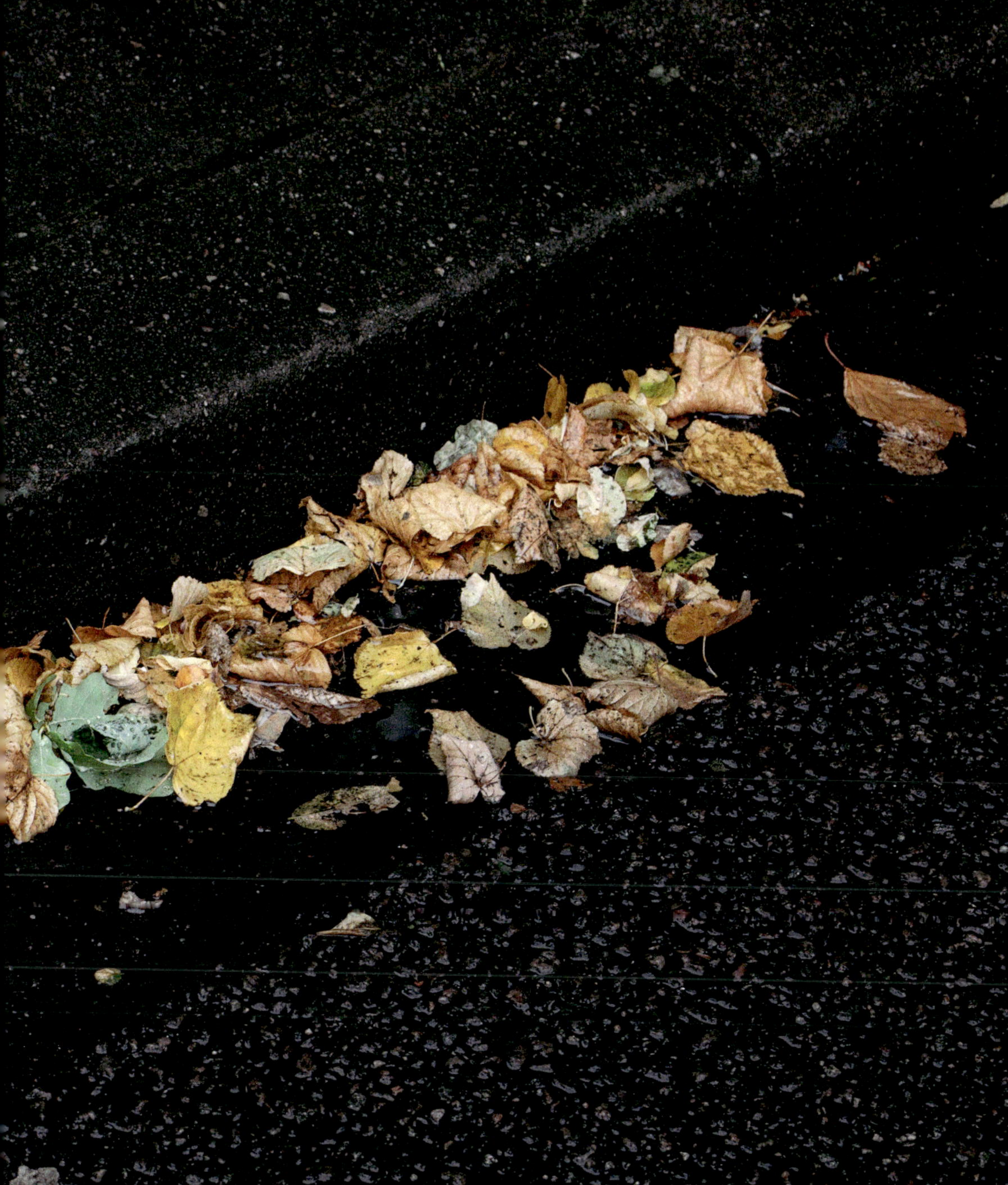

egal was ihr wollt
oder was da steht auf dem papier
ihr kriegt schöneberg nord
nicht raus aus mir

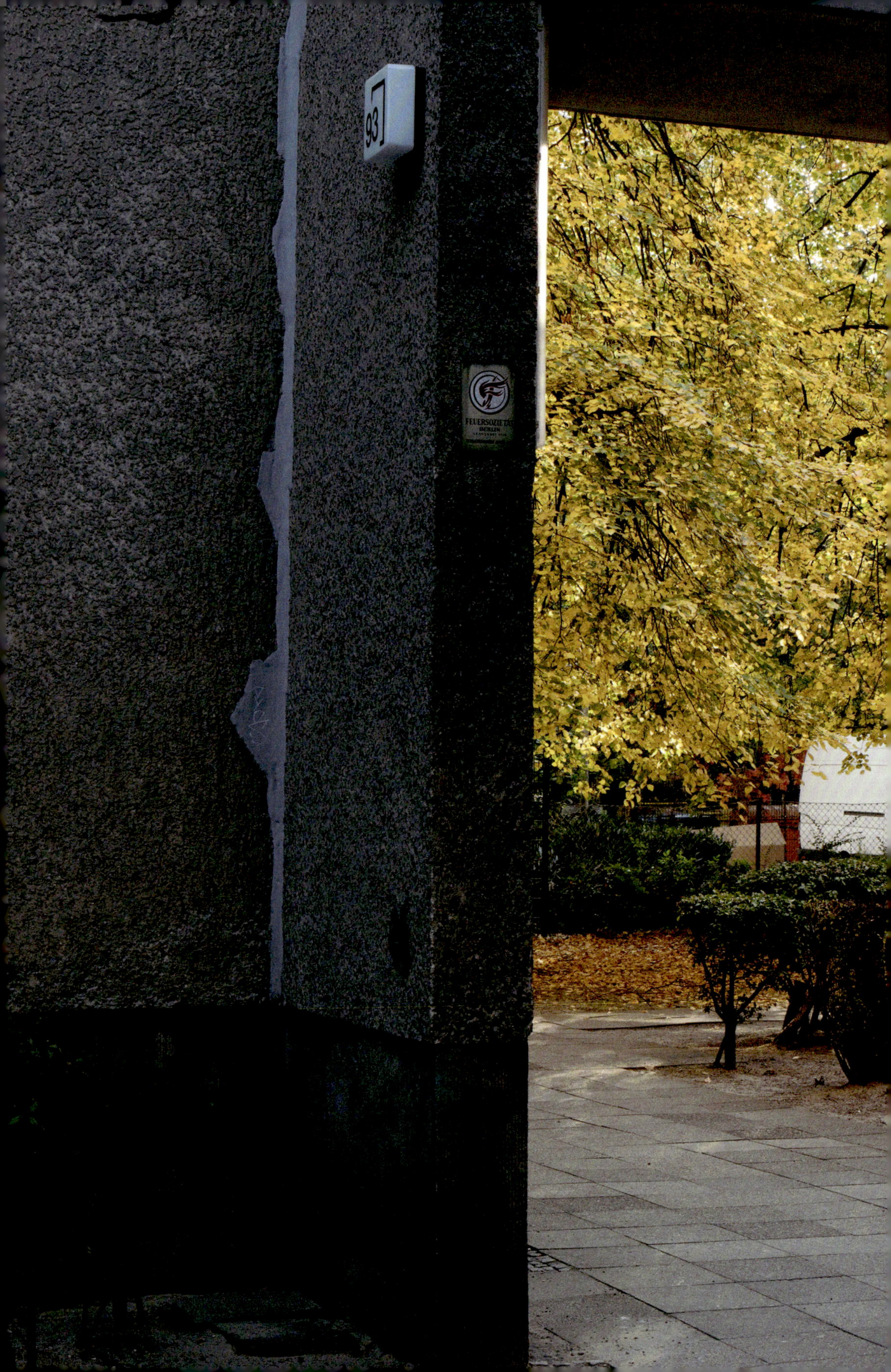
93
FEUERSOZIETAT
BERLIN

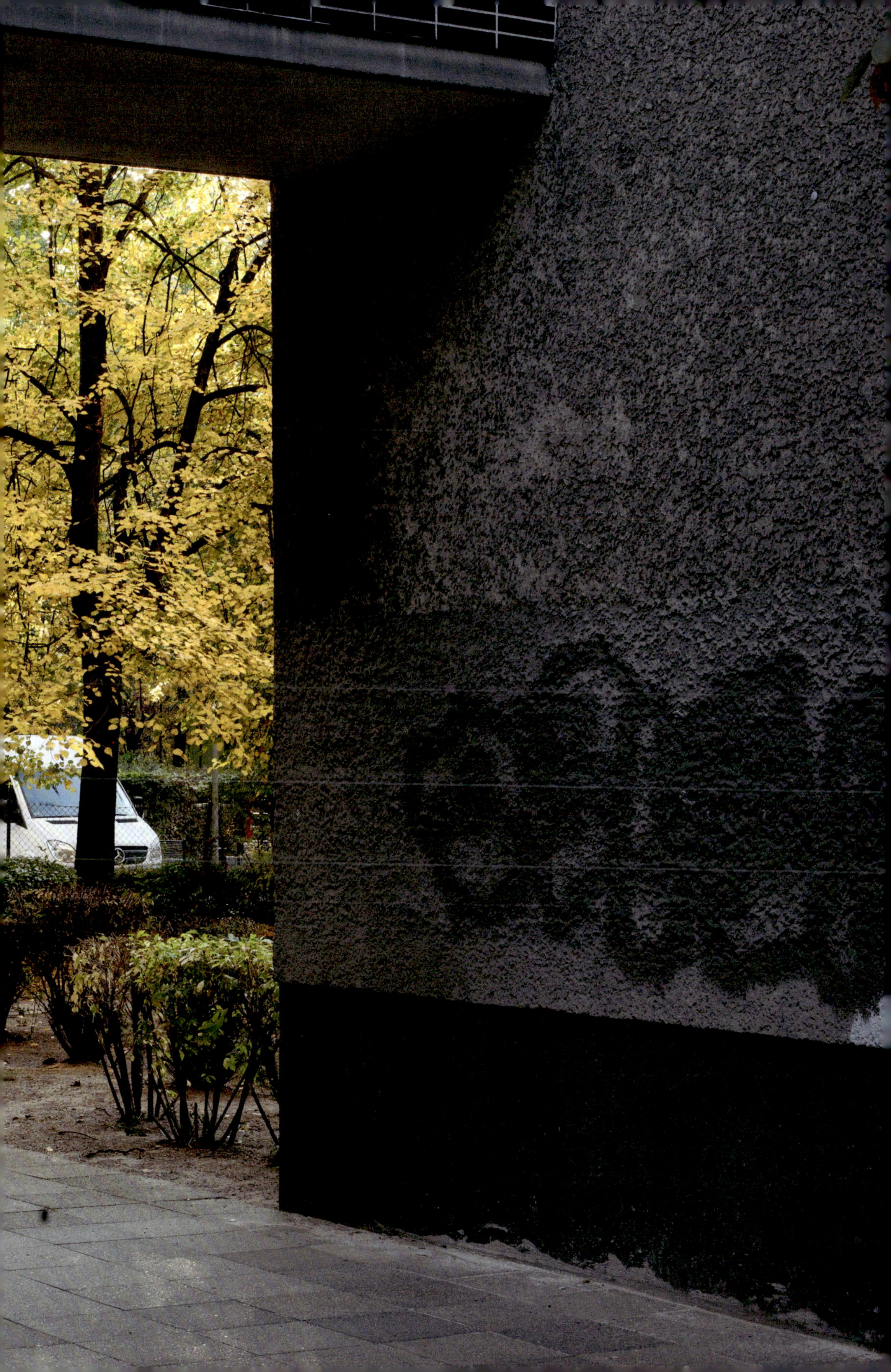

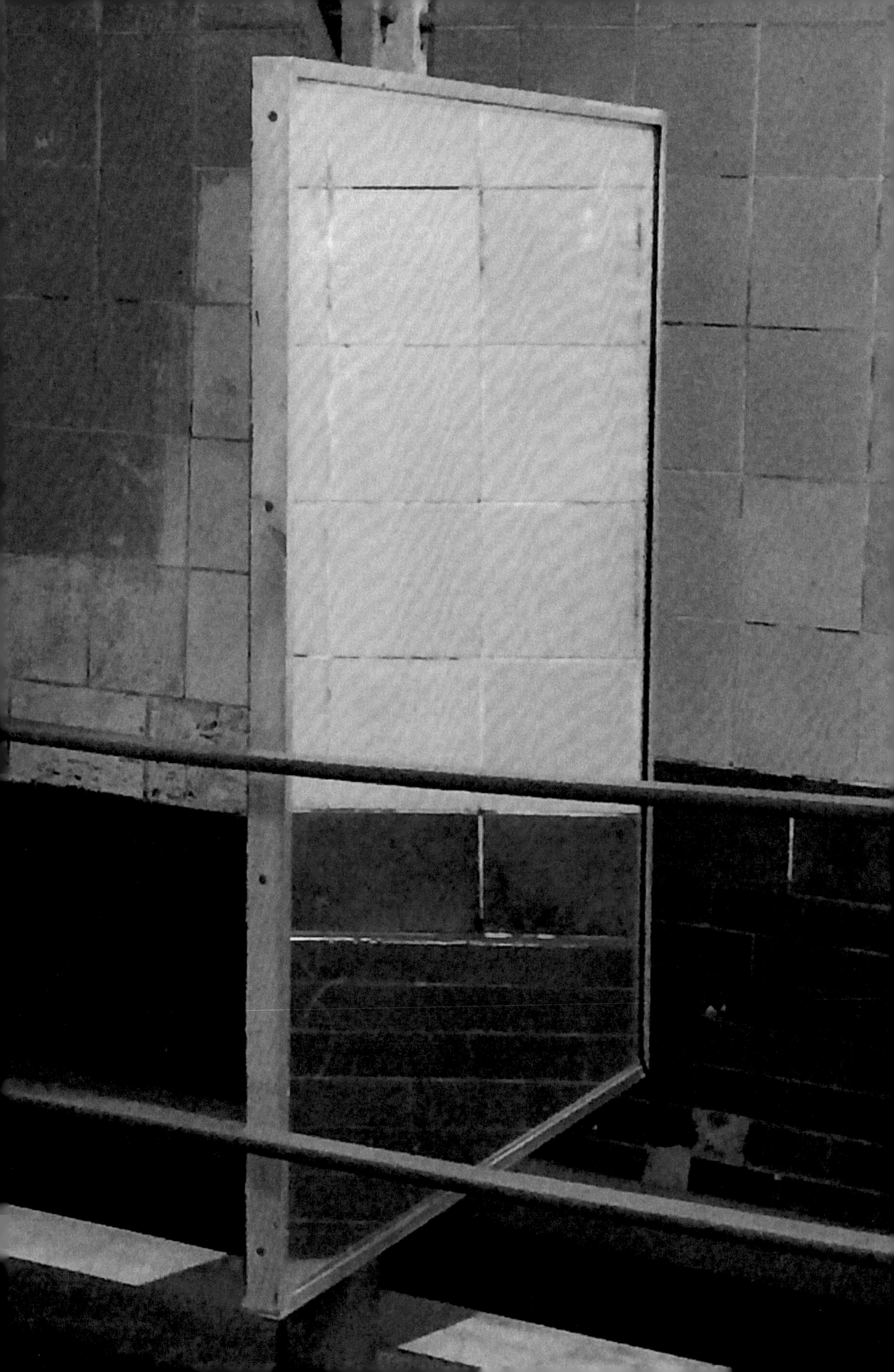

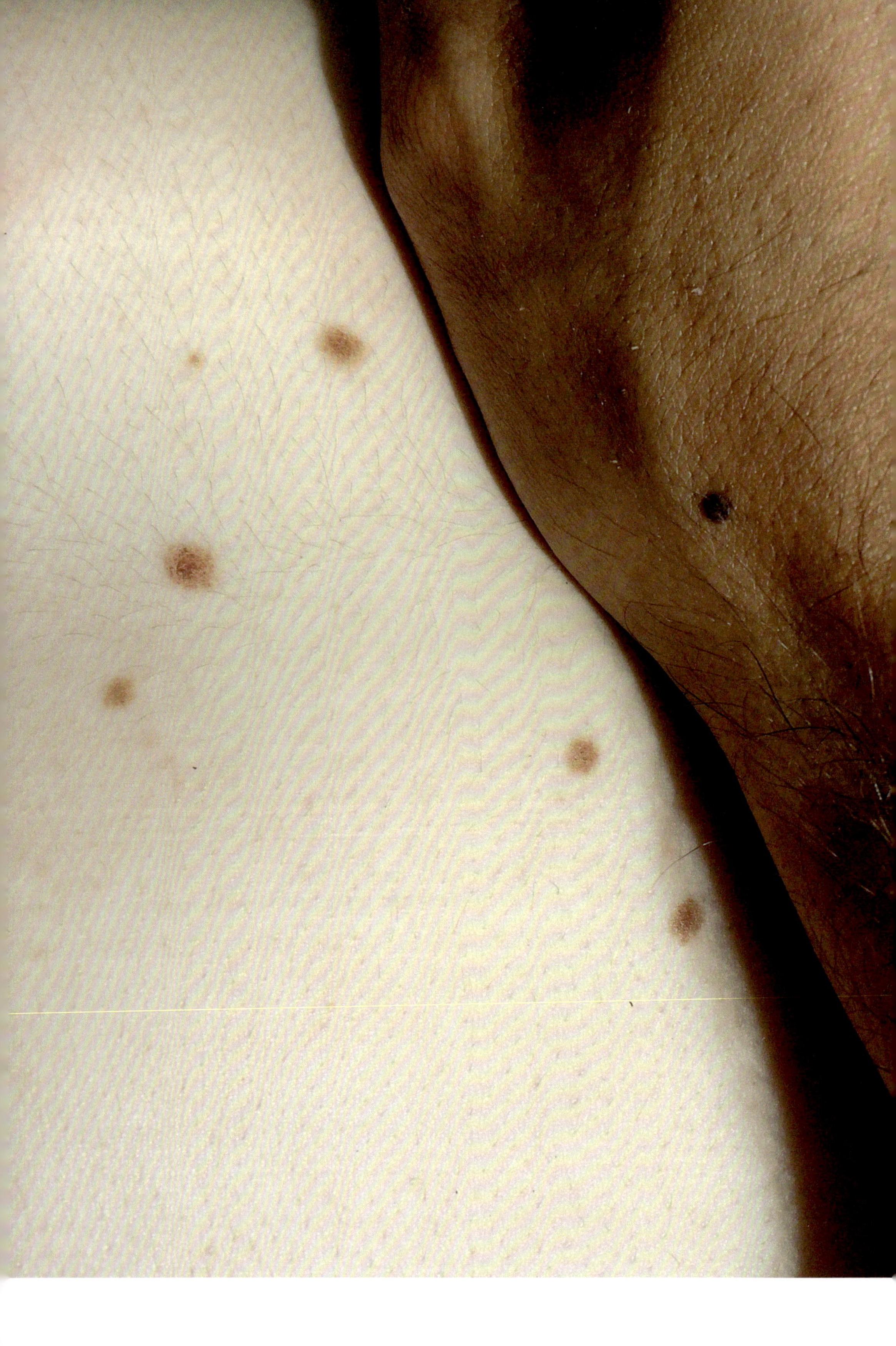

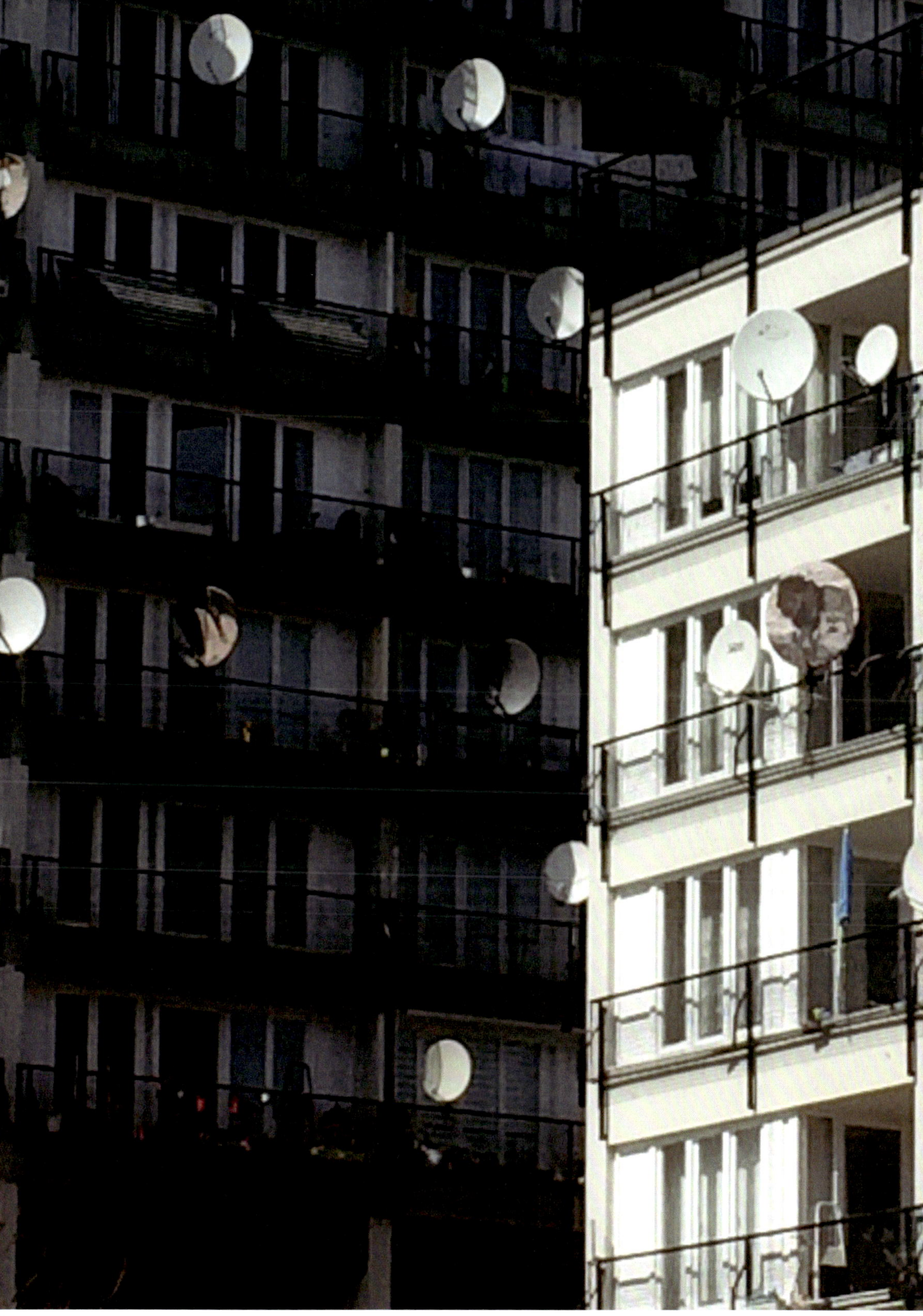

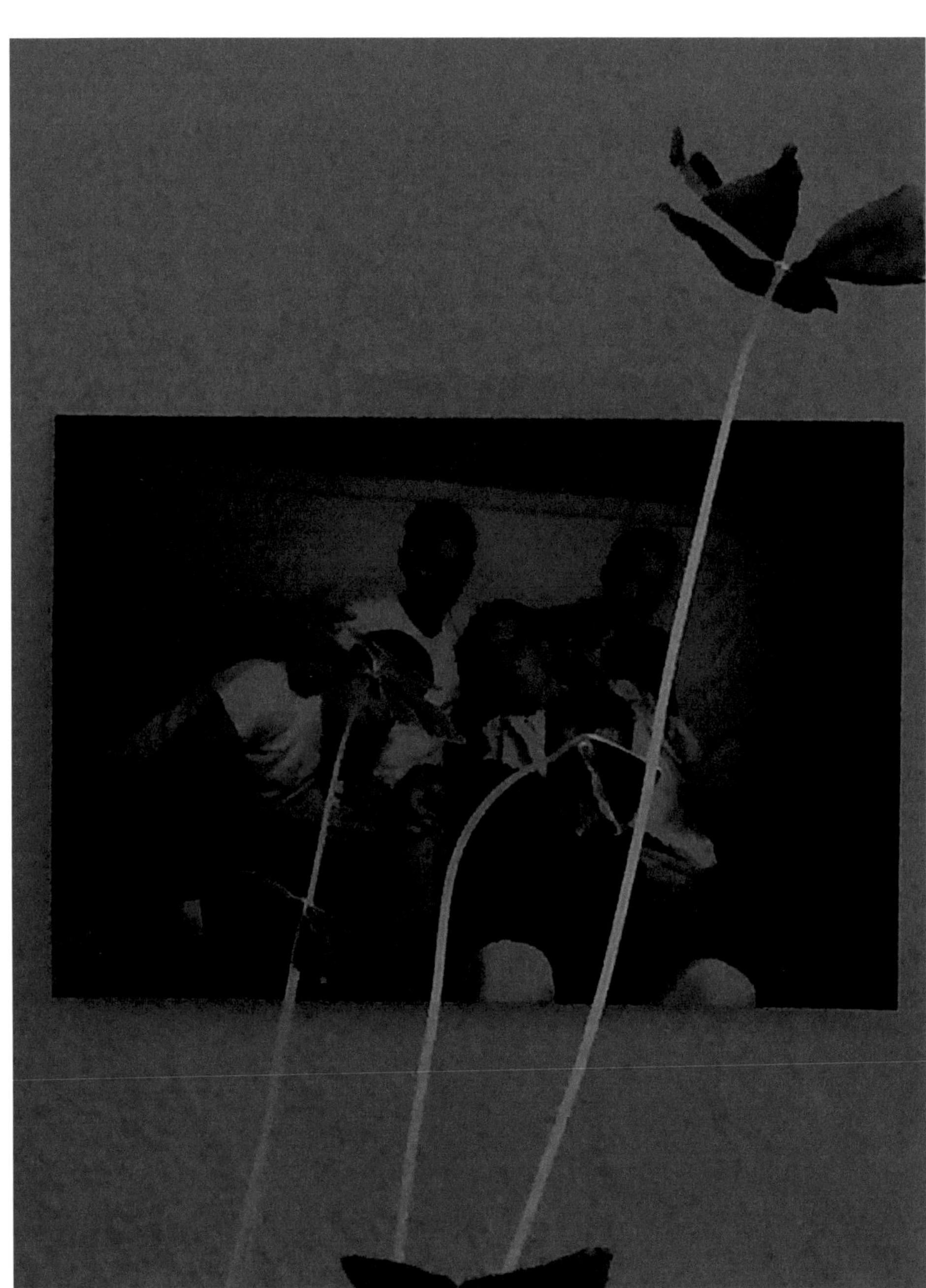

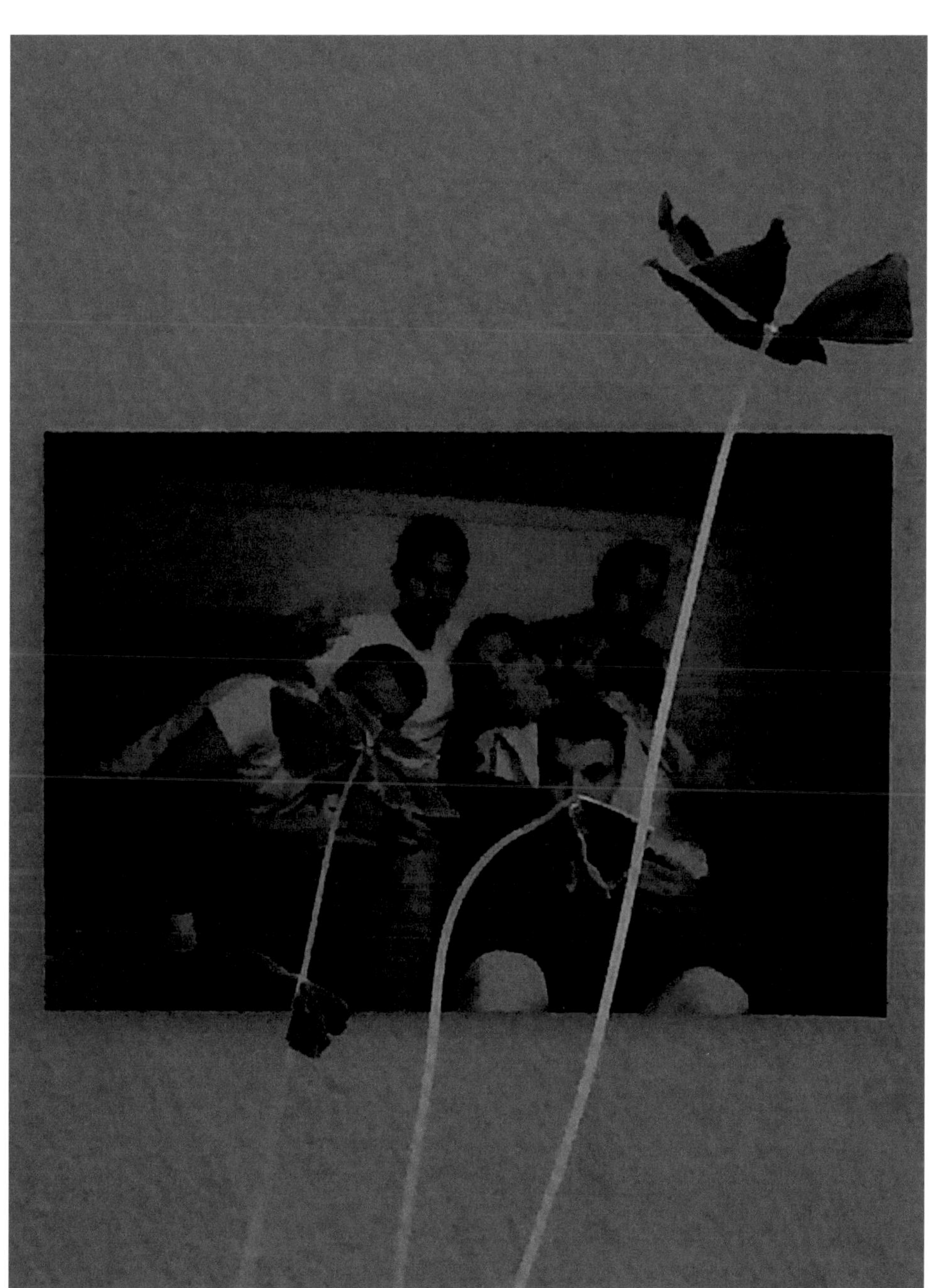

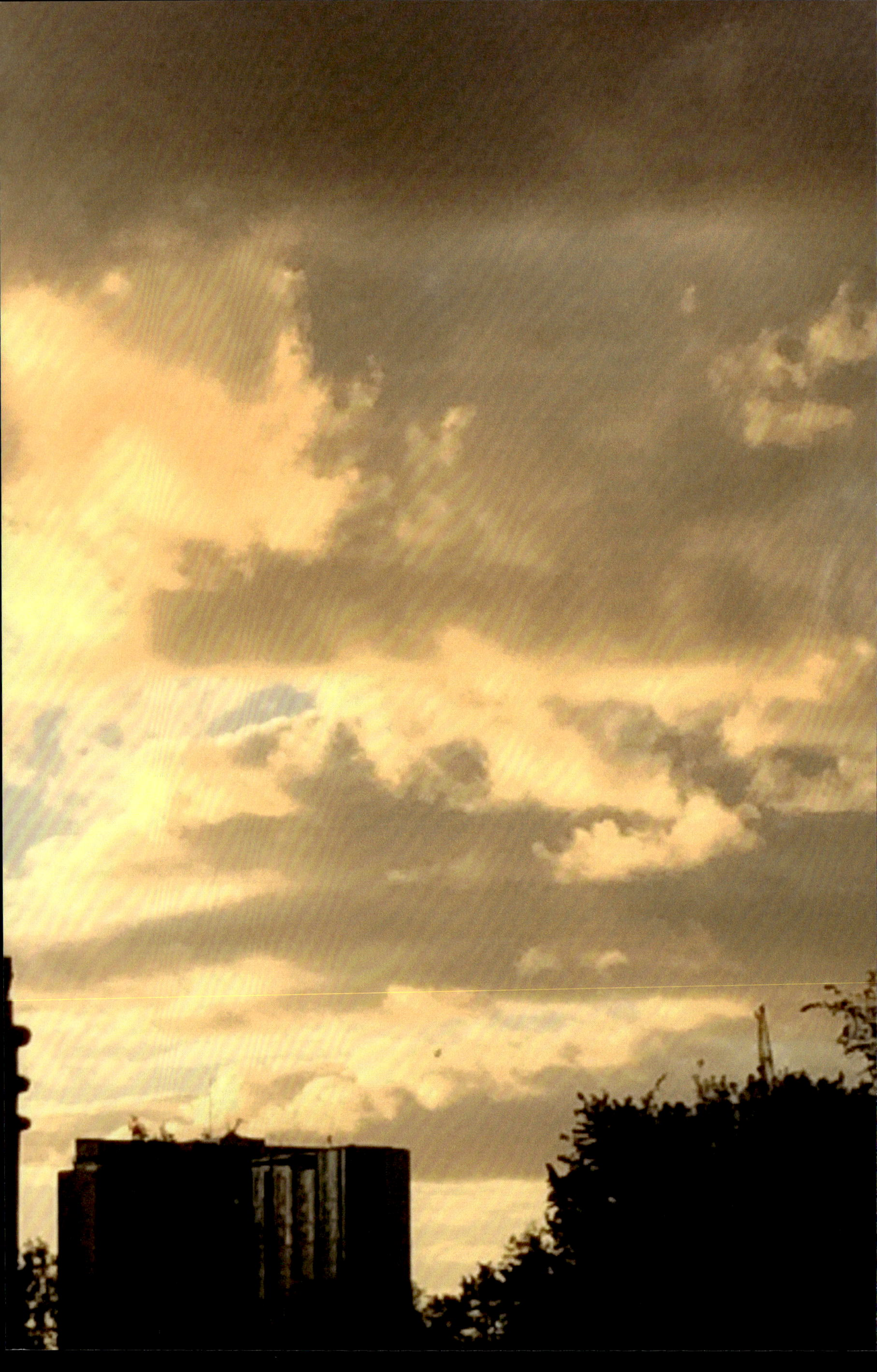

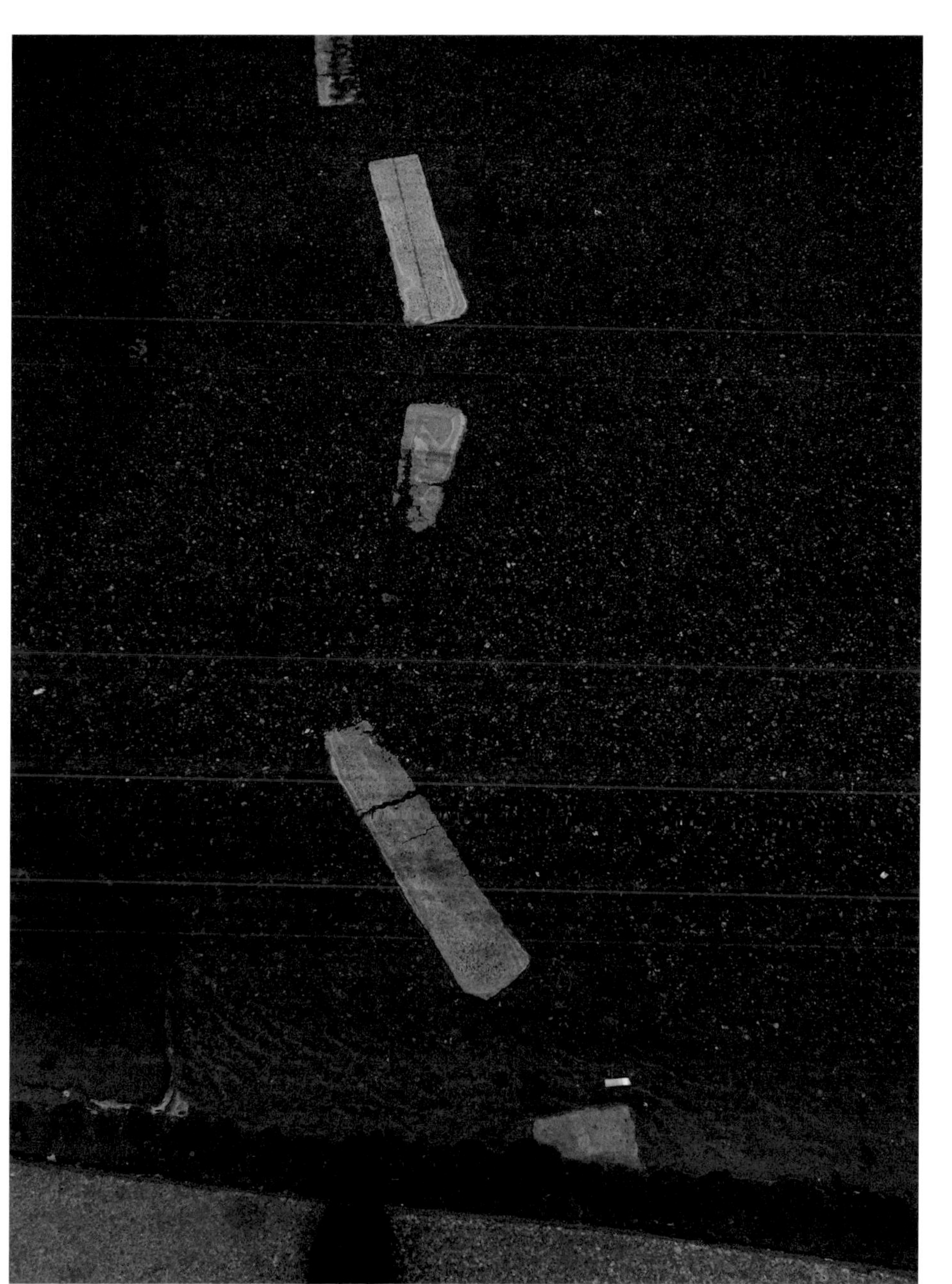

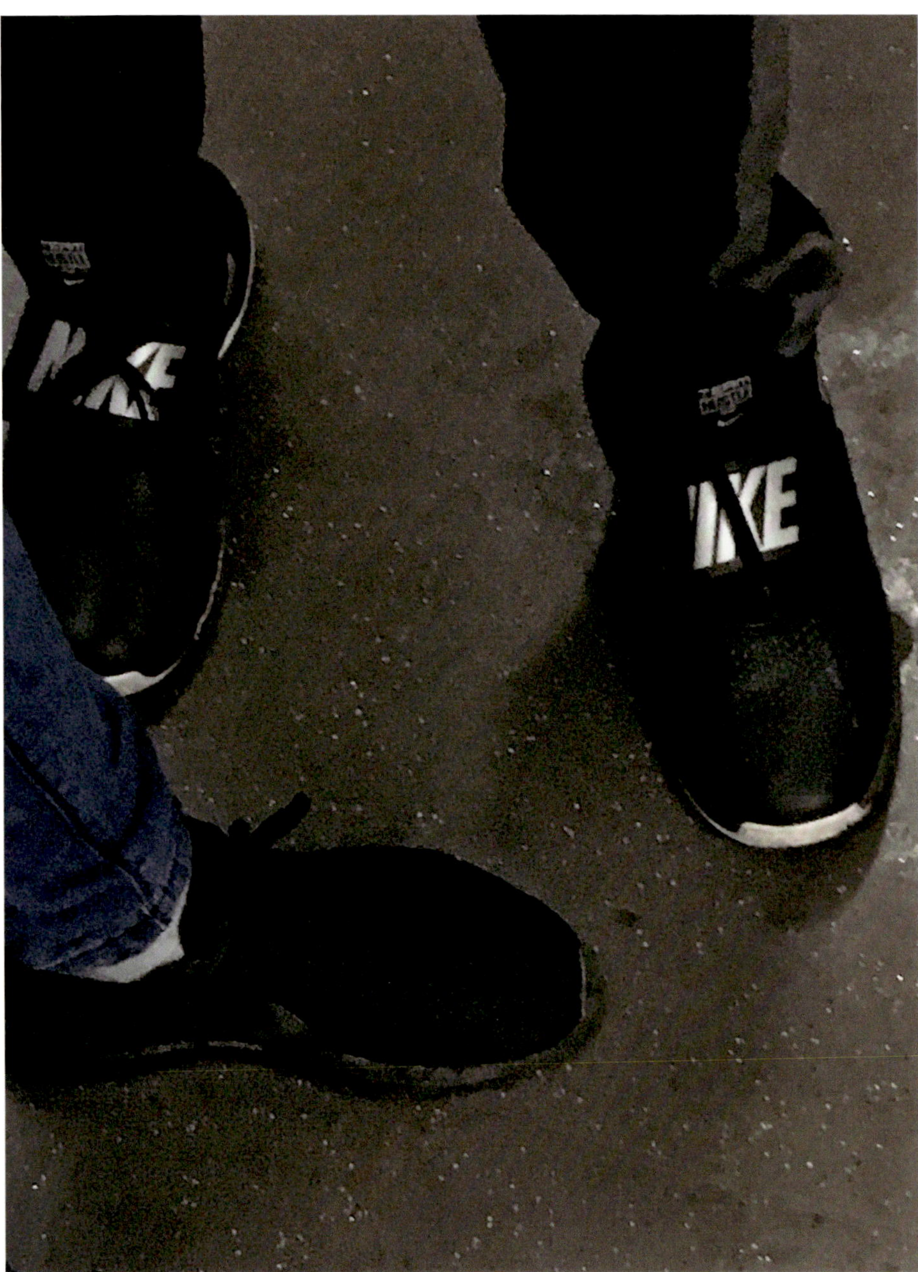

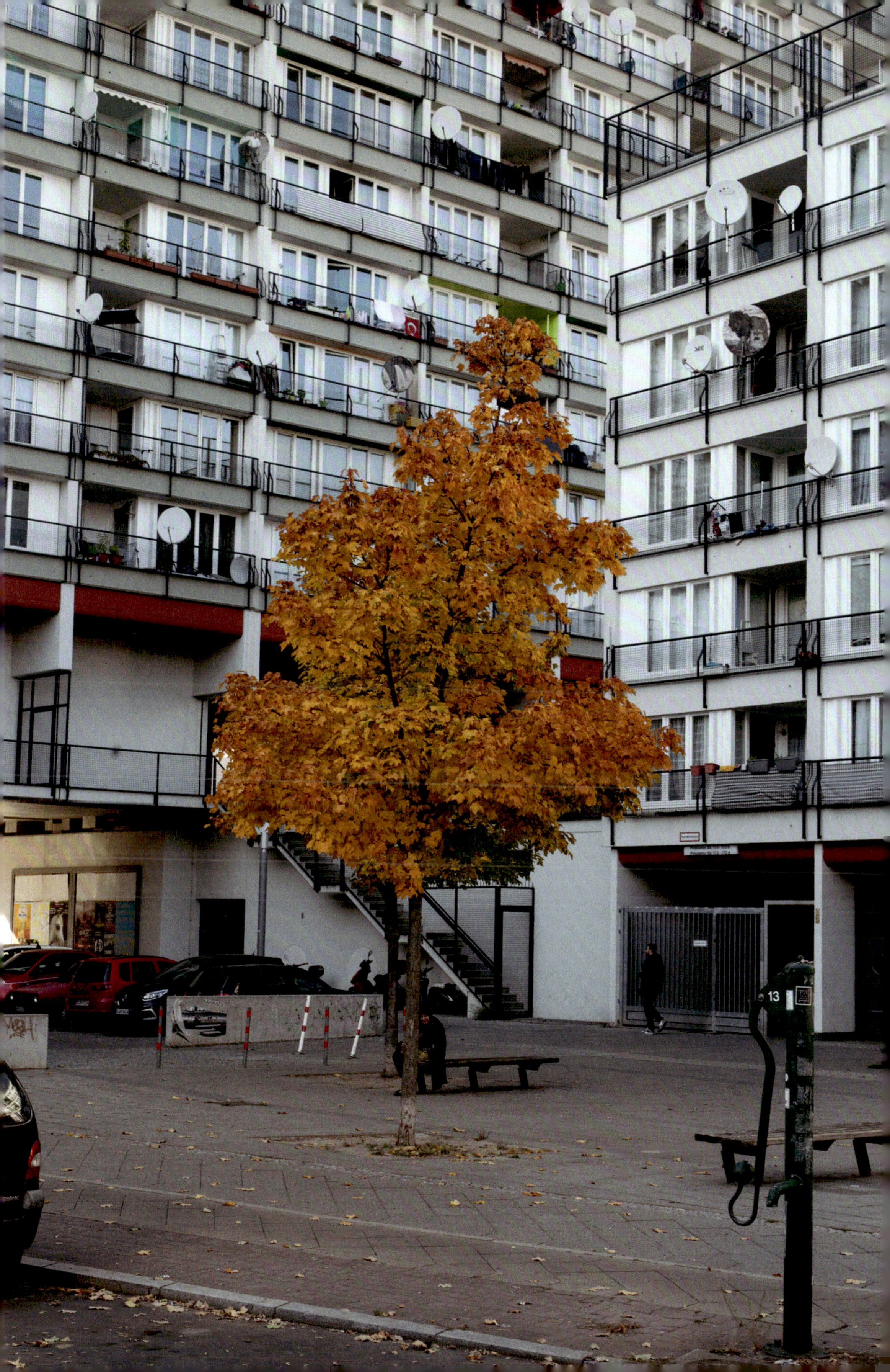
13

und ich weiß auch nicht wie ich umgehen soll mit deinem wegrennreflex
dann geh doch weg

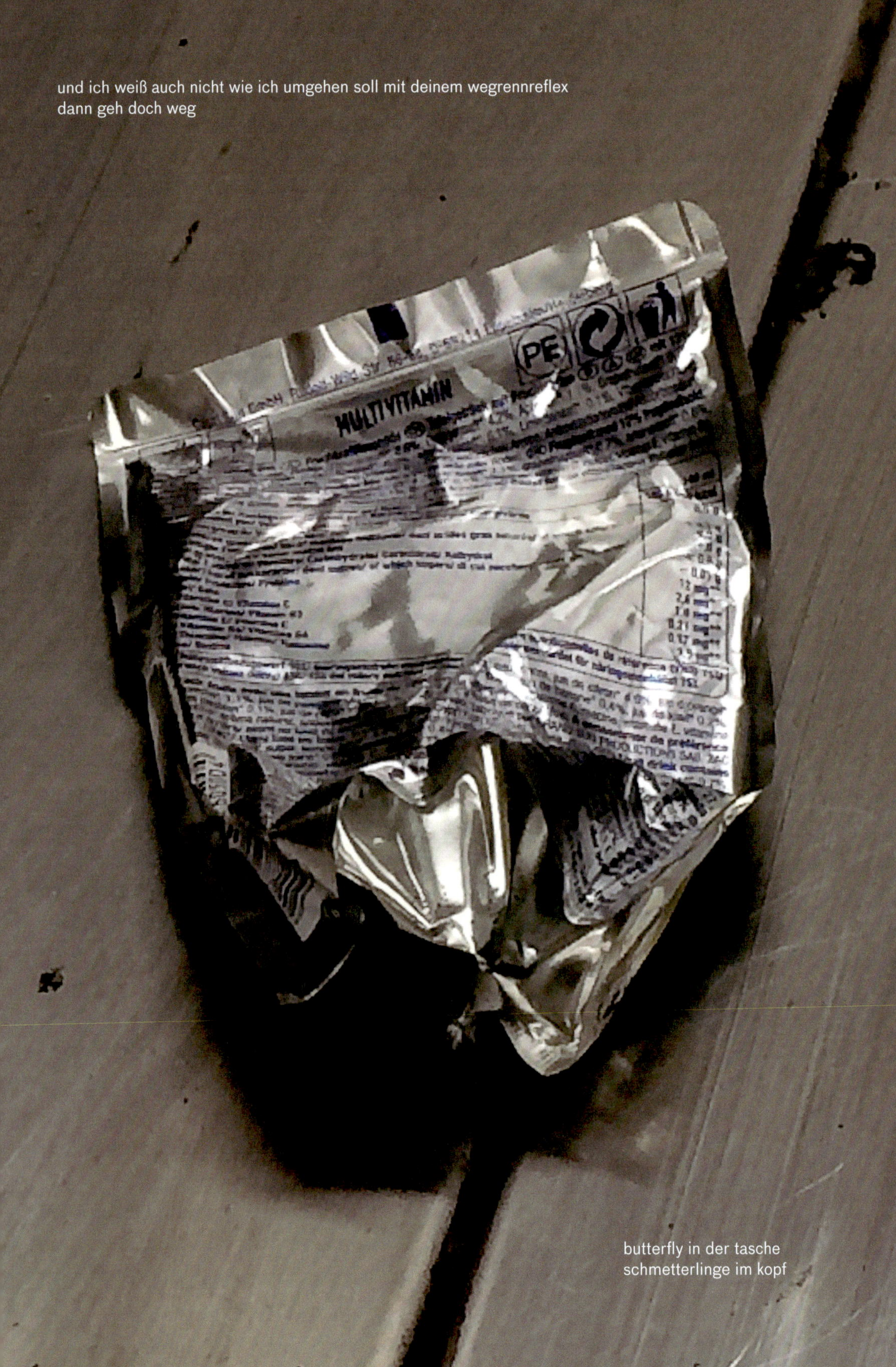

butterfly in der tasche
schmetterlinge im kopf

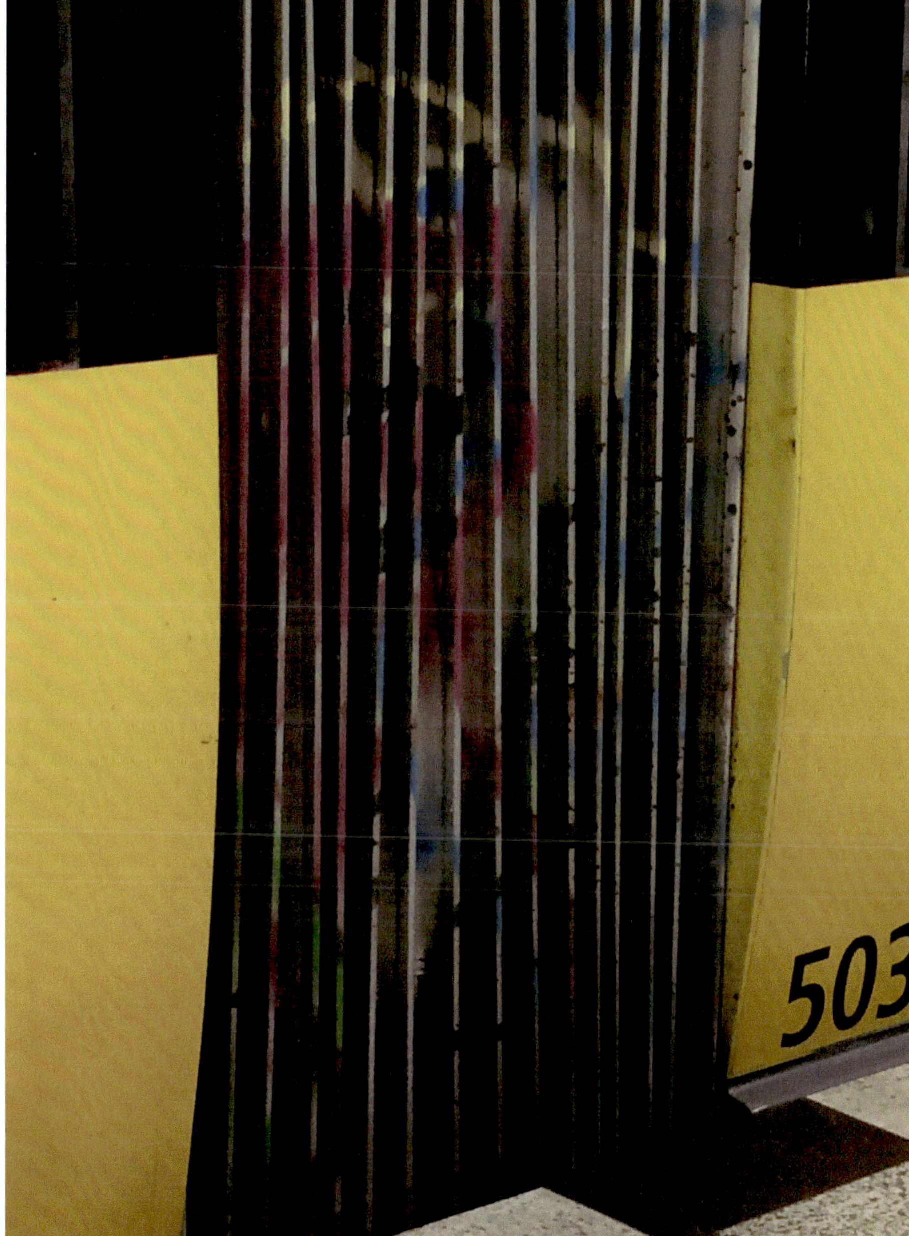
503

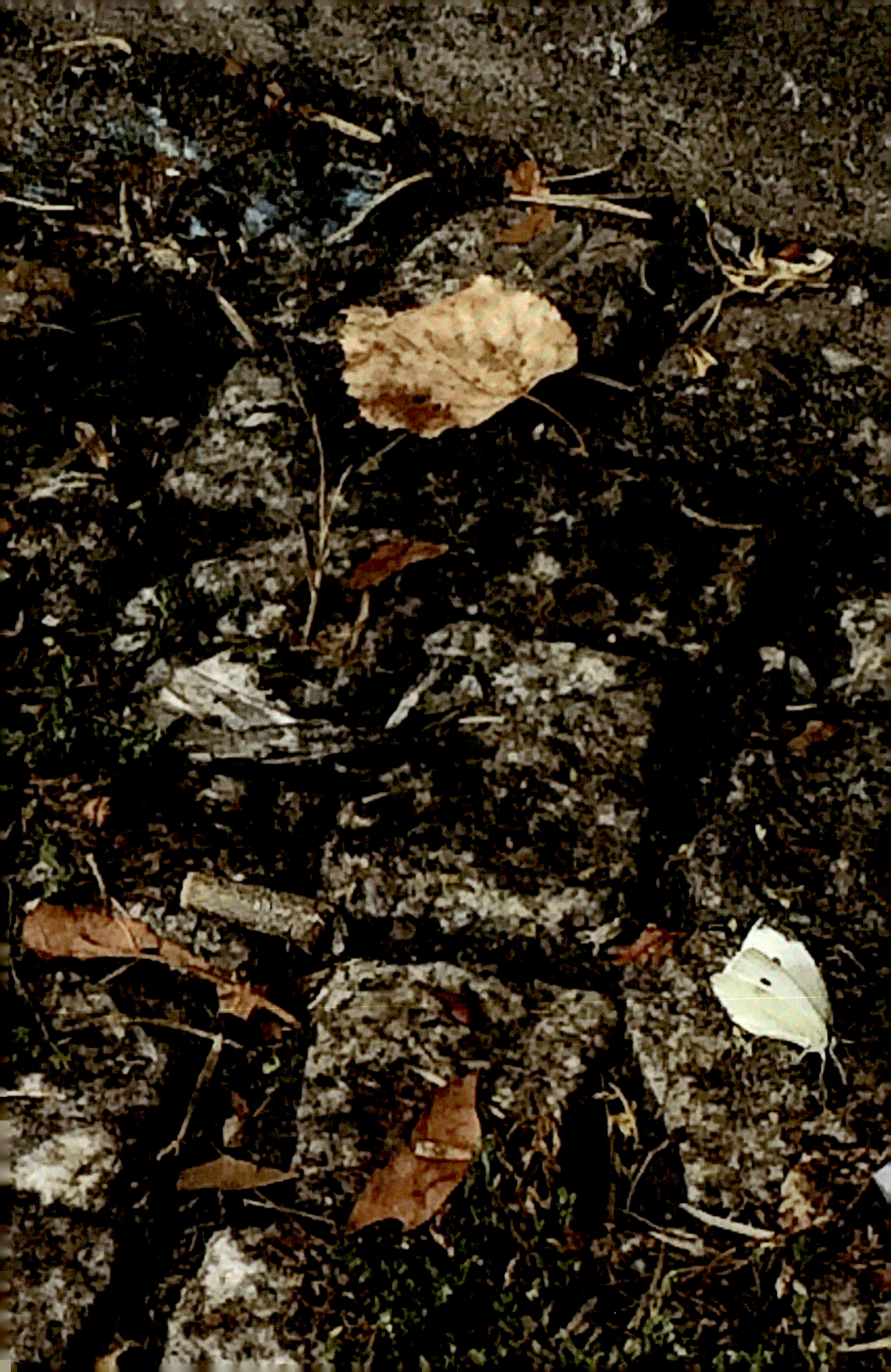

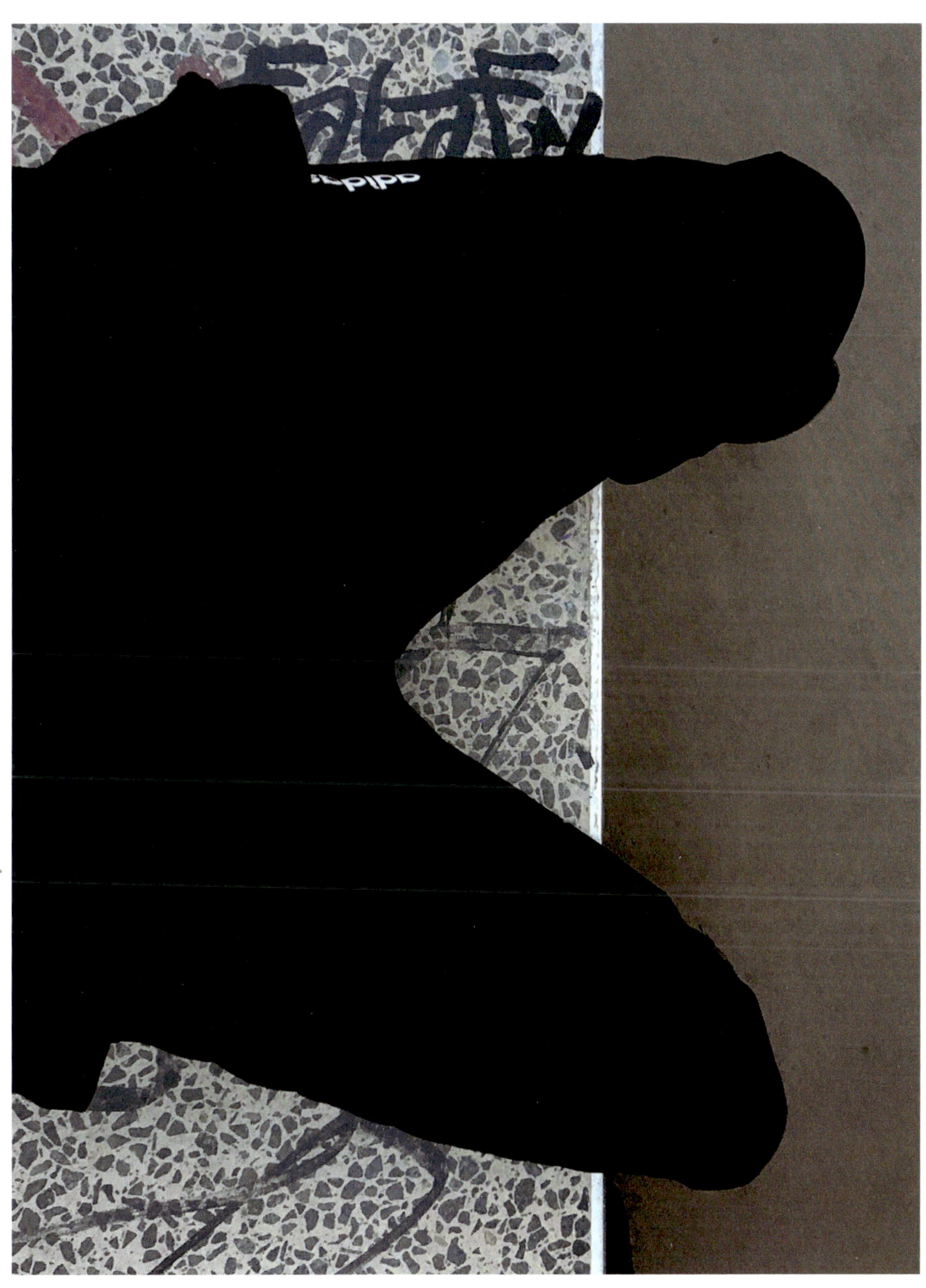

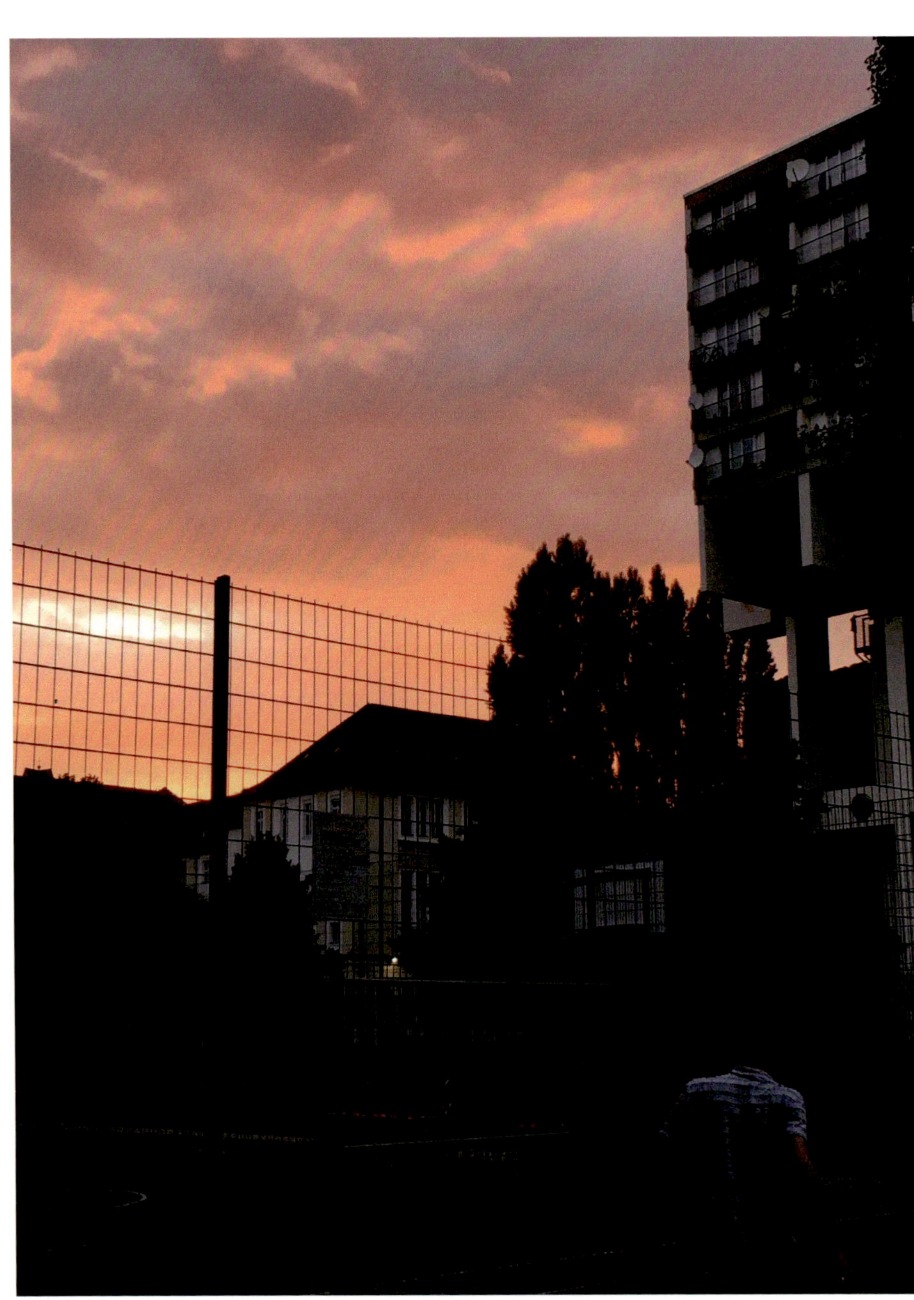

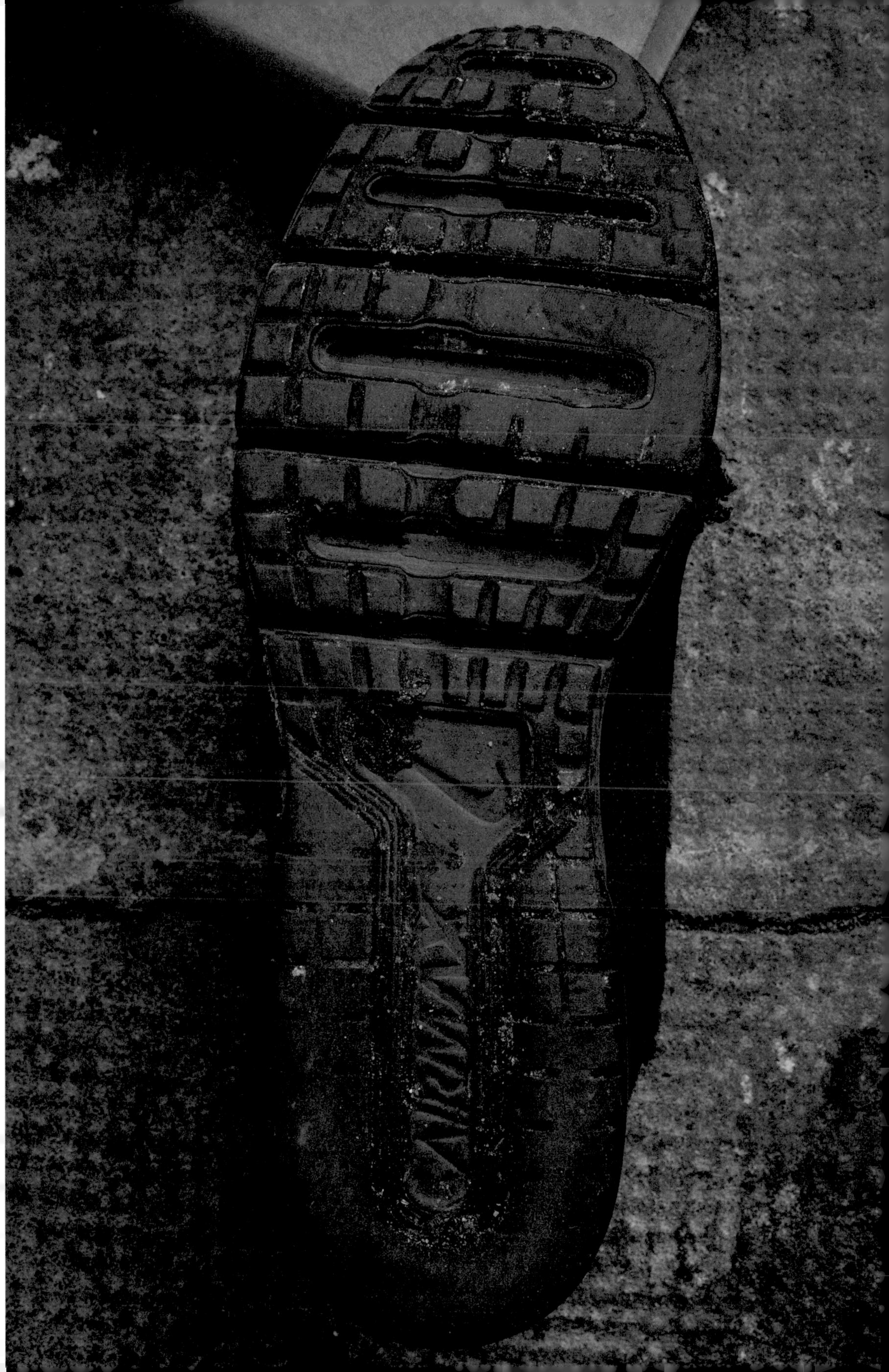

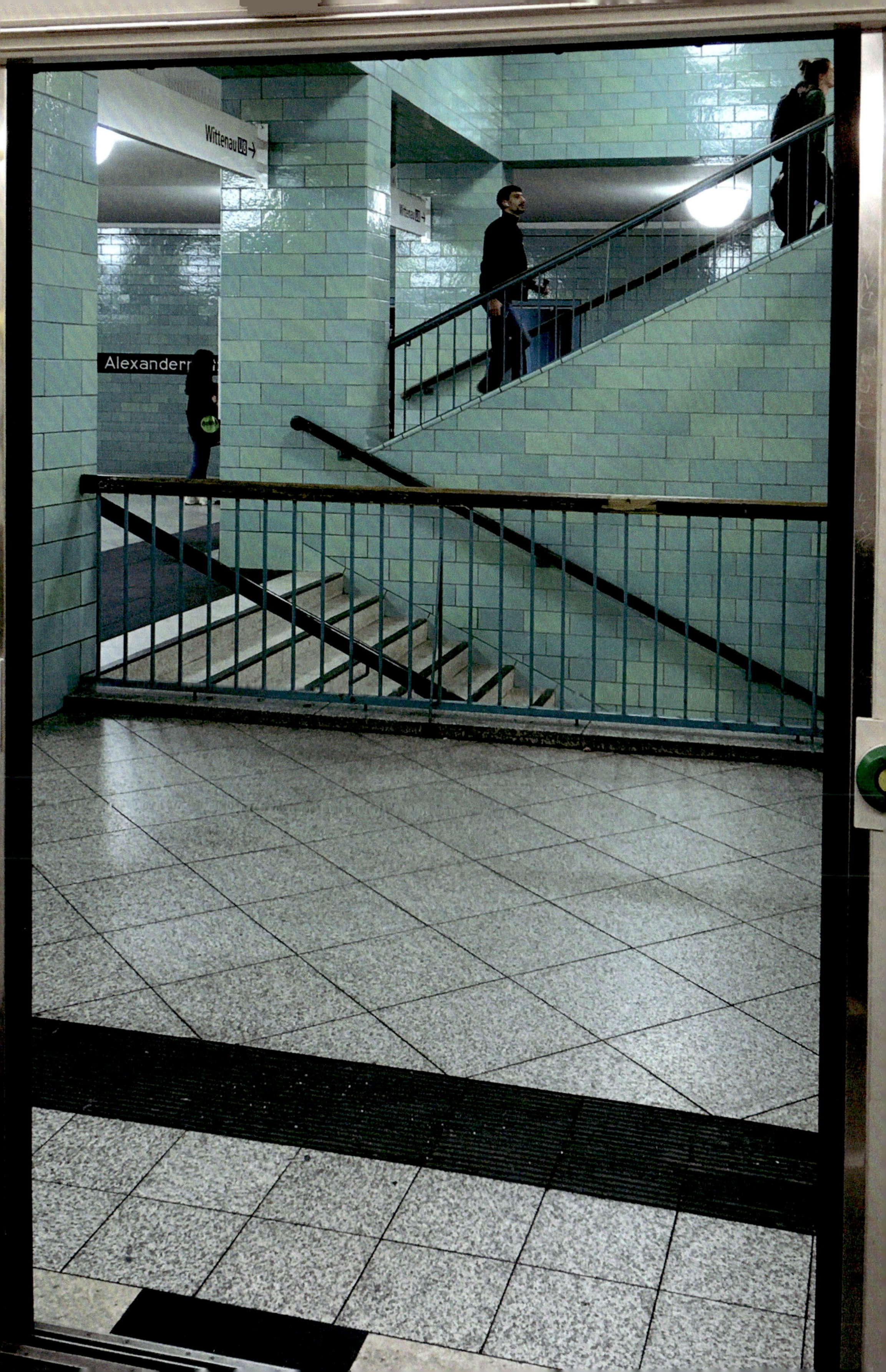
Wittenau U8 →

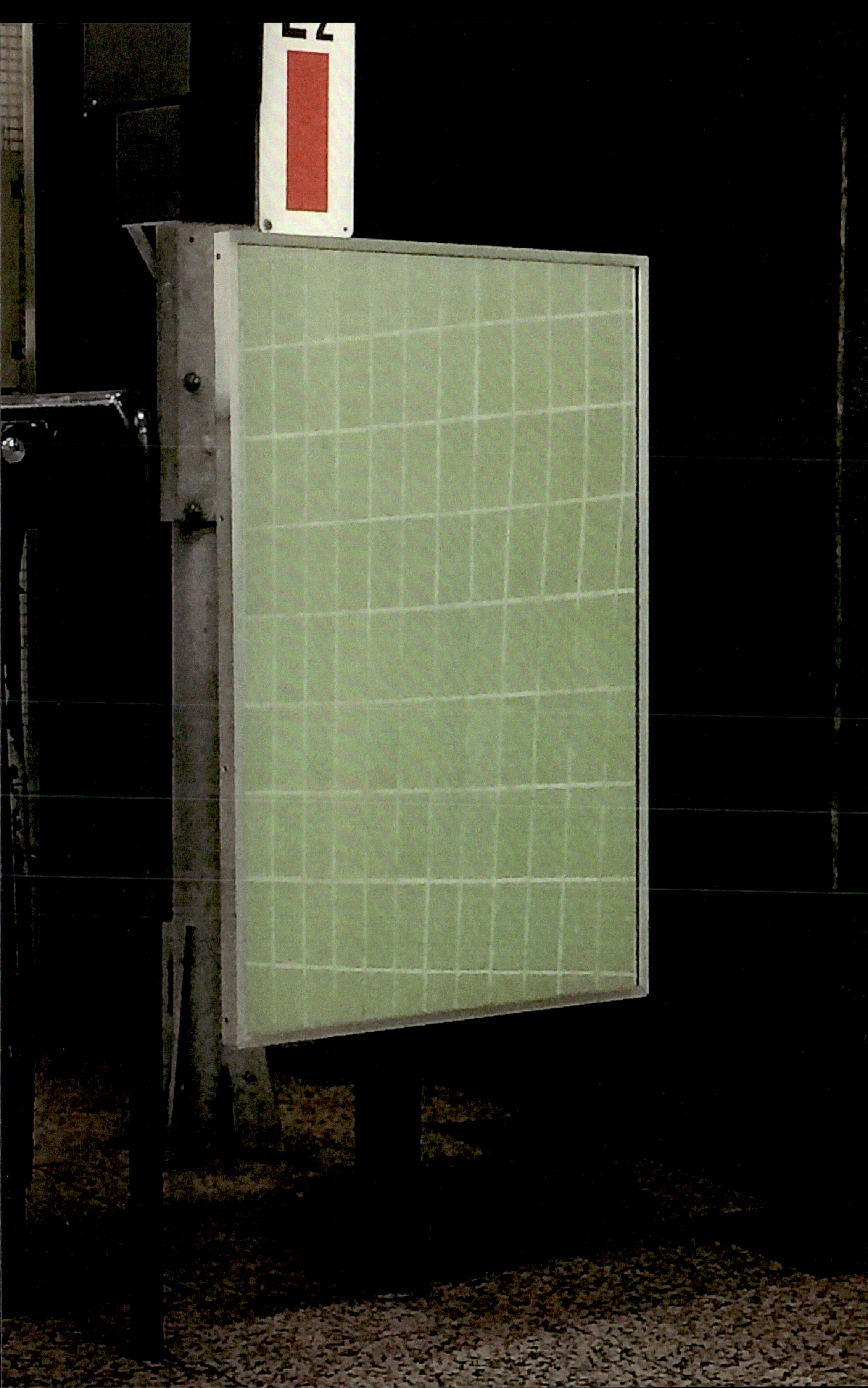

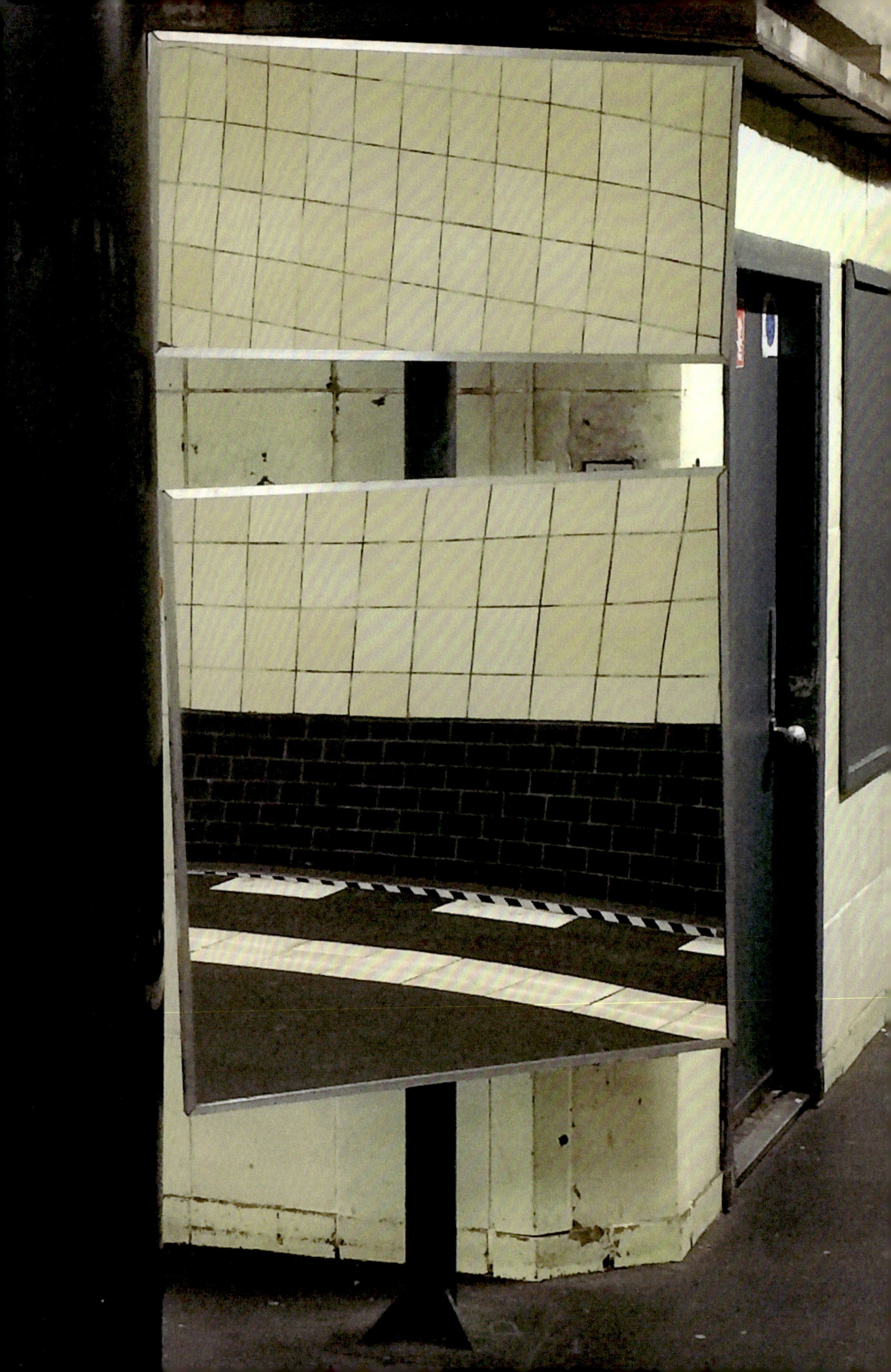

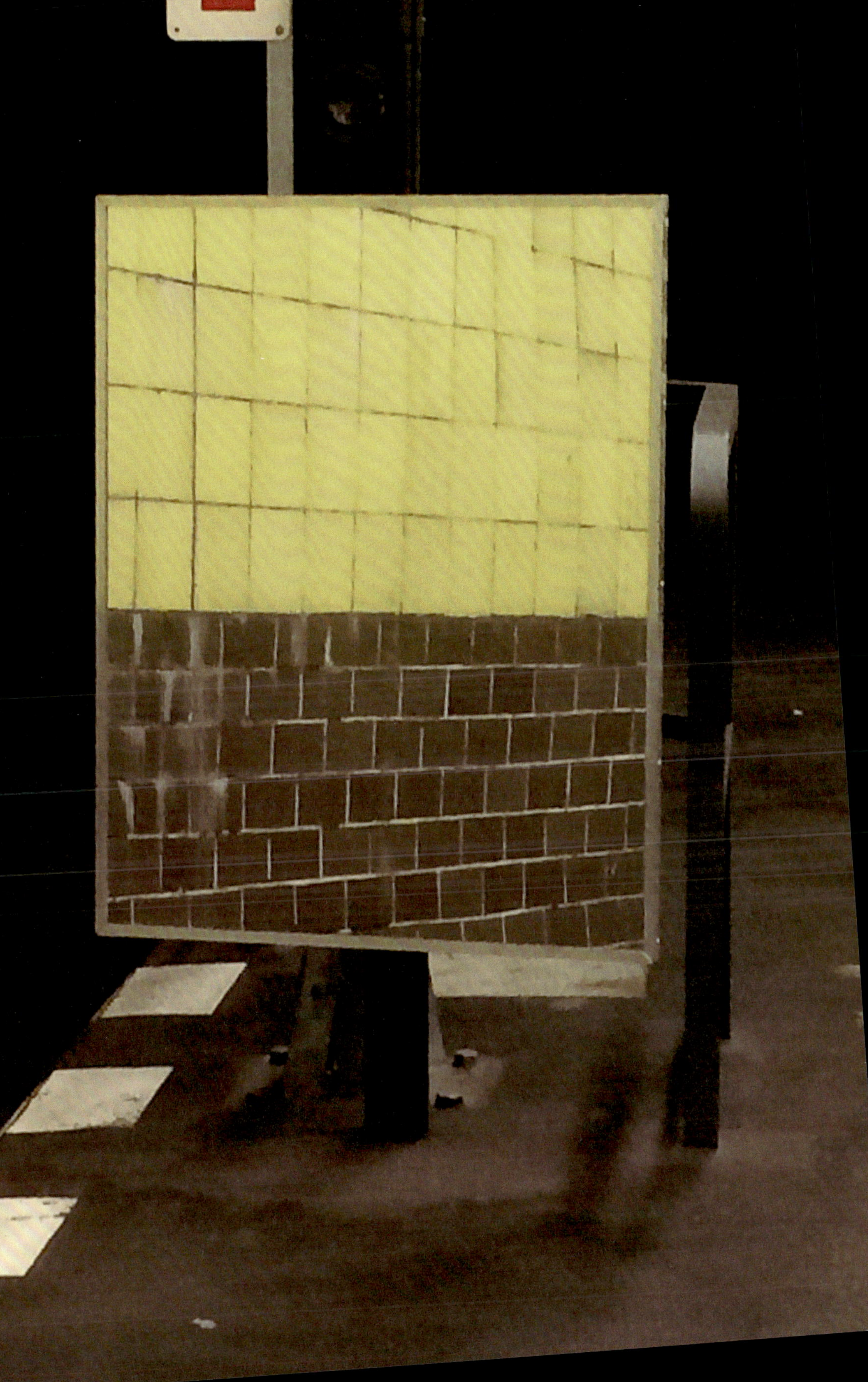

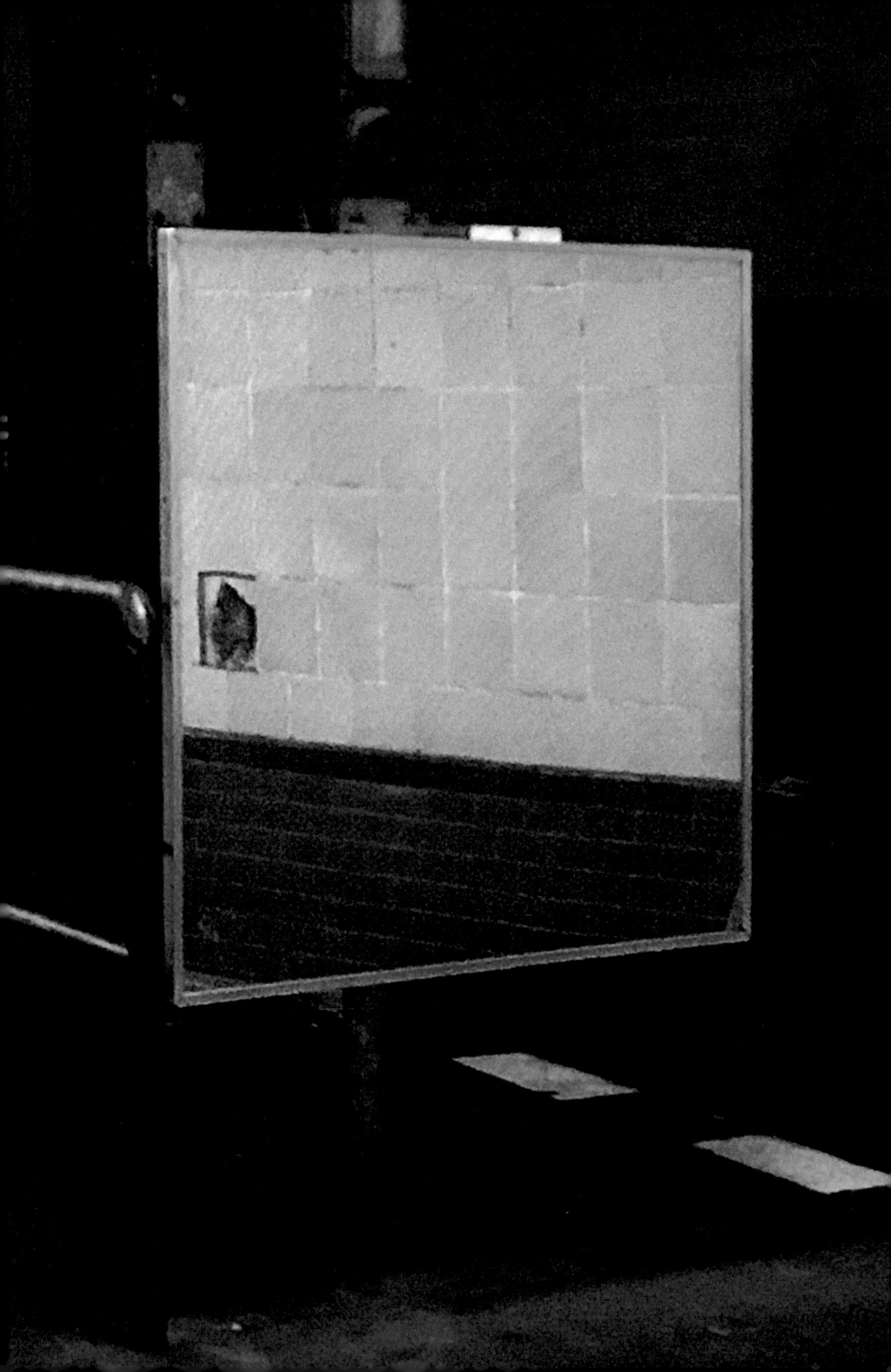

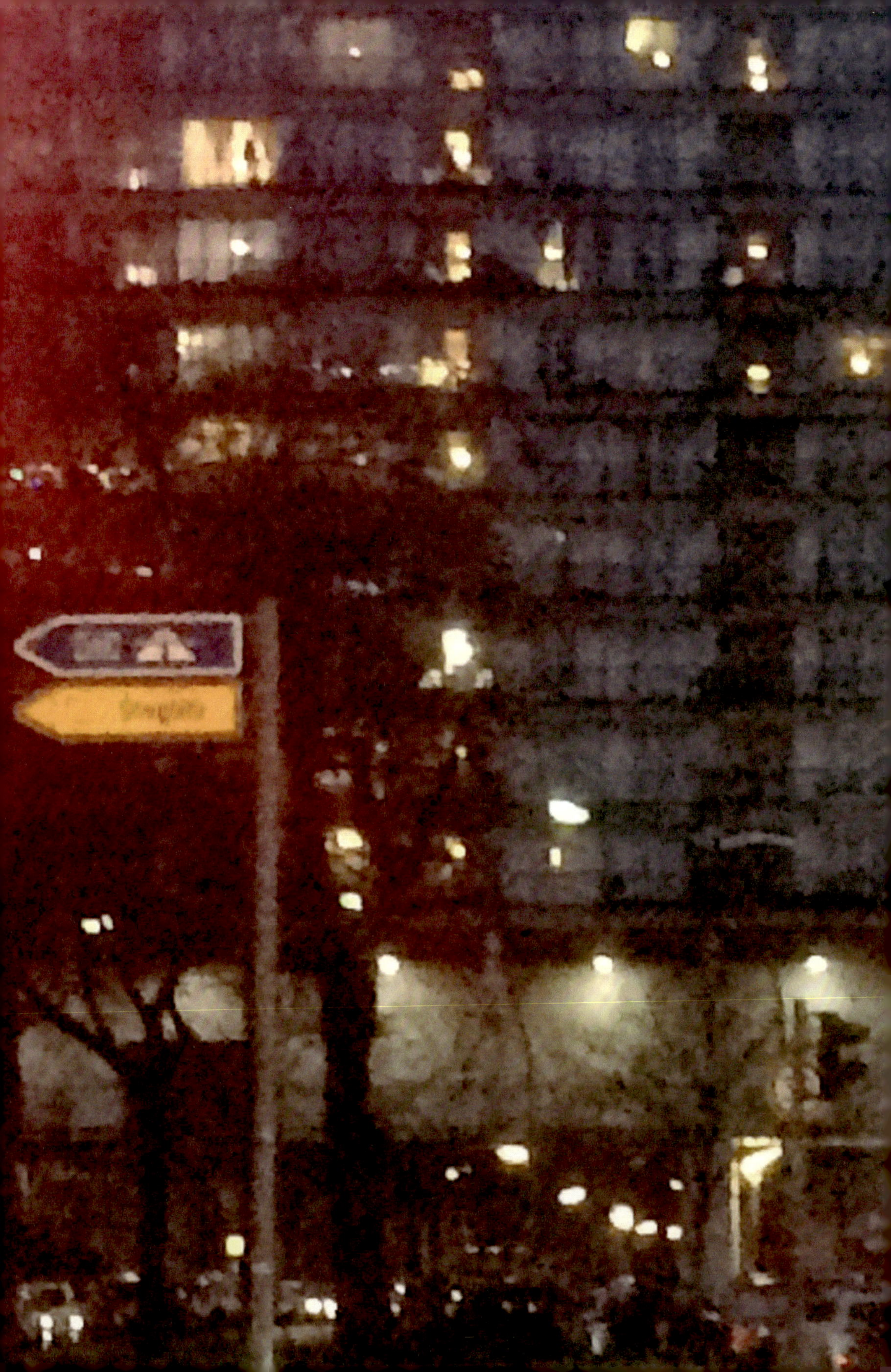

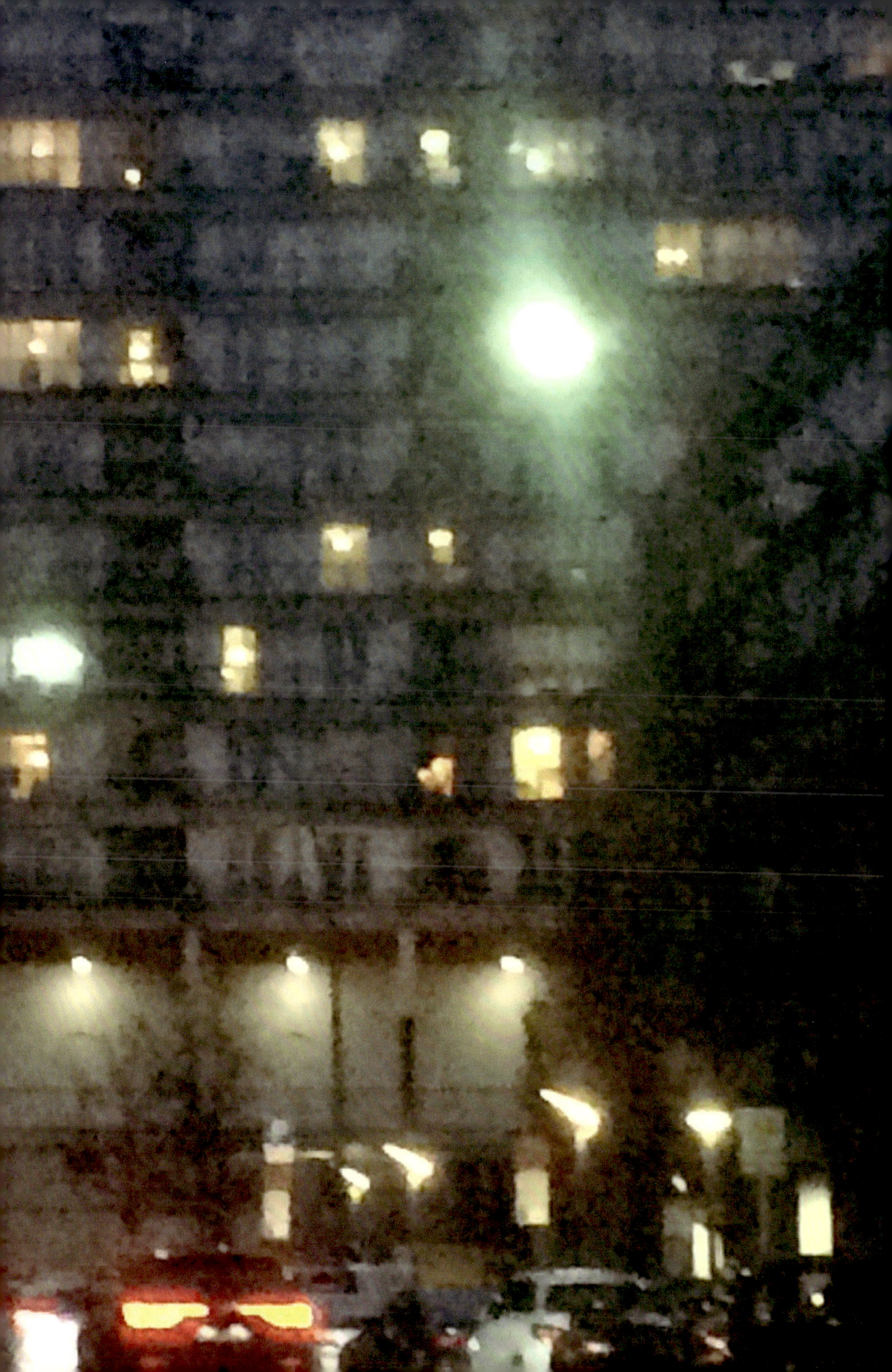

scheiß auf die wichtigtuer
alles lappen, laberbacken und wannabes
mittespasten
die so tun als würden sie was wichtiges machen

angry kids with a hint of a grin on their face
lead the way

auch wenn wir beide wissen
dass du cool bist und ich dich mag
ist klar
dass das hier keine zukunft hat
niemand was sagt

ihr redet mich zu in einer sprache die ich nicht sprech
ich werd frech
komm wir gehn hier weg
das nicht echt

zwei stationen zeit zu reden
zwei stationen zeit was zu geben
zwei stationen durch den nebel
zwei stationen reichen nicht
um dich echt zu sehen

was haben alle falsch gemacht
bin das ich
oder haben die das so gemacht
so gewollt
und gebaut
dass ich mir alles klau

the writing on the wall
still around
standing straight, standing tall
seeing it all

where are the houses you wanted to build
for me, my family, my friends
is this where lying begins and truth ends

du wolltest nur chillen
und ich hab auf angriff gemacht
jeden tag

waiting
while the trains are filling up
while the dirt keeps piling up
while the money is never enough
for this to stop

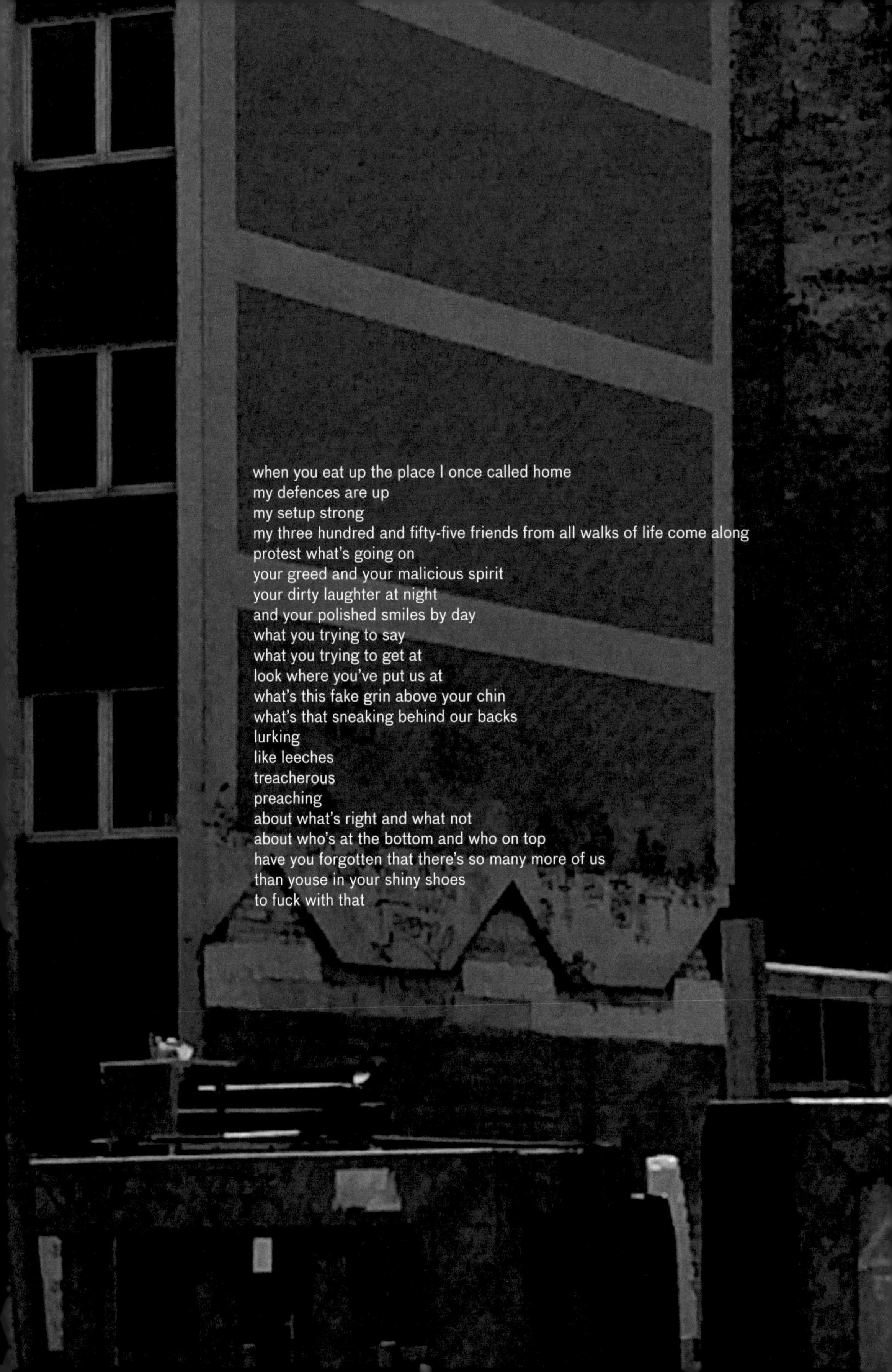

when you eat up the place I once called home
my defences are up
my setup strong
my three hundred and fifty-five friends from all walks of life come along
protest what's going on
your greed and your malicious spirit
your dirty laughter at night
and your polished smiles by day
what you trying to say
what you trying to get at
look where you've put us at
what's this fake grin above your chin
what's that sneaking behind our backs
lurking
like leeches
treacherous
preaching
about what's right and what not
about who's at the bottom and who on top
have you forgotten that there's so many more of us
than youse in your shiny shoes
to fuck with that

ich hab gesehen wie sie die drei brücken langsam runterkamen
mit baggern und mit schaufeln und wie sie alles nahmen
mit gelben kränen die auf uns runtergucken
achtung junge der wirft mit dreck mann und du musst dich ducken

und ich hab gesehen wie sie alles plattgemacht haben in deinem namen
mit deinem schmierigen grinsen und mit deinen narben
hatte schon fast vergessen wie das damals war
die ganzen typen die mich nur von oben ansahen

und jetzt kommen sie in massen mann und sind einfach da
schieben alles weg, was uns mal wichtig war
wo sind die brachen auf denen wir springen waren, ist schon klar
die müssen auch mal weg, aber was steht jetzt da

dumme weiße türme mit dunklen augen und lautem lachen
dumme reiche menschen die nicht verstehen was sie machen
dummes geld, das nichts zu sagen hat über die stadt die ich mal kannte
das ist keine nostalgie mann das ist der versuch einer antwort

auf den einsamen penner auf der straße vor sechs blanken neuen häusern
auf das ignorieren von zwanzig junkies die sich am bahnhof betäuben
auf die hundert blicke von den kids am kleistpark, die werden jetzt hart
oder das dünne mädchen, das dich fragt nach dem weg nach oben
ihr freund steht daneben und fängt an zu drohen

und ich hab euch alle gesehen wie ihr probiert habt was einzustecken
ihr könnt euch nicht verstecken
nicht heimlich unsere welt wegnehmen
kommt mal klar jetzt wir können euch doch sehen
und dabei zugucken
mit den blinden augen von tausend männern und frauen die euch nicht vertrauen
egal ob im dunkeln oder im grellen licht
meint ihr echt wir verstehen das nicht

die drei dinge die du in mir siehst
sind nur gelogen
bin nicht von hier, komm nicht von oben
hab nicht die sieben sachen nach denen du suchst in meinem kopf
werd nicht bleiben können, will nicht hier sein oder dort

guck mal da drüben steht doch einer der das alles kann was du willst
einer der leuchtet
und nicht so trübes lachen hat wie ich
einer mit ein bisschen leben in den graublauen augen unter den blonden haaren
guck den kannst du haben

jetzt geh mal lieber weg hier, sonst verschätzt du dich
bin nicht die hoffnung die du suchst mann, ich bin nicht das licht
bin einer mit schwarzen gedanken und ein paar grauen träumen
bin einer der kann nichts mehr leugnen

bin die wut der straße und die blicke der bleichen kinder
wenn sonst keiner stehen bleibt, mann dann bin ich da
bin einer der die stadt gegessen hat, nicht umgekehrt
bin nicht zu vertrauen mann, ich bin nichts wert

bin das schreien gegen die reichen und die großen und die starken
bin das weggehen hier, kann nicht warten, kann nicht atmen
bin das rauchen um drei uhr morgens mann und das nichtschlafen
bin geblendet von den lichtern eurer blank gefegten straßen

what is it my dear
you've been trying to do
burnt ciggie in one hand
and a beat-up face too

four thirty in the morning
and all you're trying to say
is forget about the others
and start minding my face

but looking at your hands
all I can see
is a landscape of veins
and no space for me

just like the freckles you throw at me
so difficult to withhold
but the harder you keep trying
the easier I turn cold

or that scar from the past
you try teasing me with
a backstabber's glory
and a dumb boy taking the risk

longer
than a summer night takes to unfold
or than these loud silences between us grow
this feeling will
take control

it
needs
to
go

your burnt ciggies are getting way too close

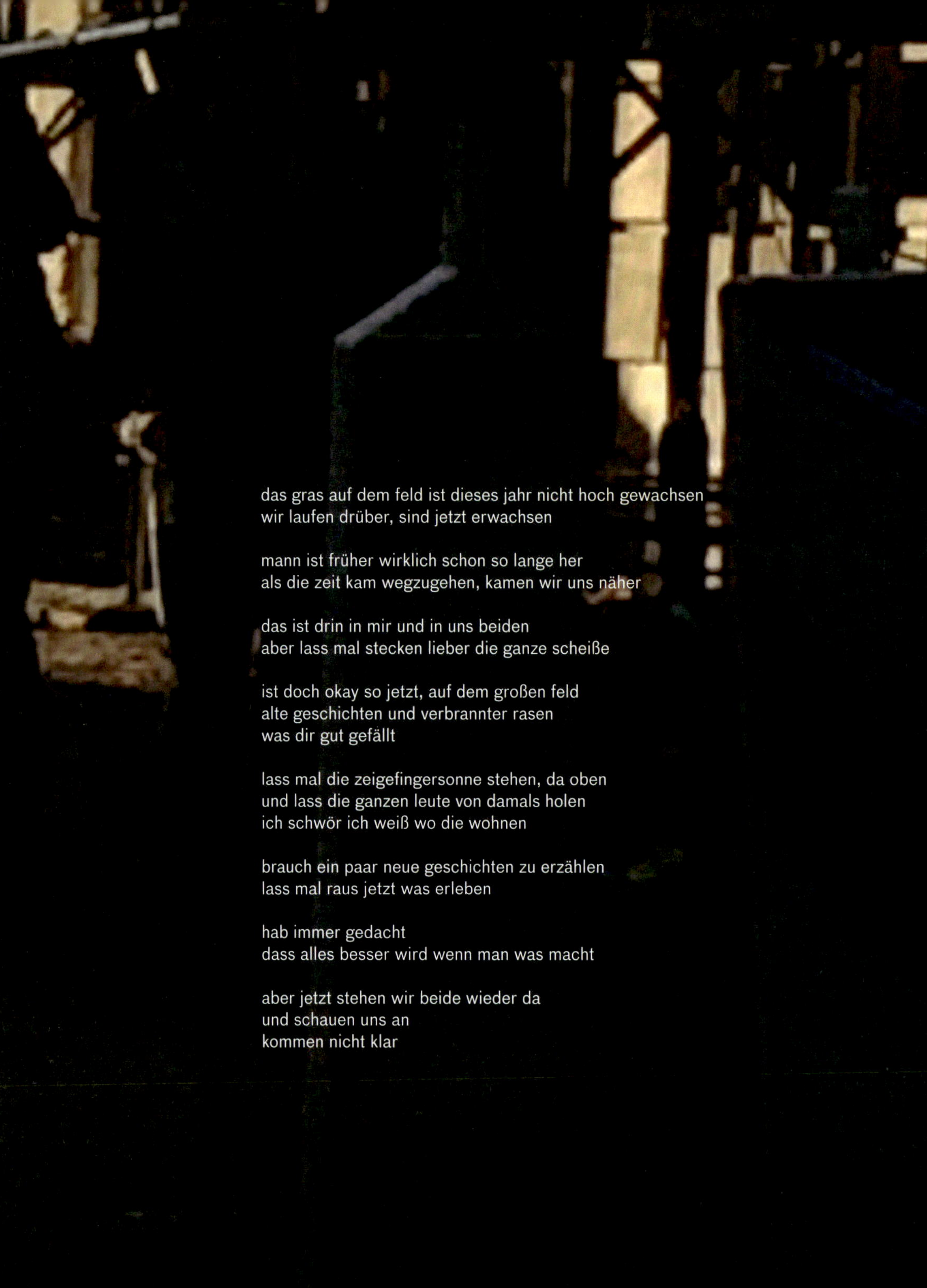

das gras auf dem feld ist dieses jahr nicht hoch gewachsen
wir laufen drüber, sind jetzt erwachsen

mann ist früher wirklich schon so lange her
als die zeit kam wegzugehen, kamen wir uns näher

das ist drin in mir und in uns beiden
aber lass mal stecken lieber die ganze scheiße

ist doch okay so jetzt, auf dem großen feld
alte geschichten und verbrannter rasen
was dir gut gefällt

lass mal die zeigefingersonne stehen, da oben
und lass die ganzen leute von damals holen
ich schwör ich weiß wo die wohnen

brauch ein paar neue geschichten zu erzählen
lass mal raus jetzt was erleben

hab immer gedacht
dass alles besser wird wenn man was macht

aber jetzt stehen wir beide wieder da
und schauen uns an
kommen nicht klar

here he comes. he sees me. how you doing, all good? yeah, I'm fine. hanging, you know. yes. pats me on the back.

he gets back to throwing balls again and I notice someone else on the other side of the fenced pitch. that red, worn-off resin, black ground below, carrying me. floating.

I go over, see aria standing there. haven't seen him in ages. just leaning there, fumbling with his phone. clap his hand, embrace him, pat his back. doesn't seem to care too much whether I'm around or not, minds his own business. he's the air I breathe. hey man. all good? yeah, sure. you? yeah. good. back to mark at the metal goal post, roll a ciggie. we start chatting about the lads. who's doing well, who's doing bad. it's eight of us, all same age. no fixed set of things. we float.

little kalil comes along, reminds me how long I've been away for. little not so little anymore. grown tall and strong, still that smirky smile on his face. really like the kid. watched him walking the red resin for years now. floating and all.

he starts spitting. what you doing, why you staring, what's the story. why you sitting here all day. why not go away. why not live, learn, beat it, leave it. why not head off for a while, get out with the tide. why not leave the rotten resin and all that black stuff underneath behind. why not quit floating, start to fly.

but I don't feel like leaving. I want to stay right here. been away too much, too long, need some time with my people. feel their breath, their life, their flesh. keep steady, to stay afloat.

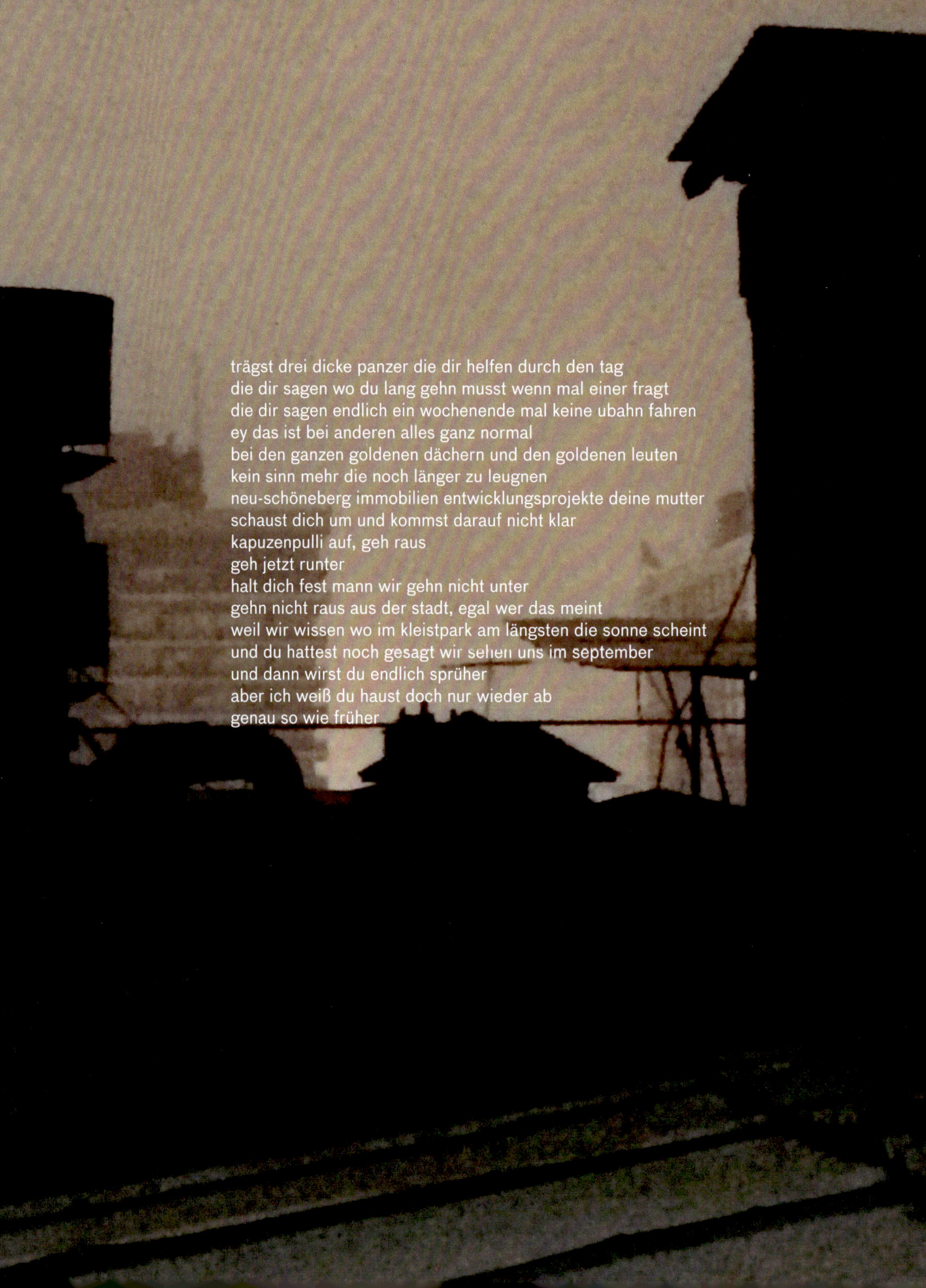

trägst drei dicke panzer die dir helfen durch den tag
die dir sagen wo du lang gehn musst wenn mal einer fragt
die dir sagen endlich ein wochenende mal keine ubahn fahren
ey das ist bei anderen alles ganz normal
bei den ganzen goldenen dächern und den goldenen leuten
kein sinn mehr die noch länger zu leugnen
neu-schöneberg immobilien entwicklungsprojekte deine mutter
schaust dich um und kommst darauf nicht klar
kapuzenpulli auf, geh raus
geh jetzt runter
halt dich fest mann wir gehn nicht unter
gehn nicht raus aus der stadt, egal wer das meint
weil wir wissen wo im kleistpark am längsten die sonne scheint
und du hattest noch gesagt wir sehen uns im september
und dann wirst du endlich sprüher
aber ich weiß du haust doch nur wieder ab
genau so wie früher

hab meine jacke zu, mein blick leer, neue kippen gekauft.
die menschen gehen, das rauchen bleibt. spucke vorm pallas.
schau mich um und alle schlafen. alle rennen, wissen nicht wohin.
blaue tage jetzt im winter. übertreib doch nicht, denk ich.

frag mich wo das sein soll wo du willst dass wir sind
frag mich die ganze zeit macht das hier noch sinn
denk ein zwei mal über das alles nach
denk mir was soll das werden mann wo bleibt der spaß

und auch deine ganzen teuren worte helfen hier wenig
hab mir die angeschaut, ich schwör die halten nicht ewig
redest vom zusammenstehen, vom zusammensein
aber ich seh du stehst hier doch allein

aber keine ahnung dicker ich bin nur schreiber
ich fall ein zwei mal zurück und geh dann weiter
ich schau mich um und seh nur blaues
seh die was klarmachen, seh dass du drauf bist

ich schau mich um und seh da draußen
was kaltes warten und kanns kaum glauben
drei von den jungs die immer noch da sind
und nicht vergessen haben wer ich bin

du haust rein jetzt und ich lass dich machen
kein sinn hier noch groß stress zu machen
mach mal junge mach dein ding
mal sehen wohin dich das bringt

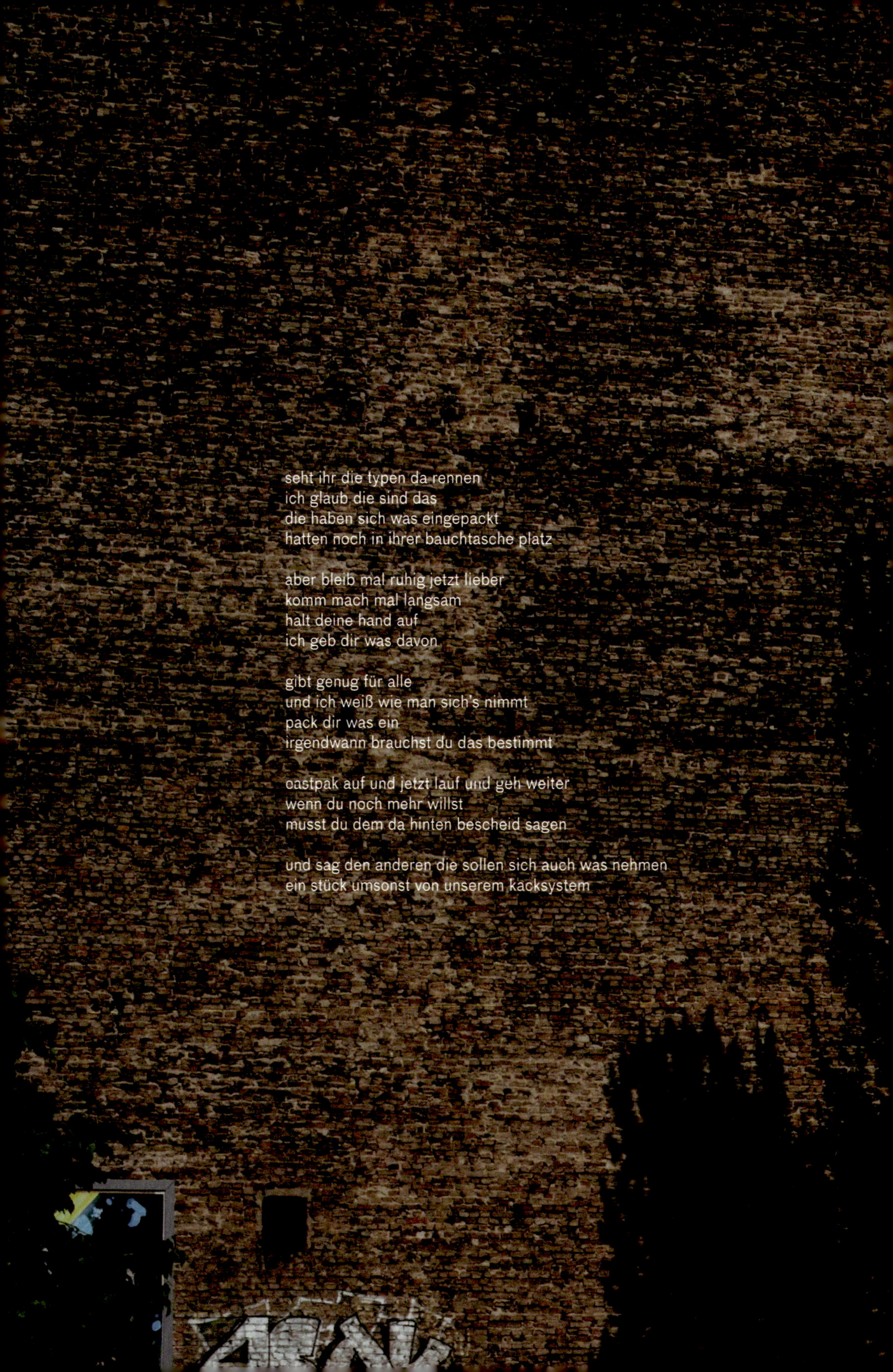

seht ihr die typen da rennen
ich glaub die sind das
die haben sich was eingepackt
hatten noch in ihrer bauchtasche platz

aber bleib mal ruhig jetzt lieber
komm mach mal langsam
halt deine hand auf
ich geb dir was davon

gibt genug für alle
und ich weiß wie man sich's nimmt
pack dir was ein
irgendwann brauchst du das bestimmt

eastpak auf und jetzt lauf und geh weiter
wenn du noch mehr willst
musst du dem da hinten bescheid sagen

und sag den anderen die sollen sich auch was nehmen
ein stück umsonst von unserem kacksystem

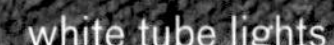

white tube lights

where these people at. the ones you've been looking at. the ones with the fancy chat. where they at.

those dreamy nights on yorckstrasse is what they're after. but they'll never get the kids. or the precision of their wounding words. their sharpness. their identifying every single weakness, every thread of doubt. how they spin them out. the awe I feel at these words. how much their worth. how much since birth. how much I've learnt. how little concern.

thinking, about these days and nights, about the scars and the fights, about the humming of those white tube lights, it makes things feel alright. makes things feel in place and at ease. share this feeling, once, at least. share the moments when you're touched by words. make them worth. make them work. have them spread across the ages. have them set in stone, so they'll make it. make your language bold, have it told. across a hundred silent nights in a row. speak those words out now and have them sold. come on boy before you've grown old.

before the rich eat it all.

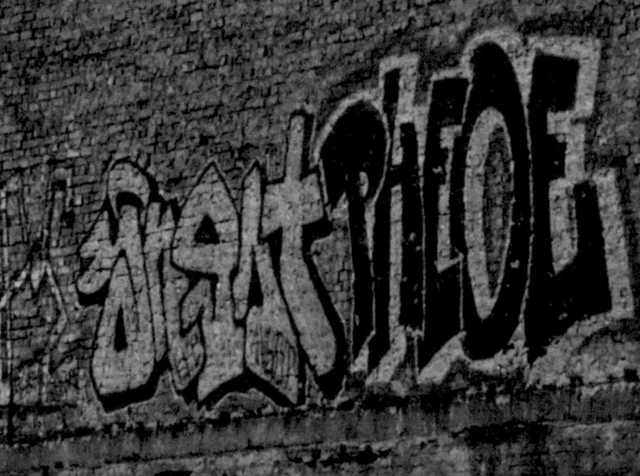

wenn da sieben leute stehen und mir sagen
du wirst versagen junge

nehm ich das an
oder teil ich aus

hab respekt vor euch opfern
oder mach was draus

nur weil ich
stehle lüge
und betrüge

nur weil ich über die von oben lache
und was ich in meinem kopf hab wahrmache

ich bin keiner von euch in dieser gesellschaft
bin keiner von euch in dieser welt mann

will keine hilfe von außen
und wenn du nicht aufpasst
werd ich weglaufen

ich kann schreien prügeln
bomben geben und bomben fangen
abhauen jetzt und nicht irgendwann
ich hör nicht auf sondern fang grad erst an

und deine leeren sätze in meinem blassen gesicht
brauch ich nicht

denn ich weiß

meine worte
die euch sonst so stören
sind auch was wert

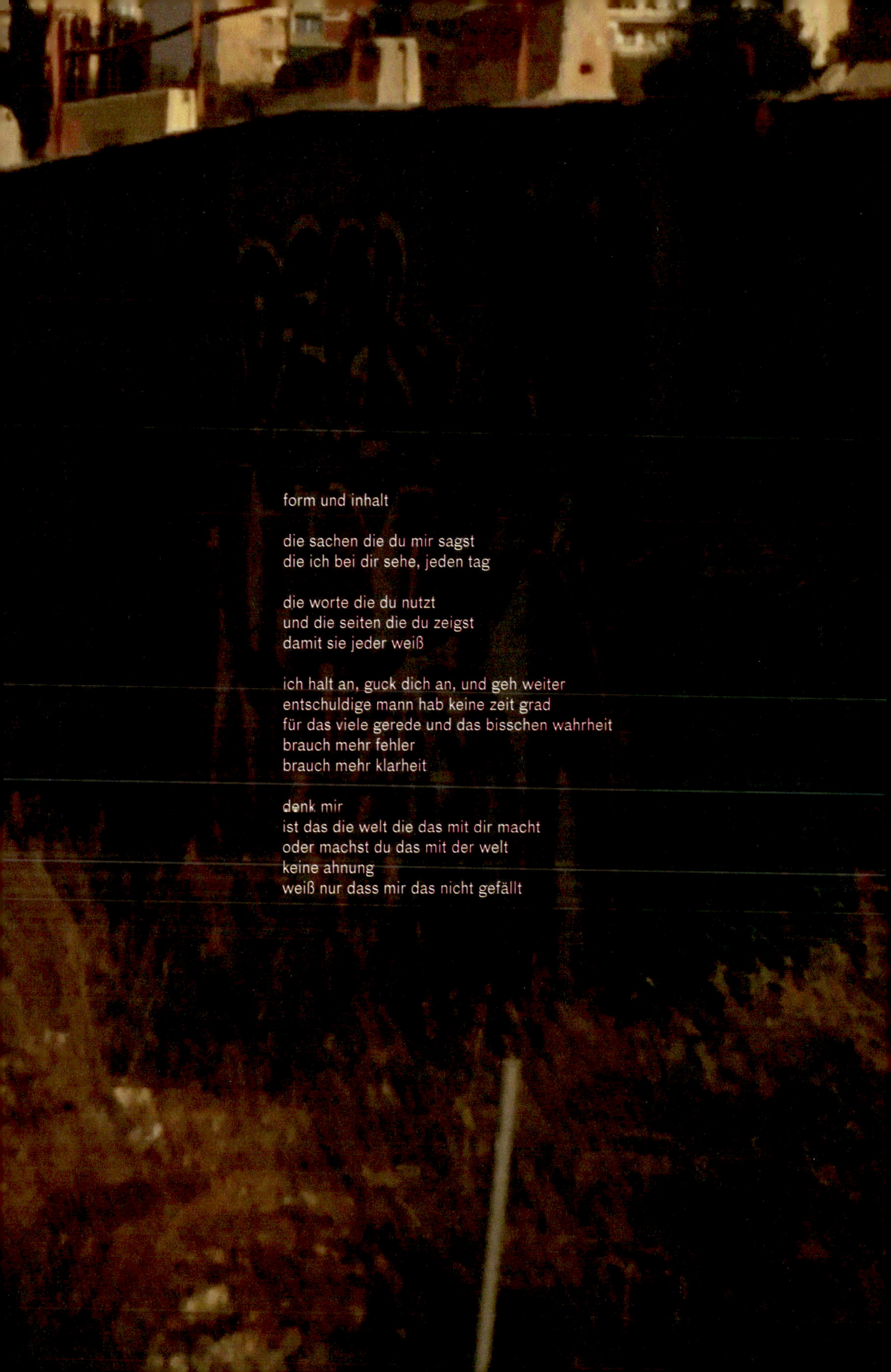

form und inhalt

die sachen die du mir sagst
die ich bei dir sehe, jeden tag

die worte die du nutzt
und die seiten die du zeigst
damit sie jeder weiß

ich halt an, guck dich an, und geh weiter
entschuldige mann hab keine zeit grad
für das viele gerede und das bisschen wahrheit
brauch mehr fehler
brauch mehr klarheit

denk mir
ist das die welt die das mit dir macht
oder machst du das mit der welt
keine ahnung
weiß nur dass mir das nicht gefällt

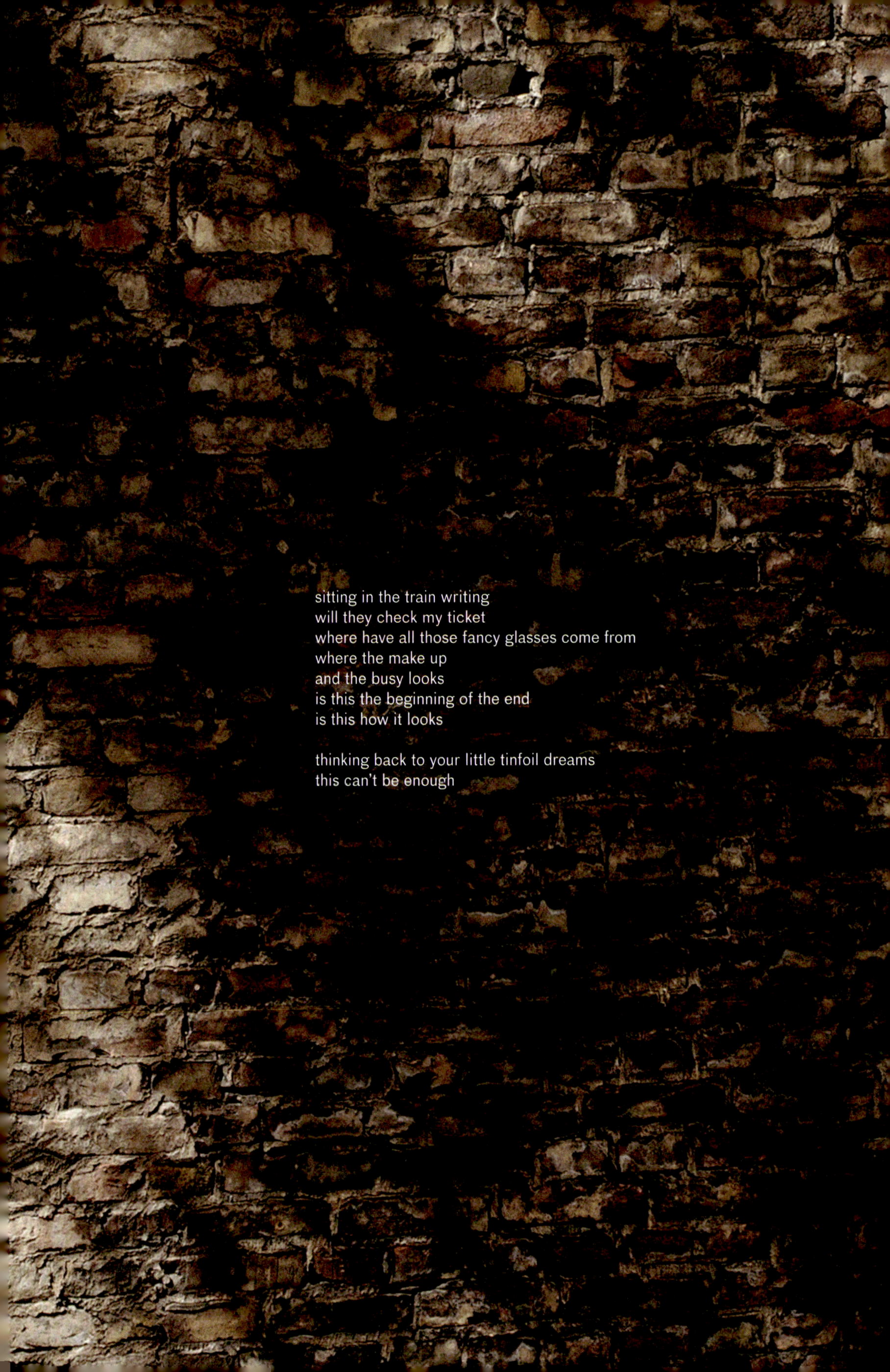

sitting in the train writing
will they check my ticket
where have all those fancy glasses come from
where the make up
and the busy looks
is this the beginning of the end
is this how it looks

thinking back to your little tinfoil dreams
this can't be enough

bland balconies

look like weapons to me
shining in the summer light
they want to eat me alive
crawl under my skin
and rip out the
things
I'm made of
the words that formed me
the flesh I carry around, sulking
my seventeen limbs
and all my kin

a call to arms
might be missing
but these new buildings
outlasted our wits
all our grit
so we swallowed it
and spat it out
in words that came out loud
and proud
stuck them on two new and shiny walls
bold and big where they belong
big and bold, thick and strong
come next day our words were gone

we're being silenced
by plastic bricks
and by everything they drag along
now should I stay
or should I run

think you forgot where I'm from

peer pressure blues
every morning
lilies dancing
and you're frowning

today I saw a young girl with scars all over her arms
made me think of you
made me feel rich and warm
didn't know where she went to
or how far she'd gone
or where she got all her scars from

today I saw a tall boy lying in the sewage of turmstrasse train station
exit four one five
made me think of myself
and made me feel alive
thought about the way things went
and how they could've gone
made me feel all alone and wrong

now with two tracks to move on
and only one small mind holding you down
with two lives to live
and one leading out of town
are you heading off
or will you stick around

make me go, mate
I want to live before I drown

fieser typ steht rum aggro und alles
drei schritte die er auf mich zukommt
und ich weiß gleich knallt es
aber was los ich geh hier nicht weg egal was du willst
mir egal was du sagst ja ob du stress machst oder chillst
fieser typ steht immer noch rum aggro und alles
ich schwör ich seh ihn jeden tag und ich weiß irgendwann knallt es
aber was los mir egal wen du kennst ich kenn viel mehr
mir egal wen du probierst zu holen ich frag dich wer
hat soviel zu sagen in einer stadt die er nicht kennt
die er nicht fühlt, für die er nicht brennt
die er mit geld aushöhlt und dann wegrennt
ich nehm all deine leeren wörter auseinander mit denen du probierst nach mir zu werfen
ich bleib hier mann und hör nicht auf dich zu nerven
dich zu stressen
und gegen jede deiner ideen was machen
anzupacken
und mit sieben jungs dich langsam auszulachen
was willst du machen
gegen die sieben mädchen die sich trauen
laut zu reden
und scheiße zu bauen
egal ob beim fallen oder fliegen
wir lassen uns nicht verbiegen
und wenn unsere vier klaren sätze nicht reichen
werden wir nie reich sein

aber mir egal
denn ich häng viel lieber
mit leuten die wahr sind
als mit so verlogenen typen wie ihm da

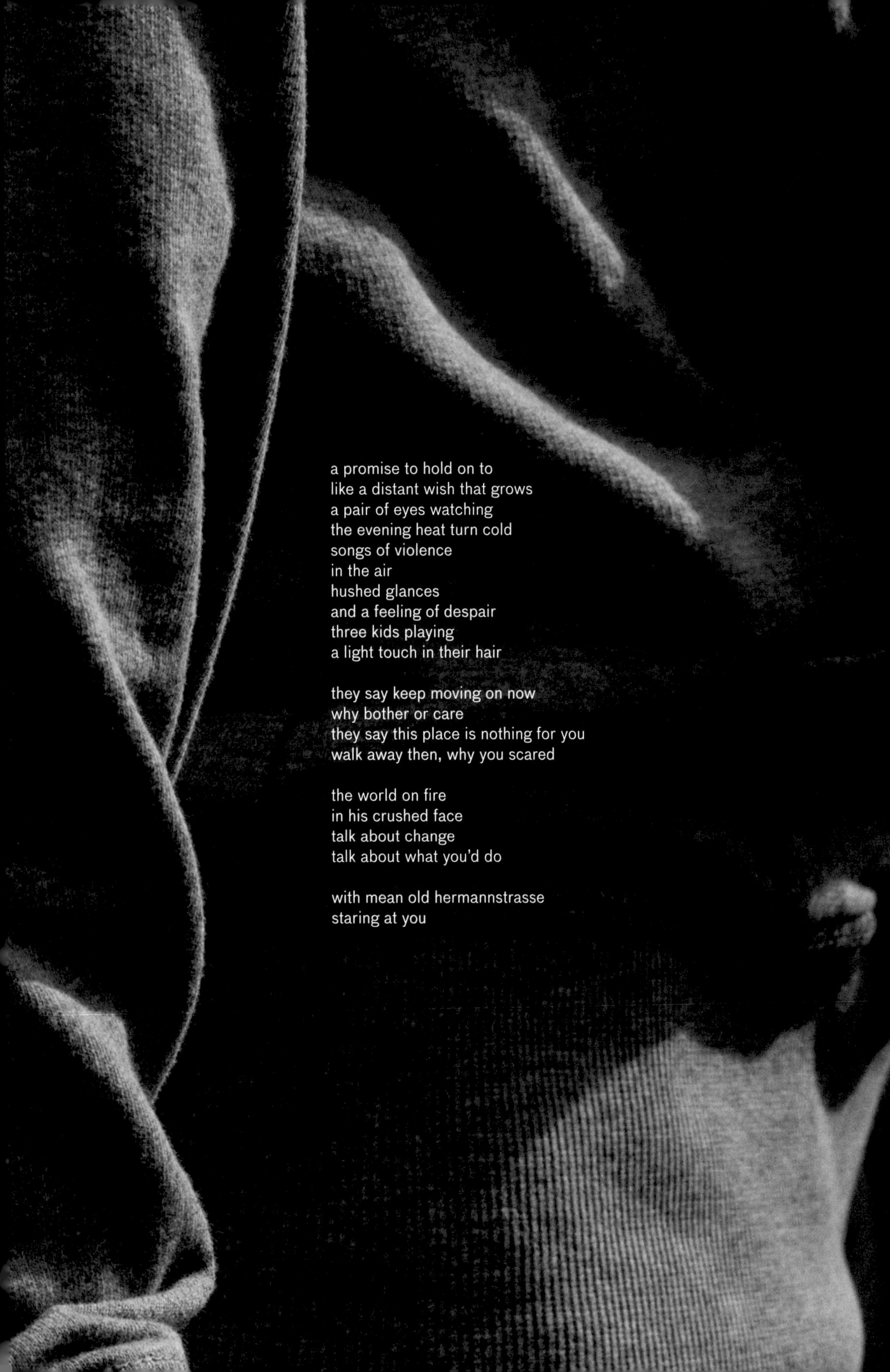

a promise to hold on to
like a distant wish that grows
a pair of eyes watching
the evening heat turn cold
songs of violence
in the air
hushed glances
and a feeling of despair
three kids playing
a light touch in their hair

they say keep moving on now
why bother or care
they say this place is nothing for you
walk away then, why you scared

the world on fire
in his crushed face
talk about change
talk about what you'd do

with mean old hermannstrasse
staring at you

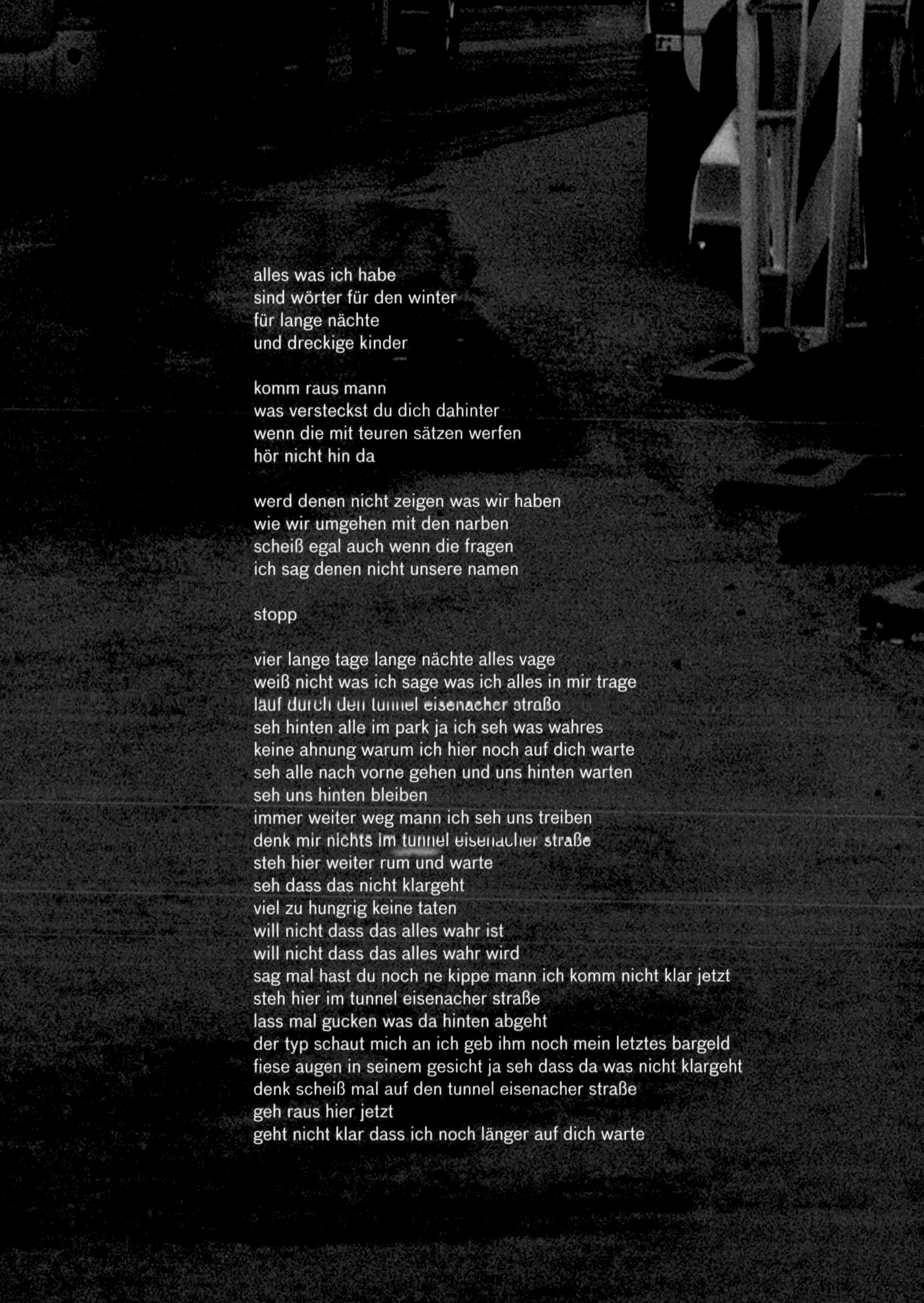

alles was ich habe
sind wörter für den winter
für lange nächte
und dreckige kinder

komm raus mann
was versteckst du dich dahinter
wenn die mit teuren sätzen werfen
hör nicht hin da

werd denen nicht zeigen was wir haben
wie wir umgehen mit den narben
scheiß egal auch wenn die fragen
ich sag denen nicht unsere namen

stopp

vier lange tage lange nächte alles vage
weiß nicht was ich sage was ich alles in mir trage
lauf durch den tunnel eisenacher straße
seh hinten alle im park ja ich seh was wahres
keine ahnung warum ich hier noch auf dich warte
seh alle nach vorne gehen und uns hinten warten
seh uns hinten bleiben
immer weiter weg mann ich seh uns treiben
denk mir nichts im tunnel eisenacher straße
steh hier weiter rum und warte
seh dass das nicht klargeht
viel zu hungrig keine taten
will nicht dass das alles wahr ist
will nicht dass das alles wahr wird
sag mal hast du noch ne kippe mann ich komm nicht klar jetzt
steh hier im tunnel eisenacher straße
lass mal gucken was da hinten abgeht
der typ schaut mich an ich geb ihm noch mein letztes bargeld
fiese augen in seinem gesicht ja seh dass da was nicht klargeht
denk scheiß mal auf den tunnel eisenacher straße
geh raus hier jetzt
geht nicht klar dass ich noch länger auf dich warte

hältst meine hand fest und ich probier mich loszureißen
komm mal klar jetzt
kein bock mehr hierzubleiben
dreh mich um und seh die ganze scheiße
ist vorbei mann ich geh jetzt auf ne große reise
zu den drei großen türmen die blühen
zu den menschen von früher die von heute nichts verstehen
zu den typen aus den büchern mann ich geh die besuchen
zu den bergen ohne gipfel ich schwör ich werds versuchen
und eure dummen ketten können mich nicht hier halten
ich geh nach vorne mann egal was ihr davon haltet
steh hier allein und werd nicht drauf schauen
was ihr probiert vor mir alles aufzubauen

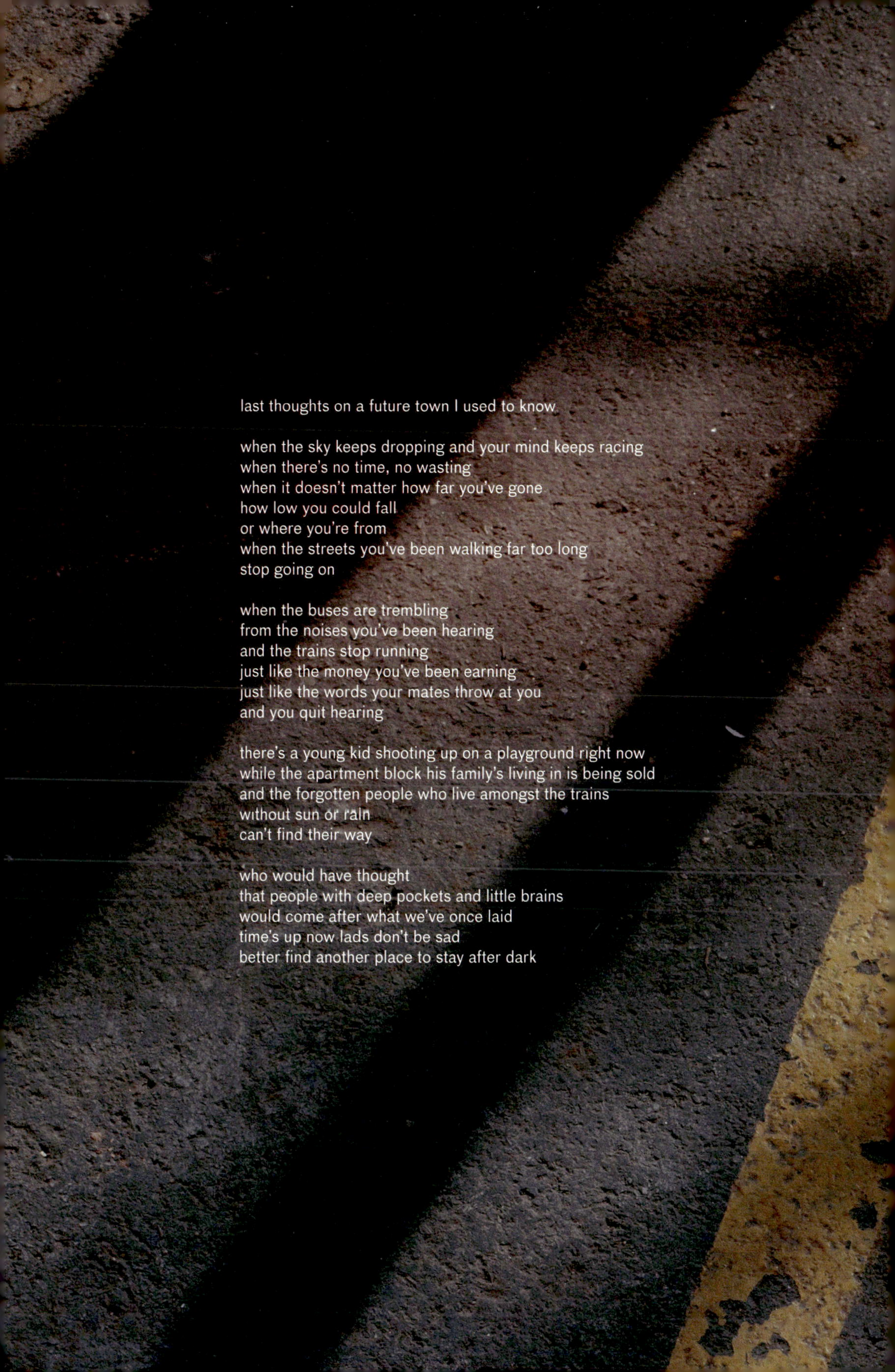

last thoughts on a future town I used to know

when the sky keeps dropping and your mind keeps racing
when there's no time, no wasting
when it doesn't matter how far you've gone
how low you could fall
or where you're from
when the streets you've been walking far too long
stop going on

when the buses are trembling
from the noises you've been hearing
and the trains stop running
just like the money you've been earning
just like the words your mates throw at you
and you quit hearing

there's a young kid shooting up on a playground right now
while the apartment block his family's living in is being sold
and the forgotten people who live amongst the trains
without sun or rain
can't find their way

who would have thought
that people with deep pockets and little brains
would come after what we've once laid
time's up now lads don't be sad
better find another place to stay after dark

and when I see you roaming among those
laughing faces
I can't take it
nor believe it
but I do see it

the one thousand and twenty two layers you've put on this very morning. the longing. the sweat on your white face when you wake up lonely in the middle of the night, panting. it doesn't change even if you speak the fancy talk right now. empty words without meaning. I see them. I spot them. I cut them in halves and fuck them. give me two minds to play with and one empty sheet of paper at night. I'll make it right. visions of the morning light. you wonder if this will ever change. who can tell? build new houses for the rich by the hands of the poor. have fallow ground filled with concrete blocks that you adorn. with cheap samples of a happy life.

does that make you feel alright?

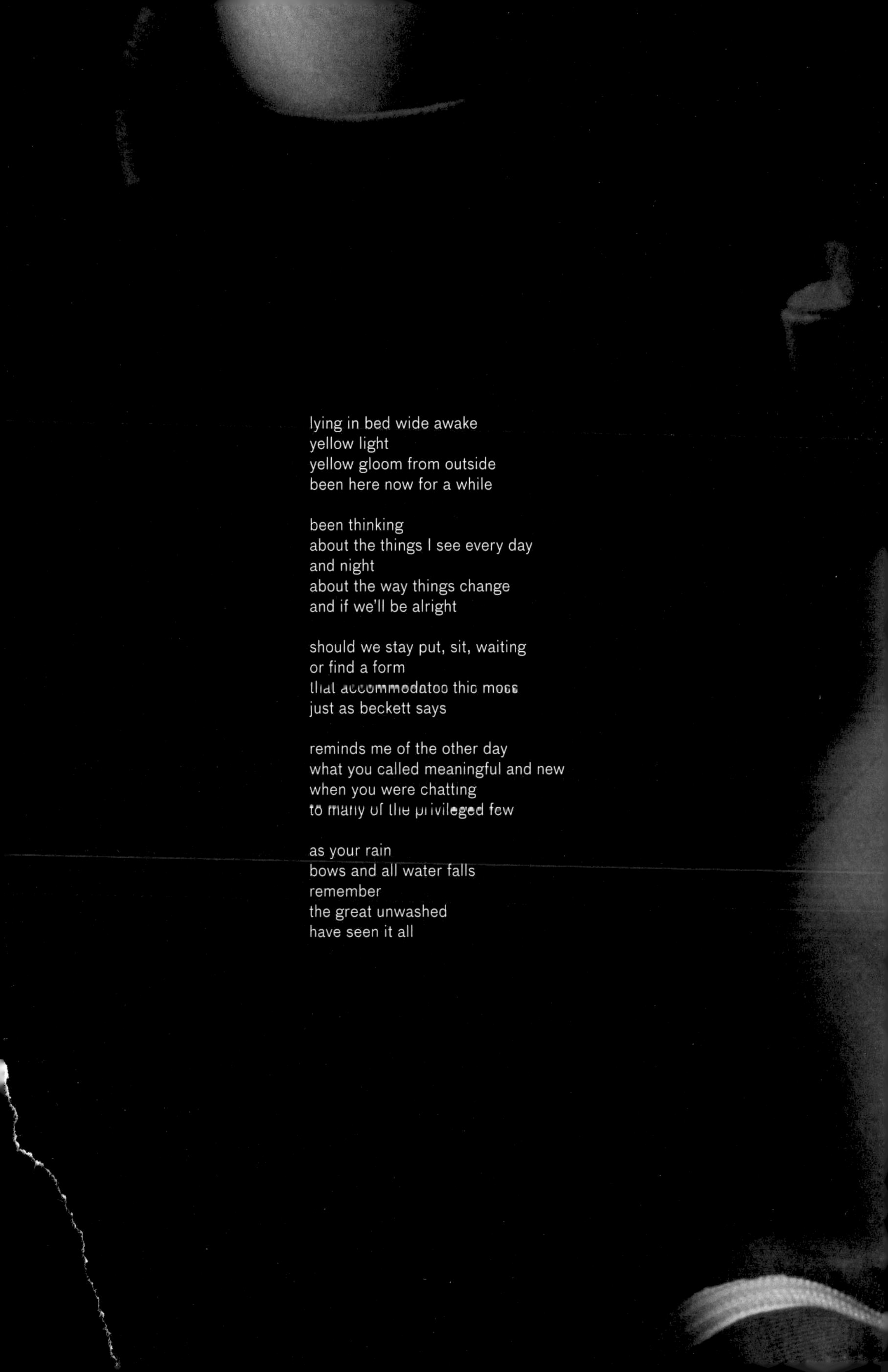

lying in bed wide awake
yellow light
yellow gloom from outside
been here now for a while

been thinking
about the things I see every day
and night
about the way things change
and if we'll be alright

should we stay put, sit, waiting
or find a form
that accommodates this mess
just as beckett says

reminds me of the other day
what you called meaningful and new
when you were chatting
to many of the privileged few

as your rain
bows and all water falls
remember
the great unwashed
have seen it all

all the things
that give me solace
to you are
worthless